THE EVERYTHING
GIANT BOOK OF WORD SEARCHES
VOLUME 9

Dear Reader,

Do you love word search puzzles as much as I do? Then this book is for you! I love these puzzles because they can exercise our brain and provide a relaxing diversion. This book has so many puzzles that the fun will almost never stop.

I've learned over the years how much fun word play can be. Way back in 1996 I launched a multiplayer word game at my website, Funster .com. It's still going strong and has a dedicated following. I've also authored dozens of books featuring word search and other puzzles. My goal has always been to create puzzles that are fun for everyone, not just genius-level solvers. I like that these puzzles require your active participation, unlike many modern forms of entertainment.

Thank you so much for picking up this book. I hope you have as much fun solving these word search puzzles as I had creating them. Enjoy!

Welcome to the EVERYTHING® Series!

These handy, accessible books give you all you need to tackle a difficult project, gain a new hobby, comprehend a fascinating topic, prepare for an exam, or even brush up on something you learned back in school but have since forgotten.

You can choose to read an Everything® book from cover to cover or just pick out the information you want from our four useful boxes: e-questions, e-facts, e-alerts, and e-ssentials. We give you everything you need to know on the subject, but throw in a lot of fun stuff along the way, too.

We now have more than 400 Everything® books in print, spanning such wide-ranging categories as weddings, pregnancy, cooking, music instruction, foreign language, crafts, pets, New Age, and so much more. When you're done reading them all, you can finally say you know Everything®!

PUBLISHER Karen Cooper

MANAGING EDITOR, EVERYTHING® SERIES Lisa Laing

COPY CHIEF Casey Ebert

ASSISTANT PRODUCTION EDITOR Alex Guarco

ACQUISITIONS EDITOR Lisa Laing

EVERYTHING® SERIES COVER DESIGNER Erin Alexander

THE EVERYTHING®

GIANT BOOK OF WORD SEARCHES

VOLUME 9

Over 300 puzzles for endless word search fun!

Charles Timmerman
Founder of Funster.com

Adams Media

New York   London   Toronto   Sydney   New Delhi

Dedicated to my father

Adams Media
An Imprint of Simon & Schuster, Inc.
100 Technology Center Drive
Stoughton, MA 02072

For information about special discounts for bulk purchases, please contact Simon & Schuster Special Sales at 1-866-506-1949 or business@simonandschuster.com.

The Simon & Schuster Speakers Bureau can bring authors to your live event. For more information or to book an event contact the Simon & Schuster Speakers Bureau at 1-866-248-3049 or visit our website at www.simonspeakers.com.

Manufactured in the United States of America

11 2023

Library of Congress Cataloging-in-Publication Data has been applied for.

ISBN 978-1-4405-8542-5

Contents

Acknowledgments

I would like to thank each and every one of the more than half a million people who have visited my website, Funster.com, to play word games and puzzles. You have shown me how much fun puzzles can be and how addictive they can become!

It is a pleasure to acknowledge the folks at Adams Media who made this book possible. I particularly want to thank my editor, Lisa Laing, for so skillfully managing the many projects we have worked on together.

Introduction

THE PUZZLES IN THIS book are in the traditional word search format. Words in the list are hidden in the puzzle in any direction: up, down, forward, backward, or diagonal. The words are always found in a straight line, and letters are never skipped. Words can overlap. For example, the two letters at the end of the word "MAST" could be used as the start of the word "STERN." Only uppercased letters are used, and any spaces in an entry are removed. For example, "TROPICAL FISH" would be found in the puzzle as "TROPICALFISH." Apostrophes and hyphens are also omitted in the puzzles. Draw a circle around each word that you find. Then cross the word off the list so that you will always know which words remain to be found.

A favorite strategy is to look for the first letter in a word, then see if the second letter is in any of the neighboring letters, and so on until the word is found. Or instead of searching for the first letter in a word, it is sometimes easier to look for letters that stand out, like Q, U, X, and Z. Double letters in a word will also stand out and be easier to find. Another strategy is to simply scan each row, column, and diagonal looking for any words.

PUZZLES

Carefree

ABUNDANT

ACCESSIBLE

ACQUIRABLE

CASUAL

CHILDLIKE

COMFORTABLE

COZY

CUSHY

DELIGHTFUL

DISARMING

EASYGOING

EFFORTLESS

ELEMENTARY

FABULOUS

FACILE

FORTHCOMING

GENTLE

GOOD

LEISURELY

LENIENT

LOOSE

MELLOW

MERE

OBTAINABLE

ON HAND

PAINLESS

PLEASANT

PLENTIFUL

READY

RELAXED

RICH

SIMPLE

SMOOTH

SOFT

SOOTHING

SWEET

TENDER

UNCOMPLICATED

UNDEMANDING

UNFORCED

UNHURRIED

UNPROBLEMATIC

WARMHEARTED

```
J E U L Q J D E X A L E R O N H A N D P
H F K E L T N E G U G U Q J D E R E W E
T E L I C A F R F G N Y J E F D L H C L
O E O S L Q E I Y H P N T F G I O W O P
O J P U C D T R U K S R O Y G U X O L M
M T J R N N L R U J A R H H N L S E U I
S O H E E C R I I E T S T P P E A G N S
U B T L C I O W H L U F R G D S G N F W
O T P Y E R Q M E C U O I B A F N I O V
L A F D K A R S P L B O E N G U I M R W
U I C J Y A S G E L B A T R O F M O C K
B N S Q W W M Y E L I I H Q E G R C E I
A A R O U B O M G P E C S J P M A H D O
F B S E F I A L A O I M A S I A S T G F
X L U H A T R I L R I K E T E W I R S O
B E G N I D N A M E D N U N E C D O R L
J Y O C D L Y T B R M P G F T D C F G U
P E O O E A E W G L A C A S U A L A R M
Y Z D S K G N X A L E N I E N T R Z U P
Y N S G N I H T O O S W E E T B R Y G A
```

Solution on page 330

Blues Singers

```
B I E W K B W B A Q J Y A W V Y L Z U B
K N M P O S N A E L R O W E N T X Z Q M
D S M G S R R I B S E L R A H C Y A R J
V T D E E T K V M U S I C G E N R E V K
A U T A I N H S P I R I T U A L S V S Y
C O M S L C O S O W T R E C N O C E R L
N H T P D L S B O N A I P S M Z W O E O
D S D X L E A L M K G O O A M E X E L H
R O C K N A S B W O S S J G R I R K L C
L Z H D A D Y I M P R O V I S A T I O N
Z Z A J R B D Z P E R T C T T C S H H A
Z S N E E R M T S O C N I H I S E D L
U R T L C L J A C V L E U I N N N Z L E
Z E S B O L W A M A M G C G A O E M E M
A G A D R Y L H P U S A I I H M E P I E
V N L E D E T T R S G N C P Y R Z T F M
D I O D S Y O T A O G I O I M A M P V P
O S U C H N S B T X S X A T N H U R Q H
O M Y R T N U O C U A S A C S O U T H I
M O Y F I D R U M S F V B H V O C A L S
```

ARTISTS
BALLADS
BAND
BASS GUITAR
BESSIE SMITH
CHANTS
CHICAGO
CONCERT
COUNTRY
DRUMS
ERIC CLAPTON
FIELD HOLLERS
HARMONICA
HYMNS
IMPROVISATION
INSTRUMENTS
JAZZ
LEAD BELLY
MAJOR SCALE
MELANCHOLY
MEMPHIS
MOOD
MUDDY WATERS
MUSIC GENRE
MUSICIANS
NEW ORLEANS
NOTES

PIANO
PITCH
PLAY
RAY CHARLES
RECORDS
RHYTHM
ROCK
SADNESS
SAXOPHONE
SHOUTS
SINGERS

SINGING
SLOW
SOUTH
SPIRITUALS
TROMBONE
VOCALS
WORK SONGS

Solution on page 330

Romantic Dinners

```
D R E S S Y M L K D P C N X M W L B K K
E R M F E N F L O W E R S U W M F E O D
S W G N M O S O G L Y I T A L I A N E N
S I V Y D I F H I U Y B W U R L L L D F
E Q L E C T E H Y R A S R E V I N N A O
R Z X V A A C O U P L E P M N G U F N M
T U E E E S V A W O M L Q G K H J J E E
T X R X E R Q I W S A U E I W T Y N R M
D G T L E E W D R C D R S J D I U E E J
S D H V G V A A E P I S M I E N N Z S D
K H G K I N E V R N K D K D C G M U E M
C P I I C O I N G E I T K C A L B V M Q
J L L I N C L Z I B Z Z W P D S I G U I
F A N C Y T P I A N H I M I E S I C F J
P G O H P E I S N G G A T L N F C Y R O
Y R O O Y S A M W D H T D E T E A L E T
W Y M R X N N I A C Y N P S P A V C P J
S C B E O U O L L T A X T X T P I O D R
M A F K X S A E T C E H R E T I A W L V
Z X V C V S E G Z D V N E L Y W R D E C
```

ANNIVERSARY

APPETIZER

BLACK TIE

CANDLES

CAVIAR

CHAMPAGNE

CONVERSATION

COUPLE

DECADENT

DESSERT

DRESSY

EVENING

EXPENSIVE

FANCY

FIREPLACE

FLOWERS

GAZING

GIFTS

GREAT FOOD

INTIMATE

ITALIAN

KISS

LIGHTING

LINGERING

LOVE

MENU

MOONLIGHT

MUSIC

PERFUME

PIANO

PRIVACY

ROSE

SALAD

SERENADE

SILVERWARE

SLOW DANCING

SMILE

SUNSET

TUXEDO

VIOLIN

WAITER

WALTZ

WINE

Solution on page 330

Items in a Purse

BALM
BILLS
BLUSH
BOOK
BRUSH
CANDY
CHANGE
COINS
COMB
CONCEALER
COSMETICS
CREDIT CARD
DEODORANT
FILE
FLOSS
FOOD
FOUNDATION
GLASSES
GUM
HAIR TIES
HIGHLIGHTER
KEYS
LICENSE
LIP GLOSS
LIPSTICK
LOTION
MAKEUP

MASCARA
MEDICATION
MEDICINE
MINTS
MIRROR
MONEY
NOTEPAD
PASSPORT
PEN
PHONE
PINS

POWDER
SANITIZER
THREAD
TOY
UMBRELLA
WALLET
WATER

```
T D U K H Y B N A O I O H K L U V A S V
Z X V I D S S I J L U M B R E L L A C N
G N G O A T T E L L A W E N N X V Y D O
P H O N E W C N Q L I J E D B Y C S M T
F F E M O Q R H I X S P N O I T O L Z E
I I M O C I E G A M C G G Z A C A T V P
F K L N O I T A D N U O F L V B I F V A
Z M M E M F H A A M G J N A O F O N F D
P D E Y B L G A C X I E L C F S L F E K
G N R J S X I A I I S C I T E M S O C J
P V J A P D L P I R D C N P A A D P S V
M Q E A C U H R S S T E Z S I O L E S S
G H S N T T G S E T K I M M R N S E M Q
W H R N H A I H U Z I D E A A N S J R J
N Y D R I F H D M R I C N S E S M X M P
W U E T P O W D E R B T K C A A C I I U
A A P P S V C A I R O V I L A F E A R E
D X T A W T L P F Y C L G N V N S J R K
L J K E Y S K L T R O P S S A P D I O A
K X A L R J I Y H K O O B L U S H Y R M
```

Solution on page 338

Ads

ADS
AGENCIES
ATTENTION
AUDIENCE
BILLBOARDS
BRANDING
BUSINESS
CAMPAIGNS
CARS
CELEBRITY
COMMERCIALS
COMMUNICATION
COMPANY
CONTENT
COST
COUPONS
INTERNET
JINGLE
MAGAZINES
MAIL
MARKETING
MEDIA
MESSAGES
MONEY
NEWSPAPERS
ONLINE
PENS

PERSUASION
POSTERS
PRESS
PRINT
PRODUCTS
PROMOTION
PUBLIC RELATIONS
REVENUE
SALES
SELLING
SLOGANS

SPONSOR
STORES
SUPER BOWL
TARGET
TELEVISION
TRUTH

```
A Y G W B Y B O A E Y E T E S J B Q H M
U N P R E S S D N P D B R S A I U D T C
T A J U N E W S P A P E R S L Y E N O M
V P I Q B Q N V L Y G P F L E Z I N P O
H M B S F L O N P A N E B Y S R T R G G
C O M M U N I C A T I O N S P E B E S C
Z C A O S P S C D I A C I C N C H V P Q
D T R N E G A A R R T S R T I O G E O Y
G R K L L S U S D E N W E E O E P N N K
Y U E I L D S S Q G L S M G M M S U S E
T T T N I N R N I W D A N X A M O E O U
E H I E N H E A O A J S T A A S O R R C
N Q N R G W P B D I T E E I G B S C P A
R C G H B M R T N C S P T N O O E E Y R
E S P Y A E J G U O O I I T I N L U M S
T T E C P K L D Z S I D V A C Z S S L W
N O N U B E O E T T N P M E D I A I L C
I R S B Z R H E C A E T K B L H H G I N
E E J Z P G R A R B N O I T N E T T A U
S S E N I S U B O O X T A R G E T B M M
```

Solution on page 338

Carnival Enjoyment

```
Q G B Y C R Q L P X L D Y Y R N E W V O
Q O R A T Q S Z F O O D S T A N D S N T
W A N I M A L S C G C O N T E S T M I L
X D T C B I B A N Q Z X T T T J O C E Q
Y A M Y P E L O U F I R E W O R K S M J
A B S E L F F A R F A M I L Y E U E U Y
D S U A F S E D A C R A M D T O W K J O
Q E C Y E E N Q T P A U E S R F M S S A
J D R Z R Z J I C S S E M A G S T N D S
B I I S R G O J P I C G C Y S I W M T T
T R C U I N Y H C S O O B R B O I U I E
P C Y F S D V F J X V A N I L S N C T E
I W T V W C N E R D L I H C S A E D E W
Z S T F H S W N E L D X Q I E C R L A S
Z L H S E I H R O O E J O P R R B E K Z
A R E P E R F O R M A N C E S H T O O B
Y L M A L M N C W A C O A S T E R K G L
N A C H O S O P D L E M O N A D E I G E
W N L O S Z A O Q V D N U U A B P D A H
H T K P E U S P R X W F S G A S J S B F
```

ACROBAT

ADMISSION

ANIMALS

ARCADE

ATTRACTIONS

BALLOONS

BOOTHS

BUY

CANDY

CAROUSEL

CHILDREN

CIRCUS

CLOWNS

COASTER

CONCERT

CONTEST

ENJOY

EXHIBITS

FAIR

FAMILY

FERRIS WHEEL

FIREWORKS

FOOD STANDS

FUN

GAMES

GIFTS

ICE CREAM

KIDS

LEMONADE

LOCAL

MUSIC

NACHOS

PEANUTS

PERFORMANCE

PIZZA

PLAY

POPCORN

PRIZES

RAFFLES

RIDES

SHOW

SODA

SPIN

SWEETS

TICKETS

Solution on page 338

Thrift Store Finds

```
Y C I N G J D D A V Z M S Z V M G E H L
G O Q B E V I S N E P X E N I F M S Y U
V V P I P P W Y J L L R D S Y U Y H X H
K P E S B O H S A E N C G M T O I I T O
W E B B I S M N H C S R Y S T N C R R Z
S P V D T T T V V T K V O C E K A T I H
K T A A D E M R W R O C S A I I E P K L
F R O P R R O D L O O T D L D R V K S A
A U X P U R E X A N B A K L I V T O S M
W C H L R Z W S S I J T E E M S V G M P
C H A I R O Z I S C V T E R G W N S A S
Z W M A R G G L H S M E P B U N G E Q V
U O I N R N T F E S T R S M R S H C T O
S V A C M I L X L S K E A U H C A J D U
E I Y E E D Q N F L U D K O N N S E X Q
O N N S O D B I C Y C L E N D H Y W R I
P T E Y R E P A R D P S Q L A A M E D T
X A D E L B A T A T C V E B R L J L B I
T G U Z B W Q G I F T S B F E R B R H Q
K E N E K M N R Z Z G Y S H N A X Y C W
```

APPLIANCES
ART
BEDDING
BICYCLE
BLANKETS
BOOKS
CANDLES
CHAIR
CHEAP
CONSIGNMENT
COSTUME
DRAPERY
DRESS
ELECTRONICS
FRAYED
GIFTS
INEXPENSIVE
JEWELRY
KEEPSAKE
LAMPS
MIRROR
MOVIES
OLD
PANTS
PLANTER
POSTER
POTS

PUZZLES
RADIO
RETRO
SHABBY
SHELF
SHIRT
SHOES
SKIRT
TABLE
TATTERED
TIE

TOYS
TREASURE
TRICYCLE
UMBRELLA
UTENSILS
VINTAGE
WORN

Solution on page 338

Giant Things

ALLIGATOR
ANACONDA
BEHEMOTH
BOA
CASTLE
CRATER
DINOSAUR
DRAGON
EARTH
ELEPHANT
GALAXY
GIRAFFES
GLACIER
GODZILLA
GOLIATH
HIPPO
ICEBERG
LEVIATHAN
LIMOUSINE
MAMMOTH
MANSION
MONSTER
MONUMENT
MOON
MOUNTAIN
OCEAN
PLANET

PYTHON
REDWOODS
RHINO
SEA
SHARK
SKYSCRAPER
SPACE
STAR
STORMS
SUN
TARANTULAS

TOWER
TRAIN
TREE
VOLCANO
WALRUS
WHALE
YACHT

```
Z N K R A H S G K D K R U B Y T M E K L
G Z W E F U R S P S C C Z G O X C H Z A
K T H T J N H N T B M O U N T A I N C T
R R A A A L L I Z D O G S D P D B A A T
W A L R U S R I Q W R M E S Q N X O S X
Y I E C E M R O M F A I F Q Z O M P T S
R N T E D D O C H O I F F D B C Z P L M
N U K H R U W N B G U J A G L A C I E R
W O O L K T S O S E R S R P E N S H B O
N W G T O W E R O T A G I L L A K J J T
G O N A C L O V N D E R G N L Z Y K N S
H R I W R B M A E A S R T U E N S R O T
G S E S T D H L E V I A T H A N C S H A
E F G B N P F S M S G N T E A N R P T R
R L R P E A E I O A A O C G A L A X Y U
C Y U L M C M M Q R M O L U F H P W P M
V Y E A U N I T A E F M Y I K U E O X L
Z D D N N G T T H D I N O S A U R A S N
C Z T E O J H E B Y R O U T U T H C A Y
C M N T M J B Y P F O O Q S H R H I N O
```

Solution on page 338

See the Sahara

```
Q A B L U M C F O R T O H U N L M S N W
Y Q O W S S X W G Y I U C H A D R N C O
C S K C S N D Y Z F T U N E D M O I O V
S H B C F Z A A R C Z Z N I U Y F A B A
D M E G I A T I M B U K T U S A D T I Z
E B R E M T U K T O R U R Z I I N N G D
S I B O T A Y Z E P N R X R C J A U R U
E D E P T A U H M J Y E E A A T L O Z S
R N R L T S H I P S Z G M P I Y U M X T
T I S A S J D S E O L E E R I G O A T S
T W E I Z M E N R A L K U A H V V M A Z
T H V N E I U O A S D A Y T E P N O L S
D M R S N D L I T S M N H K L I E R F U
N M D M D J M G U H S D N A L D O O W P
S A F N W V P E R D S C T E E T S C J A
K S A H A R A R E W C E R G Z S C C J H
X S N O I P R O C S A I Q R A E D O Q U
T I F B N U Y C F U V T M A G V P E K R
V V O T R A D E S E X E E L I B Y A R D
R E G I N A C I R F A H T R O N Q V C N
```

ALGERIA

BERBERS

BIG

CAMELS

CHAD

CHEETAH

DESERT

DROUGHT

DUST

ECOREGIONS

EGYPTIANS

FLAT

GAZELLE

GOATS

HALOPHYTIC

HEAT

HOT

LANDFORM

LARGE

LIBYA

LIZARDS

MASSIVE

MAURITANIA

MOROCCO

MOUNTAINS

NIGER

NILE RIVER

NOMADS

NORTH AFRICA

PLAINS

PLATEAUS

RED SEA

SAHARA

SAND DUNES

SANDSTORMS

SCORPION

SUDAN

TEMPERATURE

TIMBUKTU

TRADE

TUNISIA

VIPER

WATER

WIND

WOODLANDS

Solution on page 339

Auction Off

ABSENTEE
AGENT
ANTIQUES
ARTWORK
BID
BLIND
BUY
CALLER
CARD
CATTLE
CHARITY
CLERK
COMPETITION
CONDITIONS
CONSIGNMENT
DEALS
ESTATE
FARM EQUIPMENT
FURNITURE
GAVEL
GOING
GOODS
HOUSE
ITEMS
JEWELRY
LAND
LISTING

LIVE
NUMBER
OFFER
PAINTING
PLATFORM
PODIUM
PRICE
PROXY
PURCHASE
RESERVATION
SALE

SEIZED
SELL
SILENT
SOLD
SURPLUS
TREASURE
VALUE

```
E L A S D S O M F R J K P R I K F L J O
D C B J M U C R A E N W W E S T A T E S
P A I A R T W O R K S E I Z E D R A C A
Y T B R A U L F M Q X N Y B U Y J E O P
L T Q V P Q R T E P H O D L Q G R H U P
Q L I I V Z E A Q G E I R S I U N R A N
X E T R E L L L U J B T L J T T C I E G
Q L E V A G L P I C U A I I N H N S O Q
N S J N S H A B P P E V N T A T I E M G
K Z D T O N C G M D I R Q S I N P L G T
J U N J L G O O E C U E E N S O E L E A
W U Q F D O Q I N F H S G B L I N D T R
S W X N D Z T V T S Y E P R E E H F K E
Z M C S U B I N A I I R Z I E G Z M R F
U K E A I M E H Y L D G L T E Z L U E F
S F V T A L B Y X L U N N E N S S I L O
U T I U I R D E O L E E O M W A U D C O
W F L S S U L P R U S W X C E E C O C A
Q P R J J P G B P B F D D R R N J P H F
C Q Y N X L I U A G N I T S I L T R K X
```

Solution on page 339

Philosopher

```
R E X I S T E N T I A L I S M M D N R T
E O P T W N N P H Q M S I L A E D I I H
A P H V S K W E V M H T T P M T O H P E
S I I F C E I R M J D E N P L N N I R O
O N L S I G S C A N O I I A L E T L O L
N I O A T D D Y O T E R U D K M O I F O
D O S R E E O A A N I T M P E U L S E G
L N O O H L M L V C C O H A M G O M S Y
E S P G T W P O I E R E N G S R G Q S T
G R H A S O K S L A N I P A I A Y E O I
E E E H E N M L L O N X A T L L B K R D
H K R T A K E I M G G W X T A I N T H I
C N T Y L T T E L Q Y Y S T R C S E E L
S I R P N Y N S N O I T S E U Q M M T A
Z H A I H O N I E T S N E G T T I W O V
T T S J L M E T A P H Y S I C S M A R X
E K C O L N H O J U S T H G U O H T I U
I T G C Q A S E L P I C N I R P V P C Y
N Y T I L A E R P R A G M A T I S M V K
C Z O E I Z D E S C A R T E S C I H T E
```

AESTHETICS

ARGUMENT

CONCEPT

DESCARTES

EMPIRICISM

ENLIGHTENMENT

EPISTEMOLOGY

ETHICS

EXISTENTIALISM

HEGEL

HEIDEGGER

IDEALISM

INTELLECTUAL

JOHN LOCKE

KANT

KNOWLEDGE

MARX

MEANING

METAPHYSICS

MORALITY

NIETZSCHE

NIHILISM

ONTOLOGY

OPINIONS

PHENOMENOLOGY

PHILOSOPHER

PLATO

PRAGMATISM

PRINCIPLES

PROFESSOR

PYTHAGORAS

QUESTIONS

RATIONALISM

REALITY

REASON

RHETORIC

SARTRE

STRUCTURALISM

THEOLOGY

THINKERS

THOUGHTS

VALIDITY

WISDOM

WITTGENSTEIN

Solution on page 339

Useful Technology

```
T J X M T D X F I V U C R Q D F T V Y P
F G O A W V V Q I Q P W E N I C I D E M
W Q E I I S U D T N E I N E V N O C V T
M O I K C C E P G U C O H C S O O H W E
R S R Z R O W Y T I C I R T C E L E T K
A E J C Q M H E V A W O R C I M N I G C
L B M X X P E R I N B U N N E A L P K O
A G J O U U A N Y B C N T O O L S P L R
I P Y G T T T E T T D S P I E M A I L H
G X O G R E F R I G E R A T O R E E N F
M X U T R R S O R C Z W A A C E N D T V
K X Y N P E N A U A I S H V N I V N O M
Q S E Z H A N X C R F O V O G T E C A M
L T A R L C L E E S L B H N B I H C U V
P O K X A T R L S A P P E N C T H G D S
D R C N A W E A T E L E V I S I O N I O
S A O B E S T I E F A X F O N H B B O L
K G L Y S T G F M S N F R E I P O C O A
Z E C X Q I Z M O D E A S P P A H M M R
T V Z J D K Z Q U S P R I N T E R Y Z I
```

ALARM

APPS

AUDIO

CAR

CLOCK

COMPUTER

CONVENIENT

COPIER

DIGITAL

DVD

EFFICIENT

ELECTRICITY

EMAIL

ENERGY

ENGINE

FAX

GPS

HEAT

INNOVATION

INSTRUCTIONAL

INTERNET

LAPTOP

LIGHT

MACHINES

MEDICINE

MICROWAVE

MODEM

PHONE

PLANE

PRINTER

REFRIGERATOR

REMOTES

RESEARCH

ROBOT

ROCKET

SATELLITE

SECURITY

SOFTWARE

SOLAR

STORAGE

TABLET

TELEVISION

TOOLS

VIDEO

WIRELESS

Solution on page 339

Adventures

ADMIRAL BYRD

ADVENTURE

BALBOA

BOOTS

BRAVE

BULLWHIP

CANTEEN

CAUTIOUS

CLARK

COLUMBUS

CORTEZ

DRAKE

EXCURSION

EXPLORE

FLY

FOLKLORE

FUN

GLACIER

HAT

HENRY HUDSON

JEEP

JOHN SMITH

JOURNEY

JUNGLE

MAGELLAN

MARCO POLO

MOSQUITO NET

NEW WORLD

OBJECTIVE

OUTDOORS

OUTING

PILGRIMS

POCAHONTAS

PURPOSE

QUEST

RATIONS

SACAGAWEA

SAFARI

SKELETON

SOUVENIR

TOUR

VESPUCCI

VOYAGE

WALK

```
D V Y P K C N X V O O C D D O M W H P U
Y D L W L H T I M S N H O J P C I E A J
S A F A R I A X S M O S Q U I T O N E T
N K R L M N B O X O S E R O L P X E W M
O K E K A F U N C A D O A A G X P W A W
I A G L G V B P T E U B D B R A V E G N
T L G Y E D V N M T H R M L I P H U A G
A C N N L T O Q D H Y A R G M V C X C H
R Y I Z L H O O J B R Z G U S S O X A B
C R T Z A D O N L C N E W W O R L D S D
R J U C N R Q A O S E T O Y B T U P U R
I N O I S V R P D X H R B E G L M L O Q
N P B L D I O E C V V O J S L S B J I U
X R G W M L K U Q J E C E O A J U U T E
B U L D O D R A K E W N C P C O S N U S
N O A V E S P U C C I Q T R I U B G A T
X G Z P I H W L L U B H I U E R V L C O
I T F O L K L O R E N W V P R N Y E A O
B H N G H W Q C A N T E E N Y E N P Z B
L W O F Q B E T Q U J N Q V O Y A G E Z
```

Solution on page 339

Look for *NO*

```
N M W K R N W I S H L R E Z I L E V O N
O V J F E M I T N O O N O S E B A N D O
Z C L E U F N O N O T E C A S E Q U X T
Z D G U R D N O N U N O U V E L L E F C
L N N O O S I N G O N U Q S X I U N V H
E O U N Y S V E N O F G N O D D I N G I
S X U N O L A N N O T H S I R U O N N N
G I X M O N O S F Z N O N L O C A L O G
N O E N O N E S U C H E N Q N N N N T N
I U J D H N T M C X V I V O Y O I J A O
H S Y U S A O O P I Q M F E N O B T R T
T T M E K R W N X T E G N U N S Y N I E
O A M Y E Y O N U I Y G R I L T T O Z B
N G P Z S O O N Y R C B C I I S Z I E O
Y U N O N S O L I D A I R L E E R T C O
W O V D I G B A A N D T I I Z U K A B K
N N A E G A D D O R S B S X L A T T I J
X Y S I T N O E O O O I H S A C N O N P
S T N O O S T N N N O B E L I U M N R L
R S N N O N B E I N G N I C I T O N A P
```

NOBELIUM

NOBILITY

NODDING

NOGGINS

NOISIEST

NOISOME

NONBEING

NONCASH

NONDAIRY

NONDRUG

NONEMPTY

NONESUCH

NONEVENT

NONFUEL

NONHUMAN

NONIONIC

NONLOCAL

NONSENSE

NONSOLID

NONSTICK

NONTOXIC

NONUNION

NONURBAN

NONZERO

NOONDAYS

NOONTIME

NOOSING

NORDIC

NOSEBAND

NOSIEST

NOSTRILS

NOTABLY

NOTARIZE

NOTATION

NOTCHING

NOTEBOOK

NOTECASE

NOTHINGS

NOTICING

NOUGATS

NOURISH

NOUVELLE

NOVELIZE

NOXIOUS

NOZZLES

Solution on page 339

Our Environment

```
Z Z D T X E T A M I L C M O S J L W F V
X T S V D L V X H A B I T A T I K K U B
W A R M I N G U M E T S Y S O C E A N T
A E J D S N E R E H P S O I B C S Z W E
T S R H A G E K P J C C G E O H T V O R
E U P U S H O V W B O E R A E R U T U F
R E R U T A N M E N N U S P L G A S E W
R R W O E C Y A S D T T A N B W R I Y V
W V E A R J U E E L A T E O A A I I H Q
C G R A V T R R U L M M V I D S E C C H
T T I F I V E C T O I N A T A T S S Z S
H N U F A G I K S S N E Q P R E T T I L
N D U T N R K P S O A V U M G M M S Z G
M L I A G F H I I X T R I U E O D E Y R
F O D A E E O T J I I E F S D H H R G E
N N E U R N U O I P O S E N O I S O R E
E Q V E S L I R D B N E R O I L I F E N
F Z K D L T S R Z F A R R C B O Z O N E
W B W O F N H S A X I P G T B F U M E S
J C P W J K G X S M E B S T N F W P M T
```

AGRICULTURE

AQUIFER

ATMOSPHERE

BEAUTIFUL

BIODEGRADABLE

BIOSPHERE

CLIMATE

COASTAL

CONSERVATION

CONSUMPTION

CONTAMINATION

DISASTER

DUST

EARTH

ECOSYSTEM

EMISSIONS

ENDANGERED

ENERGY

EROSION

ESTUARIES

FOOD

FORESTS

FUMES

FUTURE

GAS

GEOTHERMAL

GREEN

HABITAT

HOME

INFRASTRUCTURE

LIFE

LITTER

MARINE

NATURE

OCEAN

OIL

OZONE

POLLUTION

PRESERVE

RAIN

REUSE

SMOG

WARMING

WASTE

WATER

Solution on page 340

What a Racquet!

ALUMINUM
BOUNCE
CATGUT
CERAMICS
COURT
COVER
DESIGN
DUNLOP
EQUIPMENT
FIBERGLASS
FRAME
GAME
GRASS
GRIP
HANDLE
HEAD
HIT
HOOP
IMPLEMENT
INDOOR
NET
NYLON
OVAL
PADDLE
PLAY
POWER
ROUND

SERVE
SHOT
SIZE
SMASH
SPORT
SQUASH
STEEL
STRING
STRONG
SWING
TENNIS

TENSION
TITANIUM
VOLLEY
WILSON
WIMBLEDON
WOOD

```
L D A E H Q P H Z I Y P B Z R D C S G J
R R Z L O S S J N I Y T S J O K F J K Y
M F U F O Z A W G O E U E S V R Y E B F
E N I T P K T M I N M G A M A A V N F T
F D R G N O R T S N A T R M L R Z I J S
U B M O T N Z I E H G A E P E Z G T H P
Q P L M C O O I D A I C V S F T R H L F
N A X L H N F D N N O T O C T O H N G U
T G S A R M G H E D X B C U P H D N O Q
G V E S C P U K Q L O R V S R S E Z A U
Q D G Y A E I N U E B O A H T T L R L P
X D F D V L R M I E K M R S U R L H W I
T B D H Y D G A P M M U I N A T I T N R
S L S B O A S R M L U Z E W Y F J N E G
E T I Q D B N I E I E L J O I L W W G G
H O E T U D H C N B C M A G P L O L P T
C F G E N A N H T N I S E Y A P S N O B
G G L C L U S U S P E F O N P W O O D F
Y E L L O V E H O V T T L X T O B D N T
O X V B P C F B W R Z A F B E I W J V X
```

Solution on page 340

Dance Moves

X	P	A	T	T	E	R	P	S	B	H	C	R	A	M	V	Z	G	S	X
K	L	M	K	J	V	S	R	S	S	C	E	H	F	H	A	Y	H	P	T
O	F	B	A	Y	P	W	C	D	E	D	T	R	O	T	L	U	X	N	L
G	C	L	I	M	B	M	E	A	N	D	E	R	R	P	F	L	I	P	Y
V	T	E	O	Y	L	P	X	A	L	I	I	U	A	F	H	P	A	A	O
F	W	T	B	N	T	F	W	H	S	A	D	R	L	I	S	T	N	U	F
F	S	Z	K	P	I	R	O	U	E	T	T	E	T	X	P	J	U	U	R
S	Y	H	G	A	R	A	G	N	O	C	Y	O	T	S	K	S	R	K	S
T	N	D	U	P	S	D	P	D	Q	L	N	V	R	J	T	M	E	L	D
E	P	E	O	L	X	S	G	U	L	E	V	A	R	T	Q	H	T	A	O
P	U	G	A	C	X	I	V	C	O	T	Y	R	R	U	C	S	N	W	L
M	M	S	W	K	I	D	U	Y	I	Y	O	P	L	P	P	C	A	Y	P
D	S	N	K	U	I	N	R	D	Q	U	C	V	M	R	E	A	C	B	V
P	D	P	C	B	Q	C	I	P	E	O	T	P	I	T	I	Z	E	F	M
B	A	Z	W	K	S	F	K	D	S	W	I	N	G	P	S	H	S	L	L
K	F	O	H	F	L	W	I	M	I	K	T	O	I	M	E	I	W	O	C
S	R	E	C	N	O	L	A	B	J	R	Z	K	A	U	G	K	P	U	N
R	H	B	O	E	S	F	N	Y	E	E	S	R	S	J	Z	E	X	T	N
L	E	E	G	K	H	L	F	A	B	B	P	L	Y	Y	Q	R	N	Q	T
G	E	R	F	G	E	V	D	Y	P	W	B	G	X	G	H	K	V	G	K

AMBLE
CANTER
CLIMB
CONGA
DANCE
DASH
ESCALATOR
FLIP
HIKE
HOP
JUMP
KICK
LEAP
LOPE
MARCH
MEANDER
PATTER
PIROUETTE
PIVOT
PLOD
PRANCE
RUN
SALSA
SCURRY
SHUFFLE
SKIP
SLIDE
SLOSH
SNEAK
SPIN
SPRINT
STEP
STOMP
STRIDE
SWAY
SWING
TAP
TIPTOE
TRAIPSE
TRAVEL
TREAD
TROT
WALK
WANDER
WHIRL

Solution on page 340

Towers

ARCHITECTURE

BELL

BIG

BRIDGE

BUILT

CASTLE

CHURCH

CIRCULAR

CITY

CLIMB

CLOCK

CONCRETE

CONTROL

EIFFEL

ELEVATOR

GUARD

HEIGHT

HIGH

LAUNCH

LEANING

LIGHTHOUSE

MASTS

MONUMENT

OBSERVATION

PALACE

PHONE

PISA

PRISON

RADIO

RAPUNZEL

SERVICE

SIGNAL

SKY

STAIRS

STONE

STRUCTURE

SUPPORT

SURVEY

TALL

TOURIST

TOWER

TURRET

VIEW

WATCH

```
P G N T A C M V S H V I V S Q L U H F S
D W Q Q S R L O I D A R S U S S B V Q W
P Y L Q I I C O N C R E T E P T O W E R
K N P Q P A H H C U V E S C C R A Z M K
L L E B U S J R I K M B A V S U I I E J
E G L Y U O Y F L T I E M F K C Q S R G
H I E R R B C L T W E A N S Y T I C O S
G A V S I V A I U H O C E T E U B B M N
W E A G U T S I R U O T T W F R S B Q T
Y C T N J O T E R C C L Z U I E V M L H
Q N O I Q A H L E J U L T D R N Z I T G
U A R N W A Z T T N A L G V A E U L C I
E X A A T A L S H U O E A T P B L C B E
P N F E R R T A N G B T Z R U A H I G H
E V O L O T O C W B I Z S G N Y W X V J
M A G H P W H L H O Z L U G Z E W X I G
A A L H P I R B N U W A I L E F F I E A
Y U O W U R D U J Z R S P A L A C E W T
E S Z H S Z P W N D Z C M N V R D E R U
Y B F P M L G W P M Q Q H X Y X C X T E
```

Solution on page 340

Lots of Pasta

```
W G W I P E F U V L N L M M P V U E U A
I N O C A M U L F I N I L L E T R O T M
L O N Z D O S E S G N I L P M U D E E V
L C T P T S I L L E C I M R E V S C L N
E C O I H T L H X L S Z T E M Q T E L E
N H N N A A L N E L E I T T O C I N A M
A I R I I C I I L W R T M T E J Y G F A
I R M C H C I A T W C I A E I H V A R R
X O C C T I B T Z T S O A I H F G S A C
N T C U I O E S G F E G N H L C U A F O
T I A T Z L V A I U L L W C L G I L P U
D N V T L I L P F N D V L C H E A L L S
X I A E R I C E N O O D L E S I G T E C
Y M T F E D D I M T O L C R P A G N V O
O O E A C E V T O E N L L O E P Y L A U
R M L K L C Q W R R G H N E N N A T I S
Z A L L F I F O R I G A T O N I A C B E
O X I R O I F B H N E E T T E N E R T U
W N N L I N G U I N I R A I L G A T K U
E R O T A I D A R A V I O L I A I C N K
```

ANELLI

ANGEL HAIR

BOWTIE PASTA

CANNELLONI

CAPPELLETTI

CAVATELLI

CONCHIGLIE

COUSCOUS

DITALI

DUMPLINGS

EGG NOODLES

ELICHE

FARFALLE

FEDELLINE

FETTUCCINI

FIORI

FUSILLI

GEMELLI

GNOCCHI

LASAGNE

LINGUINI

LUMACONI

MANICOTTI

MATZO BALLS

MOSTACCIOLI

ORECCHIETTE

ORZO

PAD THAI

PENNE

RADIATORE

RAMEN

RAVIOLI

RICE NOODLES

RIGATONI

ROTELLE

ROTINI

SPAGHETTINI

TAGLIARINI

TAGLIATELLE

TORTELLINI

TRENETTE

VERMICELLI

WON TON

ZITI

Solution on page 340

It Can Be Uplifting

```
I S S N C X Q S E F J N O R R S L S M Y
J P E O P L E O X A O H A J D P O U Z Q
B C S B B H B H A M G O S S E N D N I K
T X U B C L B U M I N D O C T O R S E M
U T M A C C O M P L I S H M E N T E U S
M H O B B C J X L Y R R T J R O O T W Z
O C D I P R A Y E R E E V N M Y Y S P U
V E B E V C V L A N E D B O I A J P N B
I L R S H F E B O K T A V I N M H A O C
E A H U G T E I S E N E J T A J C I I O
H P R M T N T V T Q U L K O T H E N S N
S C R E I A O S O D L O K V I O E T S F
H S R E V R R S R L O S R E O R P I A I
N S Y I A E A E Y B V E V D N F S N P D
I I T F H C A C T R L E D E P D O G M E
B O L C D M H R L I M A G I N A T I O N
M N A E C O E I G E L O O R N W W A C C
Y E Y H A P P I N E S S W O B N I A R E
T O O T O C O T V G M B Z O N G C U T T
G S L H F N O I H S A F R I E N D S C M
```

ACCOMPLISHMENT

ACHIEVEMENT

ART

BABIES

BIBLE

BOOK

CHURCH

COACHES

COMPASSION

CONFIDENCE

DETERMINATION

DEVOTION

DOCTORS

DREAM

EXAMPLE

FAMILY

FASHION   LOYALTY   RELIGION

FRIENDS   MIRACLES   SONGS

GOD   MOTIVATION   SPEECH

HAPPINESS   MOVIE   STORY

HOPE   MUSES   SUNSETS

IMAGINATION   OCEAN   TEACHERS

KINDNESS   PAINTING   VOLUNTEERING

LEADERS   PEOPLE

LETTERS   PRAYER

LITERATURE   PREACHING

LOVE   RAINBOWS

Solution on page 340

Very Punny

ABSURD

ALLUDES

AMBIGUITY

ART

CHANGE

CHUCKLE

CLEVER

COMIC

CORNY

CULTURE

EXPRESSION

FUN

GAG

GIGGLE

GROAN

HOMOGRAPHIC

HOMONYMS

HOMOPHONE

HUMOR

JOKE

LANGUAGE

LAUGH

LITERATURE

MEANING

METAPHOR

MULTIPLE

PHRASE

PLAY

PUNCH LINE

QUIP

RECURSIVE

RHETORICAL

RHYME

RIDDLE

SATIRE

SENTENCE

SILLY

VISUAL

WIT

WORD

WRITING

```
H S Z C B O I F M J T P V X G F G I U E
A Y A E O D S N S E L G G I G X G P R C
C B Y L H R C O K A A Z X X S H I I O V
S L I Q L C N O Y H Z N C T L U T U M L
I P E J G U J Y T I U G I B M A A Q U T
G O B V C Q D P A X P G H N S A D L H V
K O O S E N T E N C E T P O G R O A N D
W L A E M R F Z S U N G A G A T Q U D Y
F Z A E M Y U R H E T O R I C A L G D B
G J A N I Y N F R I X M G N U W Z H V E
X D T P G X H O M O P H O N E T G S R G
G E G M O U H R M T R I M C C Z I E U P
V W K T Y P A R I O S Y O U V L C W H C
Z O T W A R H G I S H M H C L U G R D U
W R I T I N G T E D I E S Y R T A V K L
K D E A B S U R D C D D G S O S I J H T
A M L S O B P U N C H L I N E N W P A U
T E O N Z X D P H E Q V E Y A O J X L R
N L I T E R A T U R E L K C U H C O N E
S C G R K D D B O V T Y G H M M C V N S
```

Solution on page 341

Carry a Briefcase

```
R S N A C K S H Z T I L A P T O P Q G W
V L B D T T D T L B R T R M B C D E S X
F K X B Y P S R E D L O F N B K L F B E
M J V L K V R I G K F A P V O M V A L X
I Z L G B P C E A E C Y C S U A G D S F
C E U O H H H E S R S O S K N G N Q C P
J B M O C H L S R E M H P G A A Y X H H
J Z N U S K I I S H N M I G H Z R X A I
M E T A L O M S U T O T E N J I R T R W
T D C A N U A U N A D P A Z G N A X G N
Z O Q A C L G Y G E B T E T I E C R E Y
V C L R G C L G L L S S E N I S U B R T
M U I E D K E C A L C U L A T O R E M C
S M Y P G V Q S S G E K O R G A N I Z E
O E H A J B M R S R E Y W A L O O Z L T
B N T P O K Q H E O T B E T I F D F C O
M T E O P E B D S R R G M T F Z I K Z R
L S K C N M I Q C O O Y A I P L L K B P
T K T D P H X Z W S A T C H E L D B V F
L L K X G S T N I M S E S S Y E K E S D
```

ACCESSORY

BAGGAGE

BLACK

BOOK

BROWN

BUSINESS

CALCULATOR

CARRY

CASH

CHARGER

CLASP

COMB

DOCUMENTS

EYEGLASSES

FILES

FOLDERS

GUM

HANDLE

HINGE

KEYS

LAPTOP

LAWYER

LEATHER

LID

LOCK

LUGGAGE

MAGAZINE

METAL

MINTS

NOTES

OFFICE

OPEN

ORGANIZE

PAPER

PHONE

POCKETS

PRESENTATION

PROFESSIONAL

PROTECT

SATCHEL

SNACKS

STATIONERY

STORE

SUNGLASSES

TRANSPORT

Solution on page 341

Horseshoes

ALUMINUM

ANIMAL

ANVIL

ART

BLACKSMITH

COWBOY

DOMESTICATION

FEET

FIRE

FITTED

FOLKLORE

FOOT

FORGE

GAIT

GAME

GLUE

HAMMER

HOLES

HOOF

HORSE

IRON

LAMENESS

LUCK

METAL

NAIL

PITCH

PLASTIC

POINTS

POLO

PROTECTION

RACING

RANCH

RIDING

RUBBER

SHAPE

SHOD

SIZE

SPECIALIZED

STAKE

STEEL

SUPERSTITION

TALISMAN

THROW

TOSS

```
F V U E U N S L H T D K Q H B W J U M G
F E O A S X Q A I D J M A W D F D A V Q
T I Z F T D A L R R B B F T R I K A I R
L B W M R C O U S L O X R E Z R S K Y A
W K F A E F S M P O I N T S A E C D O C
D D O Z Q N O I E C E V R G L U E E B I
H V C P I Y G N C S I W N O L A W T W N
Q O T M S D G U I H T T H A P E M T O G
J X H S P Z K M A D R I S K L Z R I C O
Q Q E G V R W A L P D S C A T A T F N H
Q W G M S S O T I O E V T A L I P H E A
J I M D N M H T Z N L E L E T P T R S M
L K Y O Z A C I E O M I S S R I O T R M
G N M H T H N M D C S Q R I M L O V O E
E A L S S H A P E M T E D S K O T N H R
T I M E T L R F A H P I K L F F O R G E
B L F E A E P N R U N C O M O O S A W B
Q J E P K F E O S G A F I N O F I B T B
N F I Y E Q W L L L I W C C H T Z R X U
B V S H U C Q N B O D D L Z V Z E P T R
```

Solution on page 341

Sometimes Silly

```
M O Q L U D I C R O U S O O L S O W R O
P T R J E A B I D E N I A R B E R A H C
J P Z U U A B D J O P O F F S P N J G Q
B H L C R R S J I I T A T H H O A X E S
O V E Q R E T S E J J U V E N I L E N Z
Z O Q I K Q S Q C N O C H I L D R E N M
Z E H O M E K P K F I N F G K P T M N T
C K J Z R I D I C U L O U S R T M Y R A
D F X P R H T N F N E B A B I E S I I A
V W M K A Z O O U N G L W K D G C T S M
K I M Y O O O T Y Y V A P A D K N A Y L
L T J P T L T S T S G Z M O L M Y O F O
Z T V R U Y B S K Y X B T E E K K Q S X
B I A A F T P I D S T C E O S P C G Y Q
D C V N C U T H P N A I P N H D A I R U
A I H K M S X Y G B U M W Z D G W R O I
Q S F C O Y H K T M K O I Z I K X U T R
R M K K L O H G U A L C S M D I M P S Y
U R R J X J B P A C D A M G E D C B Y Q
H L X N V C H H U U I F N I A S N U P E
```

BABIES

BOOK

CARTOON

CHILDREN

CLOWNS

COMIC

FACE

FOOL

FUNNY

GAGS

GAMES

HAREBRAINED

HOAXES

IDEA

IMPRESSIONS

JESTER

JOKE

JUVENILE

KAZOO

KIDS

KITTENS

LAUGH

LUDICROUS

MADCAP

MASKS

MIMES

NUTTY

PARTY

PEOPLE

POEM

PRANK

PUNS

PUTTY

RIDDLES

RIDICULOUS

SIMPLETON

SKITS

SONG

SOUNDS

STORY

TOYS

TRICK

WACKY

WALK

WITTICISM

Solution on page 341

Spinning Fans

```
A B R J G P B A Y F O T Z R C F Y Y X M
M N H B W O V K E R B L A D E A R V A W
A U O T R O F M O C I F A N O C T O T X
U T L I M P R E W O P E I H L H H N G P
R T A V T C N T V M E B T I S P E E D Y
C I J S E A B A Z P R N M G V M R C M Z
Z B O Q M N L L N U P A Y H E I M U L C
R S Q P P Z T U T T T R H V N R A B F V
L H L N E X O I C E S P O D B T L O O C
M O T O R Y F E L R W M U P E Z F X H G
I B W T A D F L G A I S S M E N G I N E
L G P A T L D E Y A T C E X S L V I Y E
H J A R U S Z P G R C I H H A G L R L C
L I B I R E Q M I F H A O Y C I F E Q T
Z G D A E B R A F E U W L N E C C M R H
C S C R I E L O A S I B D C W T H M N C
G F B H J T O T T H G I L I R T I U U X
I L H O C A E S T A N D N I P S L S I N
H M I H J I M U H B T D C H L W L E Q H
F D I K P V S E F F P E K S M D Q U B S
```

AIR
BELT
BLADE
BOX
BREEZE
CAGE
CASE
CEILING
CHILL
CIRCULATION
CLIMATE
COMFORT
COMPUTER
COOL
ELECTRIC
ENGINE
EXHAUST
FAN
FLUID
HEAT
HIGH
HOUSEHOLD
INDUSTRIAL
LIGHT
LOW
METAL
MOTOR

MOVEMENT
OFF
POWER
PROPELLER
ROTATE
SPEED
SPIN
STAND
SUMMER
SWITCH
TEMPERATURE

THERMAL
TURBINE
VENTILATION
WIND

Solution on page 341

The Envelope, Please

ADDRESS
ADHESIVE
BUSINESS
CARD
CLOSE
CONTAIN
CONTENTS
CORRESPONDENCE
COVER
DELIVER
DESIGN
DOCUMENT
EXPRESS
FLAP
FOLD
FORWARD
INVITATION
LARGE
LETTER
LICK
LONG
MAIL
MONEY
NAME
OFFICE
PACKAGING
PADDED
POCKET
POST
PRINTED
RECTANGLE
REPLY
RETURN
SEAL
SECURITY
SEND
SHIPPING
SIZES
SMALL
STAMP
THIN
USPS
WHITE
WINDOW
WRAP

```
M O W B T D B M S T A M P C U S R K P R
V Y K G J D R D L B F H F O R W A R D C
P Q N T B S N E P W R A P R C X X Q O G
C O I G I T D N D Y I M A R S K H V E S
S O Z S V Y S E A L Y D C E B M E M D T
P Q I A Q T L G I E H F K S D R A T L N
P K E D Q I C S N E B C A P N N S L G E
O S I S V R J O S O I R G O E V S Q L T
E G X E V U M I N L L L I N S I E G A N
K R R O Z C V H E T P T N D Z U N T I O
O N E D B E O E G Q A D G E R A I S U C
L P Q T U S P S N T D I S N T E S O L C
Q I H I U O X U I N D P N C S E U P J Z
E P A L F R Z V P E E L E E R W B N H P
A Z R M K E N E P M D R A P C E M I T P
R U B I K I T K I U W T X R T I T H U N
I W O D N I W B H C D E S I G N F T Y Z
B B Y E H T F Z S O A U Y L P E R F E W
C I L W S S E R D D A R B E Z J E D O L
R H Z C F O L D G I J B D T G I C M K J
```

Solution on page 341

Radio from the Past

```
T T R E L P V D O M J B D M K B P V Y Q
G R A M U S I C O N C E R T S T C Y N H
X D A L C H N E T W O R K Q R I C O O S
E A D V E N T U R E M D A E S A I R J E
A I B L O N D I E W M W D S R T R V V I
M A N N S R T O Q P E Y A T A O I I V R
A I V N O S W E N Q R L K N R S L N H O
R R C K A F S Y R D C C I S F T B C Y T
D W E R P A A T E T I G I K S C R I D S
M A R G O R P R R D A V L E T E O Q E E
L V N L P P I E M M L I L U S F A F M R
X E E B E Q H P I R S L N A A F D A O I
Q S G O R T X O A X E E R M I E C M C A
Y T I L A U Q G N W D P M O E D A I J L
X F D E P E G A N E D L O G M N S L X S
U Y W B O B H O P E H S V R C U T Y K Q
N O I T A T S R O T C A E T E O H S X I
W D V Q Y R T N U O C T N E T S I L R W
K U K N O I T C U D O R P Y T E I R A V
K H N M G C P C S G C P Z P L I G E M T
```

ACTORS

ADVENTURE

AIRWAVES

ANNIE

BLONDIE

BOB HOPE

BROADCAST

CLASSIC

COMEDY

COMMERCIALS

CONCERTS

COUNTRY

DIAL

DICK TRACY

DRAMA

ENTERTAINMENT

FAMILY

FARM REPORTS

GENRE

GOLDEN AGE

HORROR

HUMOR

IMAGINATION

LISTEN

LIVE

MARX

MICROPHONE

MUSIC

NETWORK

NEWS

ORSON WELLES

PRODUCTION

PROGRAM

QUALITY

RED RYDER

ROMANCE

SERIALS

SOAP OPERA

SOUND EFFECTS

STATION

STORIES

TALENT

TUNE

VARIETY

WEATHER

Solution on page 342

Photographs

BABY
BAPTISM
CANDID
CASUAL
CHRISTMAS
CLASS PHOTO
COMMEMORATIVE
CONTEST
DIGITAL
EASTER
EDIT
ENGAGEMENT
EXPOSURE
FASHION
FLASH
FRAMED
FRIENDS
GRADUATION
GRAYSCALE
GROUP PHOTO
HOLIDAYS
IDENTIFICATION
LIGHTING
LIKENESS
LOCATION
MODEL
NATURE

OLYMPICS
PANORAMA
PERSPECTIVE
PETS
PICTURE
PRINT
PROPS
REUNION
SCENE
SELFIE
SEPIA

SHADOWS
SPORTS
STAND
TRAVEL
TRIP
VACATION
WILDLIFE

```
F F D C O F Q W E U R U U L P W W K R M
R H O L A U S A C J X K L O C A T I O N
A P D N F A S H I O N V S C I P M Y L O
M P E E O L R E A P R R D M O J X R S I
E S S R P I C T U R E T U I T R V P P T
D V I U S S N W Q N I S P A N O R A M A
R A E T C P T U E D O T O H P S S A L C
E C M A P S E C E E G T F Q Y H K K A I
T A D N E A S C X R J R L B I H W G M F
S T Y T J X B P T W S Y A D I L O H E I
A I N I P U O E T I J B S D P E T N B T
E O S I L S F T D G V R H R U L G C P N
C N F E U I T C O M M E M O R A T I V E
L W I R L R G S X H H W L S G C T U S D
M P E D I F B H C S P A S E Z S A I W I
S R L P W E I A T Z T P M P V Y E D O C
O I E S S E N E K I L E U R O A W N D N
W N D M I D P D G X N F Y O V R R A A Z
E T O D I K L I S T E G N P R G T T H U
J G M D T H D Z X X T T T S Z G L S S Q
```

Solution on page 342

Watching *Downton Abbey*

```
X J W S E T A B N H O J I M C A R T E R
A Y H C R A R E I H E N L I M T T A M O
E L O C I N Y E L S E L R A E B C M E S
T C F A Z D Q K O P K E V I N D O Y L E
H V E R O M T A P L Y R E B P H U N T L
E L S I E H U G H E S U L H Q J N U S E
L I R S P D C R A W L E Y G V X T T A S
P L Y T W R N S A X C L O U O T E T C L
A Y J O O D E U I M L C C E G S S A N I
R J I C R L E T G I A A N D I E S L O E
K A V R R K V S S E F R A S J I E L S D
S M Y A A J S L T A N A D P G R R E N A
A E S T B W O H M A M T N E R E V N A N
M S T I S G D I I A T H E L A S A L R S
T N U C A B L L G R E E R E N I N E B T
S C A N M Y P T R E E O B E T N T E M E
I H R B O C A R S O N B D R H I S C O V
R B T J H J O V S E W O H S A M O H T E
H H I S T O R Y W I L L I A M M A S O N
C V E G R O E G W E N D A W S O N Y G S
```

ALFRED NUGENT

ALLEN LEECH

AMY NUTTALL

ARISTOCRATIC

BERYL PATMORE

BRENDAN COYLE

CARA THEOBOLD

CARSON

CASTLE

CHRISTMAS

COUNTESS

CRAWLEY

DAN STEVENS

DRAMA

EARL

ED SPELEERS

ELSIE HUGHES

ESTATE

ETHEL PARKS

FAMILY

GEORGE V

GRANTHAM

GWEN DAWSON

HIERARCHY

HISTORY

ITV

IVY STUART

JIM CARTER

JOHN BATES

KEVIN DOYLE

LESLEY NICOL

LILY JAMES

MASTERPIECE

MATT MILNE

MINISERIES

PBS

PHYLLIS LOGAN

ROSE LESLIE

SERVANTS

THOMAS BARROW

THOMAS HOWES

TOM BRANSON

WILLIAM MASON

WORLD WAR I

YORKSHIRE

Solution on page 342

Around Hong Kong

```
T A O I S M Y G O L O N H C E T M M G D
S B B M P I Y R T S U D N I I S L A N D
A D H H A R B O R E P U B L I C C N O E
O B U L E V A R T E T R A D I N G D D D
C W G N I R U T C A F U N A M U O A G U
W G N I D L I U B H E R U T L U C R N C
R C W F G Z C P Q R V S A N B A C I A A
O L Y T N H L Q M Z R E D T L O T N U T
K I A N I H C N R E H T U O S E N P G I
U B T N P S D Y P B H K M M D K C P T O
V U E A P Y T A T S P S O K T A E E O N
Z S B B O V R R I L I P I S N A R N U O
E I U R H C O L A H O N I T R R O I R O
N N Z U S P G I D L G L O L I Z R S I L
I E U Y R N C D I D A N R T Q R P I S W
L S K I E N U T O T E I O J J L B U M O
Y S A S A B A M I S V R T B B A D C R K
K T Q N X N M P E E Y E C R E M M O C H
S H I P T A A V R O N O I T A L U P O P
B F K C E C O N O M Y E M U S M I D E F
```

AIRPORT

BRITISH EMPIRE

BUDDHISM

BUILDING

BUSINESS

CANTONESE

CAPITALIST

CHINESE

CITY

COAST

COMMERCE

COSMOPOLITAN

CUISINE

CULTURE

DIM SUM

ECONOMY

EDUCATION

ENGLISH

FINANCIAL

FOOD

GUANGDONG

HARBOR

INDUSTRY

ISLAND

KOWLOON

MANDARIN

MANUFACTURING

MARTIAL ARTS

PEARL RIVER

POPULATION

REPUBLIC

SHIP

SHOPPING

SKYLINE

SKYSCRAPERS

SOUTHERN CHINA

STAR FERRY

TAOISM

TECHNOLOGY

TERRITORY

TOURISM

TRADING

TRAVEL

UNITED KINGDOM

URBAN

Solution on page 342

Face the Music

```
E O E D S G S P F V L A E R N B Y S A Q
Z E A J P Q Y B A R R Y W H I T E E A C
A N N A H I R O C K D D Q L B I R G H O
B C N F M B E M I N E M L E N O A I M L
S K O O R B H T R A G B E O S G C S U L
D N D N V A Q P G O O G S M Y A H R S Z
Y I A T D U N L P A E K I D G G A A I I
O A M N E Q E K R E C T A O M H I E C X
L W Y E F S H D S A H L L Y S S R P V F
F T N R L D T P J I J D X E E D A S I G
K A E S E N O T S G N I L L O R M Y D O
N I L E P P E Z D E L A G S B O E E E S
I N P X P N G N I T S I T E S C T N O L
P A R M A W B O N J O V I R H E A T S S
R H U J R W M U N I T A L P A R L I L E
I S P P D B O A L B U M S S K E L R C A
N R P H K J O U R N E Y S I I H I B B G
C O E N H O J N O T L E I V R C C B J O
E S E L T A E B E H T E K L A M A I R E
N Y D L G D K N C E L I N E D I O N S J
```

ABBA
AEROSMITH
ALBUMS
BARRY WHITE
BEE GEES
BILLBOARD
BON JOVI
BRITNEY SPEARS
CELINE DION
CHER
CHICAGO
DEEP PURPLE
DEF LEPPARD
EAGLES
ELTON JOHN
ELVIS PRESLEY
EMINEM
FRANK SINATRA
GARTH BROOKS
GOLD
JANET JACKSON
JOURNEY
JULIO IGLESIAS
KISS
LADY GAGA
LED ZEPPELIN
MADONNA

MARIAH CAREY
METALLICA
MTV
MUSIC VIDEOS
PINK FLOYD
PLATINUM
POP
PRINCE
QUEEN
RECORDS
RIHANNA

ROCK
ROLLING STONES
SALES
SHAKIRA
SHANIA TWAIN
STING
THE BEATLES

Solution on page 342

Nothing Heavy

```
X D J E Y G W S I H F W T U P O J J W J
D S Z R B B R M Y N Q T J M N A R I L P
S B A L F W K L I S S O D K B K R G F X
U L N K L E U G N I R E M U Z H L C Q V
R Z V V U N A O K H L Y C P S O C K S V
M P T T F D W T D A E R H T V T E V T E
L X I C F F D Y H G C P U E K A M A I U
B E F L L G A U Z E B L S R E K C I T S
L N W A L O V E Z I R I J A D A T R A S
X E K Z I O U G R H Y D R O G E N B N I
X E C R B W W D B N E R G V G L T N I T
X L I O R A S C S Q I B S R P C E D U U
U K P X A L U M I N U M A O R I G A M I
O N H E L G B C G T A S E E D Z H E F I
K I T K L F E S T K S P O N G E S R O A
V I O C O T T O N T C A K E L B T B D Z
K N O L D E N I C T N I L I V U R N X F
G Z T N A F T N O E I K U P N E A I T G
N Z D M V A P O R Z X M Z D E S W Z Z T
I K O R S R P H K K Y I M C B N P Y L W
```

AIR
ALUMINUM
BIRDS
BREAD
BUTTON
CLOUDS
CORK
COTTON
DOLLAR BILL
DUST
EARRINGS
FEATHER
FLUFF
GAUZE
GLOVES
GRASS
HELIUM
HYDROGEN
INSECT
KITE
KLEENEX
LEAF
LINT
MAKEUP
MERINGUE
NAPKIN
ORIGAMI

PEN
PILLOW
PLASTIC
SAND
SATIN
SEED
SILK
SNOWFLAKE
SOCKS
SPONGES
STEAM

STICKERS
STRAW
THREAD
TISSUE
TITANIUM
TOOTHPICK
VAPOR

Solution on page 342

Geography Quiz

```
Z R E E X M K V I D E N T I F Y R Q P G
G N O M S F L A G O O N L X O Y Y P E M
S T A T E S A C I R E M A E S Y G K X P
O X J Y A K O Y A N O I T A C O L Y G B
F K E M O U X Y I Z E S Q D L Q G M M J
S Y S Q N K Q T O P O G R A P H Y C M O
P T U T Z I N E A L P O L E E X C A V E
V E R K Q O P C W E J Q N M D Z C M R I
O Y W A C V P I G F A U I A U R A N G E
H C M T I S L E T F D S A P T E O T B V
N Y E L H T N W A A P D T P I G Y B A A
J N S A E I T P N H E B N A G I Z J T C
J K O S N V Y S E K A L U I N O T A L S
Z L I Y F X E R D N V Q O E O N S O E X
G A L E S B E N U Q I D M L L R E U D S
Z K A P G I U C T R V N A I D I R E M Q
H W B B C U D T I S Z N S Y Y O O R W V
Z K E A E W G V T T D F I U P U F R T S
H H L Y R E E F L E Y L F E L A N A C D
Z G H C Y R Y L A T I T U D E A S I A W
```

ALTITUDE
AMERICA
ASIA
ATLAS
BAY
BORDERS
BUTTE
CANAL
CAPE
CAVE
CITY
CONTINENT
COUNTRY
DELTA
DUNE
EQUATOR
EUROPE
EVENTS
FJORD
FOREST
GLACIER
HEMISPHERE
IDENTIFY
ISLET
LABEL
LAGOON
LAKES

LAND
LATITUDE
LOCATION
LONGITUDE
MAP
MERIDIAN
MOUNTAIN
OCEAN
PENINSULA
POLE
RANGE

REEF
REGION
RIVER
SEA
STATE
STRAIT
TOPOGRAPHY

Solution on page 343

Helping Others

```
H S V C T W K L N Y N R Z J O S L F F M
C T O E I R E P C I V D N J H T V J S L
G E O G I V O P O F Z C O C O M F O R T
X A M P I S R P M H X A L C X D V T E S
F C E R R O C N P H S A W O T E Q K K Y
U H D V T U O V A U L C U S T O D I A N
V E I E N H N X N A S K C G U H R P T N
V R C F Y U T D Y R E V O C E R E U E A
E T A N R R R O E E N C O U R A G E R N
L J L T E E U O F R O N K Q I H Q E A O
T P U G S I S F H R S N O R I E S E C G
N R L S I E T V L I I T A E Z P N M H D
E O O E H M W A D E S E A I O R O R A L
G V Y S H T O E P T S S N N D X I X R P
H I I S H A R I N G S A S D D R T J I N
Y D Q P H A T E V I G I C E D I A I T C
V E M C T I H F K R B P S K C L N U Y X
Z I N E U B Y A O L G V I S I T O G G W
A R R O X I Y I E X H N G O A P D V G U
Q D X G M Q K L B O D P R W P C D J E I
```

AIDE
ASSIST
CARETAKER
CHARITY
CLOTHE
COMFORT
COMPANY
CONSIDERATE
COOK
CUSTODIAN
DISHES
DOCTOR
DONATION
DRESS
DRIVE
ENCOURAGE
FOOD
FRIEND
GENTLE
GIVE
GUARDIAN
HELP
HUG
IRON
KIND
KISS
LOVE

MEDICAL
MONEY
NANNY
NURTURE
ORGANIZE
PATIENCE
PROTECT
PROVIDE
RECOVERY
RESPONSIBLE
SHARING

SHOP
SUPPORT
TEACHER
TRUSTWORTHY
UNDERSTANDING
VISIT
WASH

Solution on page 343

Back to the 60s

ANTIWAR
AUSTIN POWERS
BAY OF PIGS
BERLIN WALL
BOB DYLAN
BREZHNEV
CHARLES MANSON
CIVIL RIGHTS
COUNTERCULTURE
DRUG CULTURE
EASY RIDER
ECOLOGY
FEMINISM
FOLK MUSIC
FRANKIE AVALON
HAIGHT ASHBURY
HIPPIES
JANIS JOPLIN
JFK
JIMI HENDRIX
LBJ
MALCOLM X
MOD
MUHAMMAD ALI
NIXON
PETER FONDA
PROTESTS

PSYCHEDELIC
ROBERT KENNEDY
ROCK AND ROLL
SAN FRANCISCO
SATELLITE
SONNY AND CHER
SONNY LISTON
SPACE
THE AVENGERS
THE BEACH BOYS
THE BEATLES

TIE DYE
TWIGGY
VIETNAM WAR
WOODSTOCK

```
S T H G I R L I V I C I S U M K L O F M
J A N I S J O P L I N A L Y D B O B J B
S O N N Y L I S T O N H M I D O M S Y E
R W J F M E R U T L U C R E T N U O C A
E O G F R A N K I E A V A L O N H N S S
G O B S K A P F E M I N I S M T A N E Y
N D K E Y A N S P A C E N Y Y R M Y L R
E S R A R S D C Y D P A O O G A M A T I
V T A O U L T N I C M L X B G W A N A D
A O W J B L I S O S H O I H I M D D E E
E C I J H E L N E F C E N C W A A C B R
H K T X S N R L W T R O D A T N L H E U
T X N M A F R T L A O E Q E E T I E H T
Y I A L T A D J K U L R T B L E H R T L
G E Y O H I P P I E S L P E I I O G X U
O Y H C G B R E Z H N E V H P V C G T C
L D K L I S R E W O P N I T S U A I V G
O E F A A Z S X I R D N E H I M I J V U
C I B M H H T Q Y L L O R D N A K C O R
E T I L L E T A S G I P F O Y A B W F D
```

Solution on page 343

Found in the Old Testament

```
K K I J I Z U M Z M S V I U R B T F F F
P X M E H S E I D E I S O M A W J J X R
A U I M S J L K G X H C B I B L E L C A
U L H X R A H D D M E L A S U R E J O I
H A B A K K U K A E S O H H E B S H R N
S H A W I J J E N Y Y Y S M A G C E U B
O D N N F N L O I G H J I B C I V M T O
J P E F G L A Q E O P A F I R I B R H W
V S K U I A C H L L H O Q E R E G Y P T
T B X I T M F T P O R N J N R S V S B O
N R E L V E C C L E S I A S T E S O B Q
E E G N O N R Q W H Z D T L W L T E R U
P D H H J T C O H T R S A N E C D M R P
R S J E U A T C N O S D T H A I D A B O
E E E E M T M A J O A S D R E N K W W O
S A Y T H I B I G M M G G N H O E E T G
B T C T H O A N N K U Y C O G R Z V Z F
O K G M C N V H P Y E E A C N H R K O E
P E D A A S C A V S L N O N A C A R T C
T T J E P R O P H E T B L C G J R H Z N
```

ADAM

AMOS

BENJAMIN

BIBLE

CAIN

CANON

CHRONICLES

COVENANT

DANIEL

DEUTERONOMY

ECCLESIASTES

EGYPT

ESAU

EZEKIEL

EZRA

HABAKKUK

HOSEA

ISHMAEL

JACOB

JEHOVAH

JEREMIAH

JERICHO

JERUSALEM

JOEL

JORDAN RIVER

JOSHUA

JUDGES

LAMENTATIONS

MICAH

NEHEMIAH

NUMBERS

OBADIAH

OBEDIENCE

PROPHET

PROVERBS

RAINBOW

RED SEA

RUTH

SAMUEL

SERPENT

SETH

SHEM

THEOLOGY

TOWER OF BABEL

ZEPHANIAH

Solution on page 343

Patents

APPLY
CHEMICAL
COMPANY
COPY
COURT
CREATOR
DESIGN
DEVELOPMENT
DRAWINGS
DRUG
EXCLUSIVE
EXPIRE
FEE
FILE
FIRST
GOVERNMENT
GRANTED
IDEA
IMPROVEMENT
INDUSTRIAL
INFRINGE
INTELLECTUAL
INTERNATIONAL
INVENT
LAW
LEGAL
LICENSE

MANUFACTURE
MONOPOLY
NOVEL
NUMBER
OFFICE
PERMISSION
PROCESS
PRODUCT
PROPERTY
PROTECT
RIGHT

SCIENCE
SEARCH
SECRET
SELLING
TECHNOLOGY
TRADEMARK
USEFUL

```
T S E C R E T J T W C I H H C R A E S C
H R J P M C C N Z H I K R A I F M C R W
C R D W U S H O E I G N A I N G I S E D
V W Z D I J S M M M A I D C N E D R U G
Q I O F W T I E L P N I R U N V P H S K
E R N O H C R A C R A R V C S X E S D T
P R O T A B F A Y O W N E H Y T E N E L
G T I L E X E T D V R B Y V G W R F T E
W C S P E L R S C E T P Y C O U U I N G
Y E S V X E L A N M M S C D L G T L A A
Z T I E P E U E O E G A E W O C C E R L
C O M O L D X C C N C V R U N O A O G U
A R R L B L P V I T E I A K H U F F I F
G P E U B L I W L L U B L C C R U F U E
A P P L Y L A N O I T A N R E T N I I S
N U M B E R E P G L N B L C T O A C Z U
H U F E D O M A O Y L O P O N O M E I J
Y B E F V E X C L U S I V E X B V P Z E
V Q E G N I R F N I D E A E D E H K Q W
W R O T A E R C O P Y B W A L H U S S R
```

Solution on page 343

Crimes

ABUSE

ACCESSORY

ARSON

ASSAULT

BAIL

BATTERY

BRIBERY

BURGLARY

CONSPIRACY

COURT

DAMAGE

DISOBEY

DISRESPECT

DUI

DWI

EMBEZZLEMENT

EVASION

FELONY

FIGHTING

FORGERY

FRAUD

GAMBLING

HARASSMENT

JAIL

KIDNAPPING

LARCENY

LAWYER

LITTERING

MANSLAUGHTER

MISDEMEANOR

MURDER

PENALTY

PERJURY

PROBATION

ROBBERY

SHOPLIFTING

STALKING

STEALING

TERRORISM

THEFT

TRESPASS

TRUANCY

UNDERAGE

VANDALISM

WARRANT

```
M B Q G I G D G D T R A W D J T T U W N
L A R C E N Y V V Y N O L E F U R H I O S
I T D F Z L G N I L B M A G U A A S T A
W T F E H T A O S U B L N A R R R E M Z
P E N A L T Y W Z D E I N E G A A F U F
Y R A L G R U B Y R R C B J N L S T N T
D Y O T K U Q A D E Y C A R I P S N O C
I C T N Q K V U T T R I Y N T E M A I E
S H L Z A U I T G H L E G N F R E R T P
O S U M C E I D E G L C E F I J N R A S
B A A H C L M N N U J M Y I L U T A B E
E J S P E V O E U A E C R G P R E W O R
Y A S P S I A N D L P R E H O Y R P R S
R B A C S E D N Z S A P B T H J R L P I
E U A A O E R Z D N I B I I S I O Y W D
G S V C R U E T B A D M R N M U R D E R
R E J A Y B R F H M L W B G G I I X O L
O J G S M J R T B T E I Q R K U S E I D
F E W E D G N I K L A T S E G A M A D S
V R D V Q D K Z M Q D V V M F X B Y L R
```

Solution on page 343

Projects

```
N R C K F M Q F X B B B S U D D Z P P A
S G N I D I S E R Y D O W N S I Z I N G
D R N K T N N F O G E X N E R G R M T A
M E E I Y S C F T N M N Q L U N E N A Z
M L C S D U D O I I O O Y B D I S K O L
Z O S K I L L R N H L I R G N Z T U B G
G C Y N P A I T O S I T E A F I O B A N
N A U P O T R U M I T A S T E N R R S I
I T R W N I H D B B I R R T N A A P E H
V I K D D N T K N R O O U I C G T A M S
O N A J E G F A H U N B N C E R I I E I
M G K D Z N T O R F F A A S T O O N N N
N N S E C R U O S E R L A C O I N T T I
P I N G I S E D E R P L E S K T O I A F
Y R E S E A R C H O E O S R H Y G N S E
L O R T N O C Q R L U C O E A R A G K R
M O D E L I V S L A N D S C A P E R S U
T L S P E T S O Z K Q I B U D G E T D O
D F E F A A O Y A S S E U X I I F R M M
C S S F U P M U S N C T G Y Y T H J P T
```

ATTIC

BACKYARD

BASEMENT

BOAT

BUDGET

BUILDING

COLLABORATION

CONSTRUCTION

CONTROL

COOPERATION

DECK

DEMOLITION

DOWNSIZING

EFFORT

ESSAY

FENCE

FLOORING

FUNDRAISERS

GARAGE SALE

GARDEN

HOUSE

INSULATING

LANDSCAPE

MODEL

MONITOR

MOVING

NURSERY

ORGANIZING

PAINTING

PATIO

POND

POOL

PREPARE

REDESIGN

REFINISHING

REFURBISHING

RELOCATING

RESEARCH

RESOURCES

RESTORATION

SIDING

SKILL

STEPS

TASKS

THESIS

Solution on page 344

Skin Treatment

```
Q D B B E V U U P R O T E C T L K L T I
O D P C N I H Q Y M K E H L F A O F L U
T N E M I G E R H A E V I T A M I N S K
V B R A N U R Y M K I B U R C S E N I L
Q B O S E O D C L E A N S E X O T O B Q
K L X K G R I H A U L D N A Y Q B I D L
V P I Y A E Z T B P S A G T R Q V E N H
Z X D T L G O T O R B E O M O P R Q S M
F Q E J L D E L A L F H M E T M P S F W
D D S O O J R C E W O K L N A C E B V E
R Y W W C O S M E T I C S T L N E A Q W
K W A C N E I T K S L A O A I P L O G Y
M S H C R S A L E G X L Y H P A O S C J
H T S U H I P L W P O B C R E D N E S S
E U M S L R K A L G K T P Q D T I L E V
A Z A O T N A D I X O I T N A O T T R T
Y R F S I T O S E L M A E R C N E N O V
O X E R W P T P B P V P O W D E R E P H
E L W C W K J K L E Q X U R L J R G C Z
D Q W E B W R E M I R P U W L Q V X G H
```

ACNE

ANTIOXIDANT

BALM

BLACKHEAD

BLEMISH

BLOTCHINESS

BOTOX

CLAY

CLEANSE

COLLAGEN

COSMETICS

CREAM

DEPILATORY

DERMATOLOGIST

ELASTIN

EXFOLIATE

GENTLE

GLOW

HYDRATED

LINES

LOTION

MAKEUP

MASK

OIL

PEEL

PEROXIDE

PIMPLE

PORES

POWDER

PRIMER

PROTECT

RASH

REDNESS

REGIMEN

RETINOL

SCARS

SCRUB

SERUM

SOAP

SPA

TONE

TREATMENT

VITAMINS

WASH

WRINKLES

Solution on page 344

See South America

```
C A Y E N N E F B H L A C N I I O L S N
R P B N Z L A P R B P L Y A U G A R A P
T U I U W C Z E L E A P O W L P N E S F
O N R G E O B S C L N N Q S A I I X U L
H T E U E N T O S O A C E Z O T T C N B
I A I N G I O E G H C M H G N V N D C Q
Z D T U I U Y S G O B I A G A G E U I P
L E R A Q T A O A R T S F M U T G U O C
K L L I C Q N Y Q I O A A I E I R C N O
R E R F O A A O Z Z R E I O C N A A J C
I S O O E D M X C O D E G L P A D N C H
Q T G B D A E A D N Q C S V I A P O A A
T E A C I A D J D T B T H P W S U N Z B
T E I A V R V N A E C O C I T N A L T A
J B T I E O A L O N S B L K C Y G R O M
Q R N A T D M M A C E E E I U L T D B B
F A A U N A I V A S A I R G V H A O J A
Z Z S H O U L P E R U N R T H I S Y K J
L I H S M C A R A C A S A O A M A Z O N
A L E U Z E N E V A L P A R A I S O O U
```

AMAZON

ANACONDA

ARGENTINA

ASUNCION

ATACAMA DESERT

ATLANTIC OCEAN

BELO HORIZONTE

BOGOTA

BOLIVIA

BRASILIA

BRAZIL

BUENOS AIRES

CALI

CARACAS

CARTAGENA

CAYENNE

CHICLAYO

COCHABAMBA

CONTINENT

ECUADOR

FRENCH GUIANA

GEORGETOWN

GUYANA

INCA

LA PAZ

LIMA

LLAMA

MENDOZA

MONTEVIDEO

NUEVO SOL

PACIFIC OCEAN

PARAGUAY

PARAMARIBO

PERU

PESO

PUNTA DEL ESTE

QUITO

RIO DE JANEIRO

SALVADOR

SANTIAGO

SAO PAULO

URUGUAY

USHUAIA

VALPARAISO

VENEZUELA

Solution on page 344

Meds

AILMENT
ALLERGY
ANTIBIOTIC
ANTIDOTE
ASPIRIN
BALM
BETTER
CAPSULE
CHEMISTRY
CHRONIC
CLINIC
CREAM
CUP
DAILY
DIURETIC
DOCTOR
DOSE
EFFECTIVE
ELIXIR
FEVER
FLU
FOOD
HEADACHE
HEALTHY
ILLNESS
INFECTION
LINIMENT

MOTRIN
OINTMENT
PAIN
PENICILLIN
PHARMACY
PILL
POTION
REFILL
SCHEDULE
SICK
SPOON

SUPPLEMENT
SYRUP
TABLET
TONIC
TOPICAL
VACCINE
VITAMIN

```
Y F R R S W T B T A O W M U W A C C V D
B R V E R L P W K L N T H F U N H L J M
F X B F F I R H B L H S I E T T Z I Q Z
N E O C C I Z B A E E S O D A I V N X E
I O D I F H L A A R P P Y I N D M I S W
J K F N E W E L V G M F O F N O A C R N
Z F O O D Q T M N Y P A E T G T H C M C
S X W R U H J I I E G C C U I E M T H E
I V E H Y E R I N S T I T Y D O L E T E
C L F C I T O I B I T N A U Y Z N A N R
K R F L O O C Z O E E R L D B I B I E T
Y I E M U I W N R M T E Y R C L R T M P
C S C A L L I U E D E H G C E I T L L X
E S T L M A I L Y H C Z A T P E B L I C
T E I M P D P N L L G V A S B W L I A R
D N V I J P E L I X I R A L A C I P O T
E L E Y U V I T A M I N O O P S S T O W
S L P S Y R U P D R E V E F R U C N L M
E I I W T E W W U B Z N F Z L O I V I Y
Y F Y J Y A Q M Y C F W T E D C K S O G
```

Solution on page 344

PUZZLES   99

Mailing

ADDRESS

ARRIVAL

BILLS

BOX

BUBBLE WRAP

CUSTOMS

DELIVERY

DUTIES

ENVELOPE

EXPRESS

FEES

FOAM

FREIGHT

GIFTS

GLOBAL

INSURANCE

INTERNATIONAL

LETTER

LICKING

LOCAL

MAIL

MONEY

OUTGOING

PACKAGE

PACKING

PAYMENT

PICKUP

POSTAGE

PROCESSING

PRODUCTS

RECEIVING

REGISTERED

RETURNED

SERVICE

SHIP

SORTING

STAMPS

STATIONERY

SURFACE

TAPE

TRACK

TRUCK

WEIGHT

ZIP

```
C B R P M E A Y K G H L W P I C K U P J
C Y I O A H S M S P M A T S W W Y A A S
Q Z I L I G G H G P A Y M E N T C L C S
K M G G L I C K I N G O I U V K A E K E
E H O R C S W T N P T G E J I N P P A R
J C W A Y P P R S S H Q I N O S C L G D
U J I X S M R U U T R E G I S T E R E D
W L A V O Q O C R E P A T Z R K I B L A
P G K A R B C K A G P A R W E L B B U B
G N G O T E E W N W N Y B H S J D T K T
I I L V I Q S P C R I I E N V E L O P E
F O O D N C S Y E N O M V E L O E O R X
T G B U G L I T P Y G T C I C D S F O P
S T A T I O N E R Y H A V A E T O V D R
V U L I W I G M W G F E L N A C G R U E
P O I E S L A V I R R A R G M E E V C S
D X O S A O V E U Y F U E G C T Y R T S
X B V S F G R S E J T A C A T Q Y Q S I
X T O G Q F M Q R E I R I E M C M L K T
J D B R G Q Z T R A C K L O Q I R F R Y
```

Solution on page 344

Around the Lighthouse

ALARM

ALERT

BAD WEATHER

BEACON

BOATS

CAPTAIN

CIRCULAR

CLIFF

COASTLINE

CRASH

CREW

CYLINDRICAL

DANGER

DISTANCE

FOG

GUIDE

HARBOR

HAZARD

HORIZON

KEEPER

MAINE

MIRRORS

NIGHT

OCEAN

REFLECTORS

ROCKS

ROTATE

ROUGH SEAS

SAFETY

SCANNING

SEASIDE

SHIPWRECKS

SHOALS

SHORELINE

SIGNAL

SKY

SPIRAL STAIRS

STORMS

TALL

TOURISTS

TOWERS

WARNING

WATCHMAN

WAVES

WRECKAGE

```
A Z F F L I V J E O E G A K C E R W D W
W O T M J O O T D E W T S Y T E F A S Y
S S H D C M A P X H Z S O D M C N T O V
M Q P K N T P G C I H L Y W R G K C E E
R N M K O S H O R E L I N E E A H H E F
O W T R Z H P W E R C W H R S R Z M P M
T O U R I S T S H I P W R E C K S A G C
S S P I R A L S T A I R S V Q U X N H J
W U E D O R A R A E E C A P T A I N S M
X F F A H C C U E C C N Q G E N I G H T
J S T G S L I O W F I N I N N W A V E S
F F I L C I R N D O L R A A O I K E K K
F L T G K P D E A Y X E C T M C N Y C C
X L V O N M N E B W L S C U S G A R R O
A X G F O A I S Y C O A S T L I N E A R
C P T A L L L R E P E E K N O A D D B W
I P J E W A Y S R C H A R B O R R I O S
J E R T O H C J R O U G H S E A S U A Q
I T W H L Y F A L A R M G E H X P G T A
H V S A J X Y Z F U W S T I H A D L S M
```

Solution on page 344

School Boards

```
S H C O N D U C T O Y V C M J A B M N P
B M O T I O N L U B V O T E A P F P O W
Z U Z C M E M B E R T E G D U B E S M K
P F Z T P O L I C Y P X R X R L T I X E
G S F L B Q S T N E D U T S E N S A V E
J G A P S G R Y R A T E R C E S D I C T
D N K R P U M C C D T P T R I E T N I T
S H B I N E P L U M R E A O C U A P L I
S D H N K R P E R I L P N I C D R N B M
B S P C R U K N R N Z S D E N E A O U M
F E V I O T A N I I Q E X E S S A I P O
Y T T P F C S O C S N E T I F R Z T S C
C U C A F U R S U T M T D E G E Y A D T
B N I L I R E R L R A E E U E H S C R R
K I R D C T W E U A N J E N P C I U A U
D M T D I S O P M T A G E N D A W D D S
K E S W A R P G U O M A N A G E M E N T
Z E I F L E E Q E R I A K Z V T N P A E
A T D W S V H C E N R O L L M E N T T E
K P Y L R V D U T I E S E L U R F X S U
```

ADMINISTRATOR
AGENDA
ARGUE
ATTENDANCE
BUDGET
COMMITTEE
CONDUCT
CURRICULUM
DECIDE
DIRECT
DISTRICT
DUTIES
EDUCATION
ELECT
ENROLLMENT
EXECUTIVE
HEAD
MANAGEMENT
MEET
MEMBER
MINUTES
MISSION
MOTION
NEGOTIATE
NOMINATE
OFFICIALS
OVERSEE

PARENTS
PERSONNEL
PLANS
POLICY
POST
POWERS
PRESIDENT
PRINCIPAL
PUBLIC
RULES
SECRETARY

STANDARDS
STRUCTURE
STUDENTS
SUPERINTENDENT
TEACHERS
TRUSTEE
VOTE

Solution on page 345

Haunted Houses

```
A D F T R D R L A U V Q O N N S L U O S
G P H I L P D A E N M N S O W K Y Q E S
L H J O S E C I O V W H I S P E R S R E
A P C B K M X D A R A S P P Z L B I N Y
A A E R S H N T R D E I K A Y E A S D G
S P L I I A B M O S R D M D T T N L S O
Y H H Y B E M W F I A M I E S O P I L B
U Y R A A A S M T R C G R P I N A A S L
F S K I S M R S K H S R N T S P S W I I
D P U K E E M P T Y I W I L L U S I O N
Q M N P M K R I F F H R M A N I A C D S
O U N Z E J I U Y R A U D G T H G I R F
W B K C N R G I T P B M O N S T E R A K
A E G O T B N T P C G L I G H T S O H G
L S U S A G I A X N I F F O C V A I C S
R O S T P R G X T W K P E P Y Q H L T M
Q O S U R O N Q Q U N U B V Z L C A I J
V G E M G A A J H E R I P M A V R Z W X
T P Q E V N B D U J V A L K D R L T B D
T M U S T S I E G R E T L O P B G B L Y
```

ABANDON

APPARITIONS

BANGING

BASEMENT

BATS

CHASE

COFFIN

COLD

COSTUMES

CRIES

DARK

EMPTY

FRIGHT

GHOST

GOBLIN

GOOSEBUMPS

GRAVE

GROANS

ILLUSION

LIGHTS

MANIAC

MASK

MAZE

MONSTER

NOISES

PASSAGES

PICTURES

POLTERGEISTS

RATS

SCARE

SHADOWS

SHRIEK

SKELETON

SOULS

SPIDER

SPIRITS

STAIRS

SUPERNATURAL

TERRIFYING

VAMPIRE

VOICES

WAILS

WEBS

WHISPERS

WITCH

Solution on page 345

Wrestling Match

ACTION

ADVANTAGE

ATHENS

BACKHOLD

BEACH

CHAMPIONSHIP

CHOKEHOLDS

CLINCHING

COACH

COMPETITION

COUNT

FOLK STYLE

FREESTYLE

GRECO ROMAN

GREECE

HOLDING

INJURY

INTERNATIONAL

LOCKING

MARTIAL ARTS

MATCH

MEN

MOVES

NCAA WRESTLING

NELSON HOLD

NUTRITION

OLYMPICS

PHYSICAL

PINNING

POSITIONS

PUSHING

RAW

RING

SKILL

SPANDEX

SPORT

STAGED COMBAT

STAMINA

STRENGTH

STRENUOUS

SUMO

TAKEDOWNS

TECHNIQUES

THROWS

WEIGHT

```
C B N C C S S C I P M Y L O W Z R Y P O
N A X V N U G Y H H L T P I N N I N G F
H C T B B O U S C O S N E H T A N E M Z
Y K A E H U H N R L K L A M Y K G V O F
H H K A S N T O F D I E L Y T S E E R F
H O E C W E G I O I L N H X N O I T C A
B L D H O R N T L N L S C O X X H C D U
S D O S R T E I K G L O P H L G A V A U
E M W P H S R S S B O F S A I D A X B L
U R N O T Z T O T D C S N E N N S L Q F
Q C S R G L S P Y L K O W R T D G S N W
I O K T S T R A L A I T R A M M E A U T
N A B N N S G O E T N N G H A V M X T B
H C D U U U Z Q A L G E G T O O G R R T
C H A M P I O N S H I P C M R A R I I G
E J O I G L R C D L O H N O S L E N T H
T C O M P E T I T I O N C T R E E J I U
I V I T T A B M O C D E G A T S C U O Y
N K G N I H S U P I R X W B L X E R N T
A N I M A T S F T G N G T S G T X Y H B
```

Solution on page 345

Coney Island Fun

```
S B E V V V C G Z C Q X W Q J W C A Z F
B H C C I A H O T E L D N H N G A I Z S
Y R O I O K C F M E D E A T L A N T I C
Q B O R P Q H A O M N U F I Y M N X E N
E L P O E P R L T O U B U M P E R C A R
D N A T K Z R Z L I D N B Y M S E E S K
Z P C S M L H C H W O U I P I N C S R M
B E Y I C C Y D N A C N O T T O C O M I
N N U H T C M N O O B L S E Y B Y S R S
L W C D N Y N A D F E R R I S W H E E L
L E S U O R A C Q V S T F A E U D A M A
T O U R I S T S E U A S A N D E N G M N
R W P B T B R D S I A Y E L O V A A I D
O W T E C V W O N D E R W H E E L T W M
S T F A A D X M S C D G I L H N M E S A
E D A C R A E C V L W X Q U F T A G P R
R W M H T N S E I L I M A F M S E G A K
I O O A T B H H X S N O T H G I R B R F
R R U R A P C W M O U B Z W N S D I K S
C C S R P Q P E O V F M L Z M A N Z I K
```

AQUARIUM
ARCADE
ATLANTIC
ATTRACTION
BEACH
BRIGHTON
BROOKLYN
BUMPER CAR
CAROUSEL
CHILDREN
CITY
COMMUNITY
COTTON CANDY
CROWD
CYCLONE
DEVELOPMENT
DREAMLAND
ENTERTAINMENT
EVENTS
FAMILIES
FAMOUS
FERRIS WHEEL
FOOD
FUN
GAMES
HISTORIC
HOTEL

ISLAND
KIDS
LANDMARK
MUSIC
NEW YORK
OCEAN
PARK
PEOPLE
RESORT
SAND
SEA GATE

SHORE
SUN
SWIMMER
TOURISTS
VACATION
WATER
WONDER WHEEL

Solution on page 345

Farm Help

AUGER
BALER
BED SHAPER
BUCKET
CHASER BIN
COMBINE
COTTON PICKER
CULTIVATOR
CUTTER
DOG
DRILL
FENCE
FERTILIZER
FLAIL
FORKLIFT
GLEANER
GRAIN ELEVATOR
HARROW
HARVESTER
HAYBINE
HOE
IRRIGATION
MILL
MIXER
MOWER
MULCHER
PLANTER

PLOW
RAKE
REAPER
ROCK PICKER
SCYTHE
SEEDER
SHED
SICKLE
SILO
SPRAYER
SPREADER

STORAGE
TILLER
TRACTOR
TRAILER
TROUGH
TRUCK
WAGON

```
X Y J G C T W U M T O T T L D Y K A I P
N P T G U W S I K C O B C V O J M V R T
M S G H N O L C L N O I T A G I R R I H
N I Q M U L C H E R O C K P I C K E R A
B L X R F P X U M O W E R Z Q Z N Z G K
G O T E K C U B M T F I L K R O F I I G
M V N Y R T A G P A E N I B Y A H L I N
C C O A B R X Y R V J C R E G U A I S T
E T G R W A K Q Y E U D P D L H R T I T
V S A P E C I T T L K L E S R E O R C I
J D W S U T R Y T E A C G H P R E E K N
H Z F T P O S I K N E L I A S D Z F L I
A R T E U R V E T I E K E P A J U F E B
R E E G G A V E V A P R E E N R G K N R
R O H L T L R R N R U G R R E O A C I E
O Z D O I V R E G G A P T D B R T Y B S
W H R W D A R S N R S H E A A M O T M A
N L I A L F R Z O X R E L L I T X T O H
G B L V V E H T Y C S E T G T B Q C C C
S X L T W P S K C U R T G F A D Y R O K
```

Solution on page 345

At the Art Museum

```
E B C P F A B B D L Q R O T A R U C B H
E D R A U G S A Q E B K E T P D M X E N
V N I N N S Y C Y K S O S O P U F W O R
E F L U Y V R F U R N I T U R E Q I A L
N C A W G Y A E Z L T L G A E H S K A Q
T I E R Y N R S N R P Y L N C S R M B F
S F L I E H O E A A C T I V I T I E S Y
U V X L P P P I L X I Y U M A Y N D T K
B L U A U R M A T L F S D R T T E C R H
C B P P E S E E R A A A S B E I V I A S
E M A R F K T T T G L G V A L R U S C X
N N S T T A N R S G O L X Q N U O S T S
H C T E K S O F A A Q T A I Y C S A I F
P Y E E D O C E N T M D O T O E E L A P
I D L E X H I B I T I O N H S S R C R E
I U S H E T S G N I W O H S P N R E T X
N T D R A W I N G K P V N B F Y I T R A
D S T A T U E L P O E P R O L O C A O Y
E F N T B E V R E S B O V I S U A L P E
S R J R Z T O U R S P I C T U R E S T C
```

ABSTRACT
ACRYLIC
ACTIVITIES
ADMISSION
APPRECIATE
ARTIST
CANVAS
CLASSIC
COLOR
CONTEMPORARY
CURATOR
DESIGN
DOCENT
DRAWING
EVENTS
EXHIBITION
FRAME
FURNITURE
GALLERY
GUARD
GUIDE
ILLUSTRATION
INSTALLATION
MASTERPIECE
MURAL
OBSERVE
OIL

PASTELS
PEOPLE
PHOTOGRAPHY
PICTURE
PORTRAIT
RENAISSANCE
SCULPTURE
SECURITY
SHOWINGS
SKETCH
SLATE

SOUVENIRS
STATUE
STUDY
TEMPERA
TEXTILES
TOURS
VISUAL

Solution on page 345

Monday Morning

ALARM
ANTICIPATION
APPOINTMENT
BATH
BEGINNING
BLUES
BREAKFAST
BUSY
CAFFEINE
CALENDAR
CARPOOL
CHORES
CLASS
COFFEE
COLLEGE
COMMUTE
EAGER
EARLY
FRESH
GRIND
GROGGY
HECTIC
HURRY
HYGIENE
JOB
MEETING
OFFICE

PLAN
QUARTERBACK
ROUTINE
RUSH
SCHEDULE
SCHOOL
SHAVE
SLEEPY
SLOW
SLUGGISH
SNOOZE

SOON
STRESSFUL
STRETCH
TASK
TRAFFIC
WEEKDAY
WORK

Solution on page 346

Historic California Missions

ADOBE

ARCHITECTURE

BAPTISM

BUILDING

CALIFORNIA

CHRISTIAN

CHURCH

COAST

CONVERT

CORN

CULTURE

EDUCATION

FAITH

FARMING

FATHER

FOUNDING

FRANCISCAN

FRIARS

GOD

HORSES

INDIAN

JESUITS

LANGUAGE

LIVESTOCK

MASS

MEXICO

MILITARY

MISSIONARY

NEOPHYTE

NEW WORLD

NUN

OLD

PADRES

PRIEST

RELIGION

SAN FERNANDO

SAN GABRIEL

SAN JOSE

SANTA BARBARA

SANTA CRUZ

SECULARIZATION

SPAIN

SPREAD

TEACH

TRAIL

```
Z D G T O H K L Q J E S U I T S S V X R
A S E C U L A R I Z A T I O N S X I S R
V P R E L I G I O N D O C F F R I A R S
N V T K H R E H T A F O R B W H N Z P C
L S M S V D B A E I N A C E N G D L A O
O Y S H P N B R R V N C T O A U I G D R
G A I L I A P Y E C Z Y I B A V N N R N
M J T A R S R R I G H T R S E S A I E H
H C P B N A T S I P A I W S E N T D S H
T S A M T A C K O C E U T T R S Z N V C
I R B I H A I E U L H O G E R B R U I A
A P L S N N N D P O C R F N C A D O B E
F I R S W R E B N K H N I Q A T I F H T
M U O I C J O W V I A Y B S E L U L L N
A C C O E H Q F W S O S A N T A C R U Z
A T I N I S U G I O B U I L D I N G E Q
D W X A N X T R X L R E S O J N A S U F
E O E R U T L U C D A L F A R M I N G F
K O M Y R H X J A H D C D O G S I H V N
L Z S F U Y U Q Q K R B L A E F A S N W
```

Solution on page 346

Stamina

ACTIVITY
ADVERSITY
AEROBIC
BREATHING
CONSTANT
CONTROL
DIFFICULT
DISTANCE
DRIVE
DURABLE
EMOTIONAL
ENERGY
EXERCISE
EXERTION
FATIGUE
FINISH
FORTITUDE
GRIT
INTENSITY
LASTING
LONG
MOXIE
OVERCOME
PACE
PAIN
PATIENCE
PERSISTENCE

PHYSICAL
POWER
RESILIENT
RESISTANCE
RUN
SPEED
SPRINT
STAMINA
STRESS
SURVIVE
TENACITY

TIME
TOLERANCE
TOUGHNESS
TRAIN
VITALITY
WITHSTAND

```
Q D U M A U A G X N E C Q N E B Y L W S
V T E R L E X T C E W C Z R L E T O Y Y
H B N E H O D O E A N I M A T S I R S D
S E X I P U N U H D I F F I C U L T L I
I Y C K R S A G P V U N Y I D V A N F C
S O F A T P T H R E L T T Y S T T O A S
T V B A P K S N G R R P I E G M I C T K
R L N T Y N H E E S X S A T N R V R I X
E T Y K T S T S J I S I I T R S E O G U
S M O X I E I S O T G R G S I O I N U B
S O M G V L W V B Y U L V S T E F T E F
G N R C I Q E L A N O I T O M E N C Y P
F O J E T R A I N U T O L E R A N C E M
H I N E C N A T S I D P C C S A I C E X
L T N O A H E A T E N A C I T Y A S E W
J R M I T U R E X E R C I S E I P O V M
A E Q I S E O T E L A C I S Y H P B I O
U X M Y W H B S B L A S T I N G G U R R
E E S O W W I Q B R E A T H I N G F D Y
P V P N O M C S U R V I V E C T M F X W
```

Solution on page 346

Around the Pond

ALLIGATOR
ANIMALS
BEAVER
BEETLES
BIRDS
BUGS
CATTAILS
CRANE
DAM
DESIGNED
DRAGONFLY
FARM
FIELD
FISH
FROG
GARDEN
GEESE
HERON
ISOLATED
LARVAE
LILY
LOONS
MARSH
MAYFLY
MINNOW
MOSQUITO
MUDDY

NATURAL
OTTER
POOL
PUDDLE
REEDS
ROCKS
SKATE
SNAILS
SNAKES
SPLASH
SPRING

STREAM
SWANS
SWIM
TOAD
TURTLE
WADE
WETLAND

```
S P G B N S Q I D G J D L W P H Z C Y H
G S Q G R O U C P A A O A L Y D D V Z Z
R F E R E E D S S S O A G M V L B H K A
Y N Z V T X I N K P W T I G J O T Y H X
Q R E T T O F A R U G W I F Q K B L R P
O C Y D Q H H K O D S G C R U D G I I S
R G L A R V A E K D D D S O R X S L H P
V P F D B A C S S L L E R G H D E O D D
X D Y D E N G I S E D O T I U Q S O M Q
P Z A D Y S T P I N Z R Q A B B E N I V
R I M T X D K F C A T T A I L S E S H B
Z I I T W Y D C M T Z R L G S O G P S O
B J N B S V H U O U J Y L L O A S P I R
V T N Y I T E C M R V W I D D N R I F E
R N O R E H R A E A S A G N J I F J J V
P Y W S D A R E T L N K A S N M T L Q A
K X B K N S P L A S H L T G F A R M Y E
K G X E H A E V K M T Z O S E L T E E B
X F R Q Q I W A S E L T R U T S G S M Y
X O Q Q E K E S W A D E Y B Z U X O L F
```

Solution on page 346

Coin Collections

```
W Y N P R U J Y Q F Q W P V O P I W M A
H Y R K G H V P C M V Z J O F V E P Y T
I F H E V M E D T P Z I U Q B P A R V N
H C Z G D R D S T C E J B U S A O U V L
R B R C I N X C P J S N E K O T Y A K L
G X E O T N E I C N A K N B S P T D W E
Q N D P Q D E T A L U C R I C M E T A L
T N Q P E Y A A L T K R H H E H I C A W
C D G E G Y G M C A L B U M S S R O N W
C D N R P U L S H O G U I D E P A I T X
Y R I E A N E I T T N E M T S E V N I D
H Y D T O D G M E T A D L O K O I S Q I
I Q A R E S I U A S U O I C E R P N U D
J H R A Y R T N U O C H A T A N G L E U
D O T U B A E C G J R T O R I I K A R C
B B N Q B E B V M X A E E A E O L E E Q
K S I Y O Y R O L L X C U R R E N C Y U
Q U M R H D N B O I K O O L R D I K D D
G G G J D E C G N K S F R Q A R O L U M
G X O H Y M F I T S S D P C P V A L Q Y
```

ALBUMS
ANCIENT
ANTIQUE
BOOKS
CATALOG
CENT
CIRCULATED
COINS
CONDITION
COPPER
COUNTRY
CURRENCY
DATE
DEALER
EAGLE
FOREIGN
GRADING
GUIDE
HISTORY
HOARD
HOBBY
INVESTMENT
LEGAL TENDER
METAL
MINT
MONEY
NUMISMATICS

OLD
PENNIES
PERIOD
PRECIOUS
PRICE
QUARTER
RARE
SILVER
SUBJECT
TOKENS
TRADING

TYPE
VALUE
VARIETY
YEAR

Solution on page 346

On the Internet

```
L Q F W P M E D I A N S P P N O D Y F S
L X W U O B C R A V C S K H B X O V A L
Z F D T E Q S K U H Z U G E O U Q L Z X
O A R F U L O C O T O R P S T T I G K Z
C L Z E R B P O C O C F E U O N O T Q V
C H A T H R L P Z J B I B X K O P S Q Q
P N R I S T M D R V V E P W G I N V Z K
Q R K L C N A S H O P T C L G T O A C E
A Q S P B O O E M R G O E A E A I W F Y
B V F I L M S I W I L R U X F M T F W Y
S P M N T D U K T L I J A Y T R A V F R
G H W T V E E T A C I N U M M O C I E F
T O A E C X H B S I U B S F S F U D L W
D P I R P S O R W J D A P T R N D E Q H
A T O E E R M O E I D E N N A I E O Y C
E L G S A A E W N G R R P M T G E T H R
R K M T T Y W S B B A N K I N G R N V A
L Q E T J G O I P E O M I Y K E S A D E
T Z O R W Q R N L A B Z I Y W I L O M S
L T A X M L K G D Z M Z O I L R W T M W
```

AUCTIONS

BANKING

BOARD

BROWSING

BUY

CHAT

COLLABORATE

COMMUNICATE

DOWNLOAD

EDUCATION

EMAIL

FACEBOOK

FRIENDS

GOOGLE

HOMEWORK

IMAGE

INFORMATION

INSTAGRAM

LEARN

LINK

MAPS

MEDIA

MOVIES

NEWS

PHOTOS

PICTURE

PINTEREST

POST

PROGRAMS

PROTOCOL

READ

REDDIT

SCHOOL

SEARCH

SHARE

SHOP

SITE

SOCIAL

SURF

TEXT

TUMBLR

VIDEO

WEATHER

WIKIPEDIA

YOUTUBE

Solution on page 346

Parachutes

AERODYNAMIC

AIR

ARMY

CANOPY

CHUTE

CLOTH

CORD

DANGER

DEPLOY

DESCEND

DEVICE

DIVE

DRAG

DROP

EJECT

EMERGENCY

ESCAPE

FABRIC

FALL

FLOAT

FLYING

HARNESS

HEIGHT

JUMP

LANDING

LIFT

MALFUNCTION

MILITARY

NYLON

OPEN

PACK

PILOT

PLANE

PULL

RELEASE

RIGGING

ROUND

SAFETY

SILK

SKY

SOLDIER

WIND

```
G V B E N L T S P U L L Z Y M U L P V I
I B R V O K H C H L I E R R Z I W G P E
C V I C L X T W H D F A C X U R K Z H R
F L B E A H U U A Y T W G O S E C B G Z
L J X L T U F N O I T C N U F L A M X T
G I C E W T G L L K A I I G T E P G J Y
C M K I J E P I O H D M D A H A D G C F
P W D O R E M X E A S A N R C S E N P A
K E N O D B C C R R T N A D K E E I I P
C L I H R W A T E N Q Y L Y R G L G E W
V R O X O I F F M E N D P H R O V G Q Z
N F O X P M A L Z S E O C E T X C I S L
E W M R L S L V Y S A R M V T G N R Y J
O N S G U F L E C I V E D I O U O F U M
A W D O N K C E S A N A N D Z U H M U J
O G F A L M N A K C N G E Y N U P C D O
H E Y I P D A H Z X A O X D L V L K P U
A F S R H E I G H T L P P J B O A E B E
I I R D S Y T E F A S O E Y T Z N W T L
W A P U M A Y M R A G Y R H F C E N V V
```

Solution on page 347

Hoosier Basketball

```
E L L I V S N A V E X C I T E M E N T C
L T O S P O R T S A M O H T H A I S I E
T N A H A P E B J O H N W O O D E N U N
S E A T S B G Q L A R R Y B I R D C Q T
A M U L S R E I S O O H A N A I D N I E
C A L S I L L K D A M O N B A I L E Y R
W N K G O M L F I G H T I N G I R I S H
E R E O N A O A S R E K A M R E L I O B
N U M D S N C F B B L U E C H I P S L F
O O A L R E I V I D N A V Y Z Z U F O I
T T F L E I V O M I K E N T B E N S O N
R C F U C S T E V E A L F O R D L C H A
E H O B A D R E L L I M E I G G E R C L
D E L R P C R I S P U S A T T U C K S F
A R L E O S C A R R O B E R T S O N H O
M I A L I F S L Z N Y D A E K E N E G U
E S H T I M S I A N S E M A J V B V I R
Y H Y U E U D R U P S B O B K N I G H T
V E G B A S K E T B A L L R I C K F O X
G D G Y M N A S I U M S L A N I D R A C
```

BALL STATE
BASKETBALL
BLUE CHIPS
BOB KNIGHT
BOILERMAKERS
BUTLER BULLDOGS
CARDINALS
CENTER
CHERISHED
COLLEGE
CRISPUS ATTUCKS
DAMON BAILEY
EVANSVILLE
EXCITEMENT
FIGHTING IRISH
FINAL FOUR
FUZZY VANDIVIER
GENE KEADY
GYMNASIUMS
HALL OF FAME
HIGH SCHOOL
INDIANA HOOSIERS
INDIANA UNIVERSITY
ISIAH THOMAS
JAMES NAISMITH
JOHN WOODEN
KENT BENSON

LARRY BIRD
MILAN
MOVIE
NEW CASTLE
NOTRE DAME
OSCAR ROBERTSON
PACERS
PASSION
PURDUE
REGGIE MILLER
RICK FOX

SPORTS
STEVE ALFORD
TOURNAMENT

Solution on page 347

Ocean Boardwalk

```
H F P B E N C H M V R W V S U P P O R T
H E Y N O F S F Z O L W A V E S W Y I U
V C J P E A K U B J M A R I N A T L A I
R O O Q E M R R R O O M V I U S S X H C
L B W L S O A D O F Q L H I M H I W S R
Q M A O U H P E W S I P B I N O M H E A
O V L Q O M T L S A L N F V X R N T R B
W U K T H D N S E O L L G Z N E A D F B
V G W N T I E S D G V K E J T W E C U I
S U A E H L M N N S H S N H K P C Z Y N
P S Y M G Q E N P E L B X A S F O O D G
I T P U I S S S R L M A E S E A W E E D
H S E N L T U A U W A R M B R E E Z E A
S I Y O Z E M G N I B N E R O P E S Q M
K R A M D N A L J D Q A K H Y O Q T H P
C U U C R E T S B O L C I S S R D E Q H
O O Q K S S S T R O L L I N G I S S C W
D T A W S A L T W A T E R R F E F N D Q
O C Q P I F K S C A V S H A R K S U R B
Q A K B G I Y M E M A C V T I D E S P O
```

AMUSEMENT PARKS

BARNACLES

BENCH

BOARDWALK

BREAKWATER

CARNIVAL

COLUMNS

CRABBING

DAMP

DOCKS

DOLPHINS

FISHERMEN

FOOD

FRESH AIR

HARBOR

LANDMARK

LIGHTHOUSE

LOBSTER

MARINA

MONUMENT

MOOR

NETS

OCEAN MIST

PEOPLE

QUAY

ROPES

SALTWATER

SAND

SEAGULLS

SEAMEN

SEASHELLS

SEAWEED

SHARKS

SHIPS

SHORE

STROLLING

SUNSETS

SUPPORT

SURFING

TIDES

TOURISTS

WALKWAY

WARM BREEZE

WAVES

WOODEN PLANKS

Solution on page 347

Feeling Stressed

AGGRAVATION

ANNOYANCE

ANXIETY

APPOINTMENT

BILLS

BUYING A CAR

DEATH

DEBT

DEMORALIZING

DEMOTIONS

DENTIST

DIVORCE

DREAD

DRIVING

EXAM

FAMILY

FIRE

FLYING

HOLIDAYS

HURRICANE

JOB

LEGAL ISSUES

MARRYING

MONEY

MOODINESS

NERVES

NOISE

OVERWHELMED

PRESSURE

PROBLEMS

STRAIN

SURGERY

TENSION

TEST

THERAPY

TICKETS

TIRING

TORNADO

TRAFFIC

TRAVEL

UNEASINESS

UNEMPLOYMENT

UNREST

UPSET

WORK

```
J D Y O K H E Z V J W B X G R U S R F C
M R B T B O E R U S S E R P A J P E I G
D O R I E L B Y M Y N T V D Y J T S R V
G E N A C I R R U H N O X L A T S X E E
C Z A E C D X H D E B T I N N E L G P T
K M Z T Y A W N M M S M T T N E N Q N W
D R A E H Y G T A O A N Y I O I R O Z Y
R P T R Y S N N I F E X S P Y M I V T Q
D L N N R I I S I M S A E L A S E I E O
J O B O O Y Z W Y Y E Z F Y N R C D V S
D A D P I O I O W N U I D E C K E E R L
R I P A E T L N U Y S B T R E V R H A K
I A V S N P A Y G I S M D T E W K D T P
V H I O M R R V I E I B S E H A C R R E
I O U E R E O S A U L S S E N I D O O M
N T N I G C M T G R A E L L F T B P I W
G U Z R T S E R N U G M V F L L I T N A
Z G U N F N D A R B E G A A E I T S E T
I S R G N I R I T D L R A M R R B Z T F
X W R T Y R K N R J T X S U I T U P E O
```

Solution on page 347

Shopping at the Mall

```
C Y G U C F Q G N J H M Y A E G J J Y Q
M B V V Z O K I O S K O S Y A T N A S N
Y V S T A O C L N C H V S D S J A P L E
S K D R M D R A Q O Q I G Y J H H U D L
I H G A D V E R T I S E R L R O O A A M
Z E K P M J D J K M T L G T N S C E Q I
A S I X L V I W G S E U R E L R D J S S
X N B E U N T O L W J E S V A R I E T Y
S E V F G E C N E I N E V N O C C S O D
O E V B G R A J V D W F I E E I G O Y R
L T S M A D R F Y V C A S A V A O S S E
A Y F O G L D O K R G E S R B S K K T S
F S D N E I R F T R S N E H O K C E O S
M B N E M H O P A A E S I D R O N M R E
A K G Y C C K B H Z L W R S S O D F E S
N D E D W O R C A Q A A E S W B O N J K
G O P S G X R B D M S I C W I O F M I N
I I Z S T U S T I F T U O S O D R C S A
R W P W P A N T S M C M R T E N O B U B
R B J R B T V H M X A P G N I H T O L C
```

ADVERTISE

ARCADE

BAGS

BANKS

BARGAIN

BOOKS

BROWSING

CHILDREN

CLOTHING

COAT

CONVENIENCE

CREDIT CARD

CROWDED

DEAL

DRESSES

ESCALATOR

FOOD

FRIENDS

GADGETS

GROCERIES

INDOORS

JEANS

JEWELRY

KIOSK

LEVEL

LUGGAGE

MONEY

MOVIE

OUTFITS

PANTS

PHONES

PURCHASE

SALE

SANTA

SERVICES

SHIRT

SHOES

SNEAKERS

SOCKS

STORE

TEENS

TOYS

TRENDY

VARIETY

WASHROOMS

Solution on page 347

Bedtime

BATH
BED
BLANKET
BRUSH
CLEAN
COMFORTER
COVERS
COZY
CUDDLE
CURFEW
DARK
DRIFT
LATE
LIGHTS
LULLABY
MATTRESS
MILK
MOON
MUSIC
NIGHT
NOD
PAJAMAS
PILLOW
QUIET
READ
RELAX
RESTFUL

ROUTINE
SANDMAN
SHEEP
SHOWER
SLEEP
SNUGGLE
SOFT
SOOTHE
STARS
STORY
SUNSET

TEDDY
TELEVISION
TIRED
TUCK
WARM
YAWN

```
J N I L R Q H F V P Z I O I Q E J O C Y
L O G W L S Q T W A J D M J C W J S C K
O X X Q K D D U S A S J S Y S V V D U K
V N F F V G A A I K R T U C K T Y V F R
T F A N K K X E P E R M E S M F A V M G
E B T Q J R V M R R T A O D K O D R H W
O U Z B P B W A E B E T D U D S M W S N
B T Y W Z J E S L H K T C O Z Y O U A T
V V A T E D T Y A O N R R N R L I E N Z
U S R M F F S H X V A E C O L S L Q D W
Z X Q F U I F B G A L S T I F C I E M Q
W X D L B P R D U I B S P S A M A J A P
C T R I I U E D T L N K L I M P O Q N L
F N V G S R E W O H S R E V O C J C S B
Q O Y H I P P R T I F O C E I H F X H C
S O O T H E Q A O H L U L L A B Y A U I
D M V S E E B D L R R T B E D A Q D K S
O A U L Y H Q W H F A I E T A L D O Q U
N K S G I S E G E G S N U G G L E N K M
X R C J Y B N W A Y J E Z T E S N U S U
```

Solution on page 347

Film Projector

```
Y E S H W A S G E D P P M A L K F C R Q
Y L H H T F L H Z M R O T A R E P O C Q
A F E X T R I I U O U D O G C P E R O V
L Y O V B Q N L T U M I S L G H C D O S
F E T R A Q T C M E L P C L U S I P A N
X H E N Z I E T C L R A B K E D L N M B
Y R N R P L W H U O M N U N N N P O E U
Y J T L F U A M J E O P E S L V S I N E
K O E E P N I E R I X P G V I F V T I N
G X R Z I N C A T E T D T N W V R C C A
R E T C A T W A Q U K H B A I J Q A I I
X V A T I C T U X U G C R K E W P D M Y
U L I O H N I F L I S E I E U H E L P E
X O N O E P O R L L L G G L A M X I W J
N D M S M R I P T A G A H J F D C U V B
M E E E M S P R O C K E T O H T O O B X
C R N A O H C T R I E L A I U V Q J E A
P T T U T O B M D T D L A R G E I V O M
S F N T Q W D B X P I C E E C I V E D I
M D E Q D O D S C O W Z I K R A D K C V
```

ACTION

BOOTH

BRIGHT

CAMERA

CINEMA

CORD

DARK

DEVICE

DIGITAL

ELECTRIC

ENTERTAINMENT

EQUIPMENT

FILM

FLICKER

FORMAT

FRAME

HEAT

HOME

ILLUMINATION

IMAX

LAMP

LARGE

LENS

LIGHT

LOOP

MACHINE

MECHANICAL

MEDIA

MOVIE

MULTIPLEX

OPERATOR

OPTICAL

PICTURE

PRESENTATION

PROJECTION

REEL

REFLECTOR

SHOW

SOUND

SPLICE

SPROCKET

THREAD

VIEWING

VISUAL

WIDE

Solution on page 348

Into Space

ALAN SHEPARD

APOLLO

ARMSTRONG

ASTRONAUT

BOOSTERS

BUZZ ALDRIN

CAPE CANAVERAL

CAPSULE

CHALLENGER

CHINA

COSMONAUT

EARTH

EXPLORATION

FLORIDA

GEMINI

GRAVITY

HOUSTON

JOHN GLENN

LANDING

LAUNCH

LIFE SUPPORT

MARS

MERCURY

MISSION

MOON

NASA

ORBIT

PILOT

PLANETS

PROGRAM

ROCKET

RUSSIA

SAFETY

SATELLITE

SCIENCE

SHIP

SOVIET

SOYUZ

SPACE

STARS

SUIT

TECHNOLOGY

TRAINING

TRAVEL

YURI GAGARIN

```
S L O C V X H L I S C I E N C E R M U G
H N N T H D R A P E H S N A L A U N C H
E G N I N I A R T R O P P U S E F I L S
L T I S M F N S O V I E T L Q E D I S Z
N G C I U S P A C E C U A K X W I P A X
O M Y U R I G A G A R I N P W S R A T S
D L H O U S T O N I R D L A Z Z U B E H
C F L O R I D A S C M O G N I D N A L I
G I B O D B V V R H R Q N K Y A T X L P
F B G G P E I S E A A M W O G J U Z I H
J R I N R A A T T L A S T R O N A U T A
C K U A O F P I S L U W A H L M N Y E X
Q I L S E R O Y O E G S N N O P O O U T
P I Y T S N T D O N J G P R N I M S Q M
P N Y E O I R S B G L E N A H L S A E I
K I Y N V P A Q M E A M W W C O O R R S
V M G A W V V M N R R O C K E T C W K S
Q E R L S I E N T V A S A O T U N B T I
L G N P N B L H W V P R O G R A M F M O
L I P I F L C F U Y H X M Y S W R J K N
```

Solution on page 348

Heard at the Diner

```
P Y G F H U I H X Y S I N B L C N R P G
F E C R P K A G F O X C R U L M X T Y F
W K J S R M F A S A N G W K I E W S O X
C S O P L A T E P U V B L O O D Y O S C
G R I L L F I J O E C O W F E E D R Y Q
P E P P E R E T Y E R L U M B E R R O W
P N N H F S E G A S U A S P B S M E N U
R I C O B S A S G E L K R Y V D M S U O
F D F D D A T X U S R F E R E R G T Y O
K R J B S L C A W O P A M E R I C A N H
K J X Y L G L X W U H K U L M B M U H Z
S R C C A M P E R S O T M L O A Y R O J
Z H Z V N Z H C W O P F H A N B D A C W
J H V Y G T E Z C Q L X L G T Y R N K S
G A M S O O K P C O M M U N I C A T E M
P D V O S R B U P H F G W S U L I F Y L
E L B A T X D T Z E G F B W X Q L A P B
C C L D G B W E Y X L V E K Z U L R U R
H T V O X O Y A R U G I Q E S T I L C G
X H O S M J F C X T K R N L O D B H K E
```

AMERICAN

BABY

BILLIARD

BIRDSEED

BLOODY

BOOTH

CAMPERS

CHEF

COFFEE

COMMUNICATE

COOK

COW FEED

DINERS

DRY

EAT

EGGS

FLOP TWO

FOOD

FRIES

GALLERY

GLASS

GRILL

HOCKEY PUCK

JAVA

JOE

LIGHTHOUSE

LUMBER

MAYO

MENU

ORDER

PEPPER

PLATE

RAFT

RARE

RESTAURANT

SALT

SAUSAGE

SLANG

SODA

TABLE

THE WORKS

VERMONT

WAX

WELL DONE

ZEPPELIN

Solution on page 348

Poker Talk

ALL IN
AMMO
ANGLE
BACKDOOR
BANKROLL
BET
BLUFF
BOMB
BONE
BUY THE POT
CALL
CHECK
CHIP
CROSSFIRE
DECLARE
DUMP
FLOP
FLUSH
GARBAGE
GIVING AIR
HIJACK
ISOLATION
KICKER
KITTY
LOOSE
LOWBALL
MUCK

MUPPET
PAIR
PASSIVE
PENNY ANTE
POKER FACE
PUSH
RAISE
SANDBAG
SHILL
SHOWDOWN
SPLIT

STAKES
STAND PAT

```
U D Q V K X Z Y M P C M P V F L U S H Z
N L Z N T P V D O B H N Q C S T E E I S
E I I U D E C L A R E Q U L M L U T J G
L C Z S V B F T W O C T Y B L U F F A P
Q L C V G B M O B O K D O O A A Y R C O
U O R L Y P U P U D X N R P R E B T K C
W A S M U P P E T K E K Q D H A I W T A
D N A D A K E H N C N Z K C G L I Z O L
N W C H F B E T N A Y N N E P M S S S L
N Z W U D N E Y B B I A C S H M H K E M
S O K E L C R U R L S A N D B A G B U W
B M I Y S Y I B L I F Q U Y E S F C H S
Q M C T U R F A N R A M T S T A K E S X
X A K L A N S P E W P G P A N T S T U K
O D E T B L S K F Y O A N G E O I N P U
T E R E F V O C R H S D L I O N O K P F
J U F L M P R S P S P E W L V J K L V X
U D P P I H C D I A R O G O I I C V X C
Y R A J J V F V T U I N A E H H G M T I
O D N S Q I E W T C C R F W O S S M O F
```

Solution on page 348

Radio-Controlled Airplanes

```
U S N J G E M J U N F E D L G O H R X E
B E R G B K S O X V P G N Y T R S M J Q
X S E Z L N K M D W C Y T C U R A A H N
H H V N H K C R E E L A C S T H R D G A
T C J C G C R U A S L E N N A H C Y I N
H W K C S I O E I P R O P E L L E R X O
W I N D K T N M T J I O U T S I D E O U
F B G R Z S A E P T Y L Y K P Y L T I K
R F C O J Y N I A E I C Y K E D I T O Y
Q U O N U O K E R A T M N I E O U A R O
U N D E O J R U K S H I S E D V B B J P
D F N D K C T E T S A F T N U D B C S F
M L Y O E A A N N E T N A I A Q I C V E
X Y A R I R T C I M A N Y D O R E A Q P
Z R X N A T N I D B Z N L T T N T R Y D
X E I K D T A C I L P E R C T O P Q F W
N M T K H I I I N E I R E C E I V E R S
S O V R E S N L V F Z L O R T N O C B T
J T R E D I L G I A E X C Q U R R M I H
H E P G L P G I S M A L L F K K O Z R L
```

AERODYNAMIC

AIR

ANTENNA

ASSEMBLE

AVIATION

BATTERY

BUILD

CHANNELS

COMPETITION

CONTROL

CRASH

DRONE

ELECTRIC

ENGINE

FAST

FIELD

FLY

FREQUENCY

FUN

GAS

GLIDER

JOYSTICK

KIT

LANDING

MILITARY

MINIATURE

MODEL

OUTSIDE

PARK

PROPELLER

RADIO

RECEIVER

RECREATION

REMOTE

REPLICA

RUDDER

SCALE

SERVOS

SKY

SMALL

SPEED

TAKEOFF

TOY

TRANSMITTER

WIND

Solution on page 348

Literature Class

```
J I A Z L V Y T Y U B T W N Q D X L O L
U I U G M D D E R U P O E T R Y A Q M T
M C N C Y H L V A L N T R K P C M E W Z
S H U T P L U K E G S I X S A L I Y R X
C O L L E G E M K U B L V D R M L C O L
R W O H T R D R A M A Y E E K E C E O W
I T S M N U P X L N F M R E R U M N L R
P Z P E I R R R B E I M A O E S G O U I
T Z E M Z F O E E C T T E X N R I I H K
B B O O K S E M R T S T I D A E K T H F
H W B R K W M R A R A Z E E I S Q C Y W
B R G I O W E W E N C T D R S E W I H V
R I E Z B Y H J P S T P I J S A V F S I
S T S E T L T P S C O I S O A R Y A I P
C E C F E E I J E J J L C Z N C D Q L M
Y O J V A A C C K I O I U E C H L A G O
W V O C A B U L A R Y T S T E L Y M N H
S N H S P E E C H L C Q S N I E R N E G
L E X Z Y D U T S C E F G A R O H T U A
R B O P P I W A B Z O M O D E R N O S B
```

ACADEMIC
AUSTEN
AUTHOR
BIBLICAL
BLAKE
BOOKS
BYRON
CLIMAX
COLLEGE
CULTURE
DANTE
DISCUSS
DRAMA
ENGLISH
FICTION
GENRE
HOMER
HUMANITIES
INTERPRETATION
JOYCE
KEATS
LETTERS
MEDIEVAL
MEMORIZE
MODERN
NOVEL
PLAY

PLOT
POETRY
READ
RENAISSANCE
RESEARCH
RESOLUTION
ROMANTIC
SCRIPT
SHAKESPEARE
SHELLEY
SPEECH

STUDY
TEACHER
TESTS
THEME
UNIVERSITY
VOCABULARY
WRITE

Solution on page 348

Remembering Jimi Hendrix

```
Q L H G H T S K O T J P D R A W E O U U
Q B O S A A X O H I L U X P P D L Q B I
W J H N T X R S R S O N G W R I T E R Y
T K D E D R U D Q L K C O T S D O O W F
Q T N E Y O E E R F E S E A T T L E A E
H C A M M J N C A O Z V L R B L A C K E
R T B A S H O N N K C O R D I C A Q O D
H P F N F G A E C O B K E N O T I R A B
W O Z T S U U I R O C L G S Y R G H B A
E P V E J H S R V E I S P E E E D G G C
Z U U I K U E E D F T D E V R W I N G K
F L R V M C R P W O D S Z R E O S I U R
B A B K U D L X N X W Q A A T T C D I Z
M R C D O X I E R Y J D H C N H O R T S
E O O S Y H M W G L N S E S O C G O A I
R R E V M I K S T A G E L K M T R C R X
P U I P G P Z Q L D C F P T O A A E I T
N M B F X P X G D Y I Y R N V W P R S I
C H E R O I N A I C I S U M I Y H G T E
V M O D E E R F J N I H P U E I Y H Y S
```

ACID ROCK
BAND
BARITONE
BLACK
BLUES
CONCERTS
DEATH
DISCOGRAPHY
DRUGS
ENGLAND
EXPERIENCED
FAMOUS
FEEDBACK
FIRE
FOXY LADY
FREEDOM
GUITARIST
HARD ROCK
HEROIN
HEY JOE
HIPPIE
LEGACY
LONDON
LOUD
LSD

MARIJUANA
MONTEREY
MOVIE
MUSICIAN
OVERDOSE
POPULAR
PRODUCER
PURPLE HAZE
RECORDING
ROCK MUSIC

ROLLING STONE
SCARVES
SEATTLE
SIXTIES
SONGWRITER
STAGE
STRATOCASTER
VIETNAM
WATCHTOWER
WOODSTOCK

Solution on page 349

Your Tour Guide

```
E R U T L U C R J K C I Z H V R J L M Y
L F O Y E B I R C S E D N O I T A C A V
G N I N A E M G C X B J Q L G Z C T T E
S Y E L N R D H P L A N S I G H T S N G
T C Q G D I O E G A T I R E H R A O E D
L F H V R L C L C N B O F H A V H M M E
S O N E A V I E L U I U S C V P X D U L
X P C R D S N W S H N T T Y O S K E N W
L T L A W U S P D N F I S R X C S R O O
Y Y P Q L E L I O M O A C E K E A A M N
B R O C H U R E S N R I C T R N F H S K
F O I L F P O T S T M E T I Q E E S N L
G R N I K M O K O W A L K S T R T E A E
W N T J T E R P R E T N I T E Y Y N T E
Z N L A O R D G I Z I L C N Q U D S I X
L V L S U O E T R U O C R E D M Q I V O
P K E L P O E P E O N S E R A F Q B E N
N Z V R I I J Z X T U L O R E J U L G A
P K F V R C H Q X E C P K U S P E E C H
G C L F T D Y V L F S W L C K Y S N A K
```

ASSISTANCE
ATTRACTIONS
BROCHURE
BUS
CITY
COURTEOUS
CULTURE
CURRENT
DESCRIBE
DIRECT
EXPERT
FUN
GROUP
HERITAGE
INFORMATION
INTERESTING
INTERPRET
KNOWLEDGE
LANDMARK
LOCAL
LORE
MEANING
MICROPHONE
MONUMENT
NATIVE
NICE
PEOPLE

PLANS
POINT
QUESTIONS
SAFETY
SAVVY
SCENERY
SCHEDULES
SCHOLARLY
SENSIBLE
SHARE
SIGHTS

SPEECH
STOP
TALK
TRIP
VACATION
WALK
WILDLIFE

Solution on page 349

Green

ALGAE
ALIENS
ALLIGATOR
APPLE
AVOCADO
BEANS
BUSH
CABBAGE
CELERY
CHLOROPHYLL
CLOTHING
CLOVER
COLLARD GREENS
CRAYON
CUCUMBER
EMERALD
ENVY
EYES
FLAGS
FROG
GRINCH
HOLLY
JADE
KALE
KERMIT
LEAF
LETTUCE

LIME
LIZARDS
MILDEW
MOLD
MONEY
MOSS
OLIVE
PAINT
PARSLEY
PEA
PLANTS

SALAD
SEAWEED
SPINACH
TRACTORS
TREE
VEGETABLES
ZUCCHINI

```
N K X F N P Y C I S X B L Y M Z M P K M
A P L Y S G U K E D C U S V P O C O F L
G A N E E D E E W A E S N N N E C L S L
P I P X G L R F R O G H H E R L A H G S
D N R P I A S A H O L L Y T O G B D A L
D T S M L R L R Z U S R A T S Y B R V O
P F E P H E O A A I T A H C L T A E O N
D M I F T M V T V P L I L R R C G U C M
S I S T L E O I A C N S E A H Z E H A E
N O U P P A P L L G Y M C Y D C L I D R
A C F L K U P E D O I T J O W O N A O Q
E L Y A R E T C C D O L Q N R M J I Q X
B Q S N E E R G D R A L L O C E L E R Y
Y M P T B K F M S D S F P A L I E N S G
N L I S M D A J I N I H C C U Z L E A F
O K N Z U T L L Z T Y W Z L L V Y T R H
A O A E C J U S E L B A T E G E V C D T
N T C I U W E D L I M G I N S J N O V H
X B H K C L O V E R H A O H I W I P F G
U C G K J H S W N A R Q F C E C M M P N
```

Solution on page 349

Breaking News

ACCIDENT
ALERT
ANCHOR
ANNOUNCE
ARTICLE
BROADCAST
BULLETIN
COVERAGE
CRIME
DANGER
DISASTER
EARTHQUAKE
EDITORIAL
ELECTION
EVENT
EXPLOSION
FLOOD
GLOBAL
HEADLINE
HURRICANE
IMPORTANT
INVESTIGATE
LATE
LIVE
LOCAL
NATIONAL
NEWSPAPER

POLICE
PRESIDENT
RADIO
REPORT
RESEARCH
ROBBERY
SIGNIFICANT
SPECIAL
SPORTS
STORM
SUDDEN

TELEVISION
THREAT
TORNADO
TRAGEDY
URGENT
WEATHER
WORLDWIDE

```
P D U F L O O D Y N E D D U S N N R V G
K T A E R H T I Y E P T T T U T J P E E
R E L C L E N S D R L X N P S Y R X Y E
N I C R I M E A E G Y E A A O V P O U J
L N A A V S D S G F V S C R T L A Y P G
F Y J A E U I T A E H D I T O R I S K S
H M U Y T D C E R S A N F S I L O C A L
A X X N E W C R T O V S I H D O Z P E O
N V T N A A A O R E B O N Y A O N F M N
C Y T R Q T R B S H N N G C R K Q T Y I
H R F L E M I T E L E V I S I O N O E T
O E E Z V L I O H M H A S R F F H R G E
R B A T D G A V N Q T U B Q U N D N A L
E B T D A V Z I A A U T R O P E R A R L
G O N T L L P R C D L A I R O T I D E U
N R E R I I T L B E H I K N I S Q O V B
A T G K O I N E W S P A P E R C B S O J
D D R H C R A E S E R S G L O B A L C W
X E U L Y H F F Q O D Z A N N O U N C E
K W E A T H E R F V W O R L D W I D E X
```

Solution on page 349

Professional Security

ALARM

ASSETS

AUTHORITY

BANK

BOUNCER

BUILDING

BUSINESS

CAMERA

CASINOS

COMPANY

CRIME

DEFENSE

DETER

DISORDER

EMERGENCY

ENFORCEMENT

EVENTS

GATE

INSPECT

LOG

MALL

MUSEUM

NIGHT

OBSERVE

OFFICE

PEOPLE

PRESENCE

PRIVATE

PROPERTY

PROTECT

RADIO

REPORT

RESPONDER

SAFE

SCHOOLS

SECURE

STATION

STORE

SURVEILLANCE

THEFT

TRAINED

UNIFORM

WALKING

WATCH

WEAPON

```
B O N N A Z I O K P M P F S P W J H S A
T D B G Y N F N E B Y R T T R M C W G F
B R W U C N A O S R N O A D R R I A A X
F U O L I B P F B P R T I L E O U L S C
A X S P B L O L C E E E A S A F E K S Q
Q W H I E X D A Y F D C U G R I E I E G
Y W B Y N R M I C E I T T Q U N C N T R
U H D E T E R Z N R S M H N F U N G S B
M O H R R V S I E G O O O O I D A R T E
C E T A G C A S G M R M R O L T L X A R
G M S L H R P R R Z D C I P B P L V T U
C A B O T O W Y E V E N T S R S I T I C
X L O G N A L R M M R K Y I K I E K O E
H L S D P R E S E N C E T Y Q T V R N S
S T E O M C R N O V K J R K Y O R A V R
Q R E T N B T P F M U S E U M I U N T E
M F A U F I A B F Y N A P M O C S U I E
Q I O M V E S E C I F F O N I G H T R F
V B C L W L H A S V L R R E K R T F F P
S I A N O W A T C H G C P N W N C U H U
```

Solution on page 349

Around My Town

AMENITIES
BARBECUES
BIKES
CARS
CATS
CHILDREN
CITY
COMMUNITY
DINING
DOGS
DRIVEWAYS
FAMILY
FIRE HYDRANT
FRIENDS
GAMES
GARAGE
GARDEN
GRASS
KIDS
LAWN
LIBRARY
LIGHTS
MAILBOX
NOISE
PARK
PATHS
PEOPLE

PLANTS
PLAYGROUND
POOL
POSTS
PROXIMITY
ROAD
RUMMAGE SALE
SAFETY
SHOPPING
SIDEWALK
STORE

SUBURB
TOWN
TRAFFIC
TRANSIT
VISITORS
WATCH
YARD

```
S U I P S S E P Y O C N M S W B O O Y V
A W S S N F T G R V M H N M W I K M Y H
I T H C T A W O A Z F B W E J O Z R H L
M N T Y R P Y G R R Z C A R S T C P P V
H A A S U B U R B E A O L D T I W L Q L
A R P R O X I M I T Y G O I T S O A F N
D D C L K J C S L X K W C Y L E E N I W
W Y H X A S R O T I S I V Y D M M T G O
K H I D F Y R U M U V J D T R A N S I T
O E L A S E G A M M U R H S I G W M C D
R R D M Y V S R S T U S D G V P Y I M Y
S I R E U Y I H O N E N N S E I F C T Y
N F E N L P O O L U E I I U W F F E S J
C S N I A P E P C I N D S T A C F P E I
C S M T P Y O E R I E D R R Y A F S D E
B A C I P S B F D W T B T A S T H G I L
F R N E T R B M A I L B O X G E I O N P
P G F S A O X L F L U P G X R O K D S O
L N A B G A K R A P A A P O S O P I O E
Y M U L D D Z P Z O Z R V D Z D X V B P
```

Solution on page 349

Useful Rubber

ALLERGY
BALLOONS
BARK
BOND
BOOTS
BOUNCY
BRAZIL
CAOUTCHOUC
CHEMICAL
CHINA
COLLOID
CULTIVATION
ERASER
FLEXIBLE
GLOVES
GUM
HARVESTING
HOSES
INDIA
LATEX
MALAYSIA
MANUFACTURING
MATERIAL
MILKY
NATURAL
ORGANIC
PLANT

POLYISOPRENE
POLYMER
PROCESSING
PRODUCTS
PURIFIED
RUBBER
SAP
SOLVENTS
SOUTH AMERICA
STICKY
SYNTHETIC

TAPPED
TEXTILE
THAILAND
TIRES
TREE
VULCANIZATION
WATERPROOF

```
T P H D S O L V E N T S G S O I O R C E
U H O T Y M N A U M E F E E E A R U H H
O D A L H X A O I X C R W A B Q X B I I
Y D I I Y Z N L I R I B B N K W V B N P
K G K O L I J W A T E R P R O O F E A D
L G N Z L A S P D Y A T E R A S E R L F
I N D I A L N O E H S Z A C Q Z K K L R
M S W I R D O D P R P I I M I J I B E P
Q Q K V B U I C P R C R A N E N X L R R
I M C L H H T S A P E F O L A D A E G S
S Q H A T B A C T M S N B D G C M G Y D
T S Z C O K V R A R O I E N U Y L N R N
I S W U R U I H V F X D I B L C T U W O
C N N A X E T A L E U S E O S H T A V B
K C B O U U L C L W S N P I E E O S A L
Y O O H O O U F H E D T A T F M V S J I
J G O S Q L C C C O N W I M M I T O E L
N A T U R A L O L A U C F N U C R I L S
I B S O K Z R A L H F C B N G A E U T G
R Z D M F P V P B Q T E X T I L E F P A
```

Solution on page 350

Stones

ADORNMENTS
AGATE
AMETHYST
BIRTHSTONES
BIXBITE
CARAT
CLARITY
COLOR
CRYSTAL
CUTTING
DIAMONDS
EMERALDS
EXPENSIVE
FACETS
GARNET
GEMOLOGY
GOLD
GOSHENITE
GRADING
HARD
JADE
JASPER
JEWELRY
LAPIDARY
MINERAL
MINING
NATURAL

OPAL
PEARL
PEBBLES
PENDANT
PERIDOT
POLISHING
PRECIOUS STONE
QUARTZ
RARE
RING
ROCKS

RUBIES
SAPPHIRES
SEMIPRECIOUS
SILVER
SPARKLE
TURQUOISE
VALUABLE

```
A P F A R M L V O C K J C O H S R M A R
O J E W E L R Y S H L R A R E I Y K U G
R M P A Z K G W G A T Q S S R O B B N N
U U R Y R H F C T O H N A I P O I I M I
U N E R T L M S V A L U A B L E R M M N
A A C A G H Y S T F D O W D S V R D F I
W T I D S R G A R N E T M R N V E U E M
S U O I C E R P I M E S I E O E P R T I
M R U P S P N O S K Z M B M G L P A I N
H A S A E T Q O C E T I N E H S O G B E
L L S L T R E S T K E L K R A P S C X R
X G T O U L I C X S S K E A O S P P I A
T Y O S R T D D A Y H G O L D D E M B L
M P N Q Q S B P O F T T I D G N A D Z T
U E E A U Y P N A T O S R S S O A Q T A
U B D B O H H H V P H S V I W M G A R R
M B A X I T P D A I P F V J B A A D A A
X L J R S E Z L N R L E E G N I T T U C
I E E I E M W G N I D A R G S D E J Q A
H S C C L A R I T Y F E D V E K V D L H
```

Solution on page 350

Ride a Trike

```
U P E T O F Y J T Y S A E M D Y J P M F
F H F N S E A T S R T T M W S C W Z T M
L J E V R O O V E H I C L E E H W N Y B
Z Q D E D N G B E F S K I U T S W B P C
P X Y M P P A R K Y A F E S D A R P K U
Y B A L A N C E Q S U S U T S A L V A T
P R K Z V Q U W D N U O R G Y A L P S M
Y E X N N P T O D P D A V X S Z L D Z Z
Q E R R R D Q P P J N L H T E K E C Q C
C G V I I U D T A S A S I I S L M N X P
V G G K C D T O P P T C C H I A A A S Y
U H I K K H M O F E B Q X V C W R A E G
T Z G F S P R F E D S A E R R E F W E G
O O N R H T R R C A T R S C E D E R C R
Y K I R A D I O F L Y E R K X I D K R F
U X N T W N C P L X B R A K E S M A L L
V W I R G T B E L L S R Y O P T C G O F
U O A T O V R L E V I R D E X E D I R R
N A R Y V H N G M U P N E O E H N T C O
Y D T L C N I S D Y Q D G B Z J S K P W
```

ADULTS

BALANCE

BASKET

BELL

BRAKES

CHILD

CLASSIC

DELIVERY

DRIVE

EASY

EXERCISE

FOOT POWER

FRAME

FUN

GEAR

HORN

KID

METAL

PARK

PEDAL

PLASTIC

PLAYGROUND

RACE

RADIO FLYER

RED

RICKSHAW

RIDE

ROAD

ROLLING

SAFETY

SEAT

SIDEWALK

SMALL

SPEED

STEERING

TOY

TRAINING

TRANSPORTATION

TRIKE

TURN

UPRIGHT

VEHICLE

WHEEL

Solution on page 350

On a Farm

```
A U Q E G E D M F N Y E B J D T E F O
B V G U D N E H C Z J V X Q J X Z J B D
E W K A Z V T O F W F I A S X V N Q J B
C D Q G A M Q S E Z B D R S C L U T I W
T C X P I A X P P M N K R E O Z Z Y X E
S G F V M I O T A O G E S I T K L I M P
X H U V E S V L P Y R F N R J N N E B T
X O P M E V R P R O T C A R T C C F N A
R O X A F R K C O L F D E E U N I A R G
S L C S Z C N B S T E E B B E E T S A Z
I Q N I F P D N T T A J A F L A N D B H
S J P L L S E X P R T T K D Z S N S H B
J B W O C H M E E P O R O O S T E R Z L
R Z W J P G N S H R M U A E L D D A S Q
R B J Y C W F Y C S A U G I S N R A J I
Q X M E T G O D Y E T D L H L W A Q H A
O X L F E K U H Z U O A E E H E G O C G
R T J T A C H I C K E N B E C I R R O Z
J Q Y I K G A H O U S E A L F S E E D S
E M L M V M Z E Q I E T U B E R S G G E
```

ACRE
BARN
BEANS
BEETS
BERRIES
CAT
CHICKEN
COW
CROP
DOG
DUCK
EGGS
FEED
FENCE
FIELD
FLOCK
GARDEN
GOAT
GRAIN
HENS
HORSE
HOUSE
INCUBATOR
LAMB
LAND
MAIZE
MILK

MULE
PEN
PLOW
POND
POTATOES
RICE
ROOSTER
SADDLE
SEEDS
SHEEP
SILO

STABLE
TOMATOES
TRACTOR
TRAILER
TROUGH
TUBERS
WHEAT

Solution on page 350

College Majors

ACCOUNTING

ART

AVIATION

BIOLOGY

BUSINESS

CHEMISTRY

COMMUNICATION

COMPUTER

CONSTRUCTION

DENTIST

DOCTOR

DRAMA

ECONOMICS

EDUCATION

ELECTRICAL

ELECTRONICS

ENGINEER

ENGLISH

FASHION

FINANCE

FORENSICS

GEOGRAPHY

HISTORY

HUMANITIES

INDUSTRIAL

JOURNALISM

LAW

MANAGEMENT

MATH

MEDICINE

MUSIC

NURSE

NUTRITION

OPTOMETRY

PHILOSOPHY

PHYSICS

PSYCHOLOGY

RADIOLOGY

SCIENCE

SOCIOLOGY

TECHNOLOGY

THEATER

WELDING

```
Y V I H H A R N S E B G N I D L E W A L
F R S F T E O D B C S I V I Y O G Z I H
Y G O L O I D A R E I R O N H P V Y U W
S P B T H R H Q I A A M U L P L R D A K
O P E S S Z E T S A M T O N O T X M C Z
C G A Z S I I N G C R A T N S G S F C K
I F T P K N H E S I I T L I O I Y P O H
O Y H T A M O W T I R S M B L C R S U S
L N S M L G Y I T D C E Y A I T E Y N I
O A U L R Y O D T I H S N H H S E C T L
G H C A A N G E N C T R Z I P I N H I G
Y E P I Z I C O M M U N I C A T I O N N
I H D Y R N R T L O C R E M U N G L G E
Y U D U E T H T J O E G T M S E N O T N
M U S I C E C K S T N C D S E D E G T I
P W C E A A P E U U Q H N O N G L Y O C
E S L T F H T P L I D X C A C O A J U I
F E E S R I M I Q E Z N T E N T C N L D
Y R T E M O T P O L A V I A T I O N A E
J K K O C B U S I N E S S C A H F R U M
```

Solution on page 350

Popular Culture

ACCEPTED
ART
ATTIRE
BOOKS
BROADWAY
CABLE
CELEBRITY
COMMON
CRAZE
CURRENT
ERA
FAD
GLOBAL
GOSSIP
HOBBY
HOLLYWOOD
ICON
IDEAS
JOURNALISM
LANGUAGE
LOCAL
MAGAZINES
MEDIA
MEME
MOVIE
MUSIC
NATIONAL

NEWS
PHOTOS
POP
ROCK
SCREENING
SHOP
SIGNS
SLANG
SLOGANS
SOCIAL
STYLE

SYMBOL
TABLOIDS
TECHNOLOGY
TEEN
TELEVISION
TREND

```
N H S K M A A N B I M S W B F H D T B Q
I F E F K T R E N D V K B S N Y S N I L
U N Y A U B T M V E G A U G N A L S A A
Y I Y P C G J W Y T I R B E L E C J K C
F A W N E W S E L P E S X U O R O C K O
K X D W U Y E K A E T C A T E U Y U I L
T C R N G L N T N C A Z H E R A S Z B O
U C K N B T I O O C F V N N D D N O P B
G H A A Y W Z M I A F I A C O I A I D M
P O C I A I A K T S N L C F D L G O R Y
J S U D I G G Y A G I A T A B L O I D S
N U V E O V A A N S I V H D A W L G N U
E R E M Y W M O M D G C E B Y T S E Y Y
D C L I D S T Y L E J K O L J A E V P O
S U V A M Y M B V T N L L N E T W O P P
A R O E I S S B B B G O K L L T P O H S
C R M U I C K O L N H E M S P I S S O G
B E S O A N O H U E I V O M T R A P T N
S N G I S K V S L A N G U V O E P K O D
H T M U S I C U U J Z E Z A R C D O S L
```

Solution on page 350

Sleepovers

```
T H A E V V S P M S E W O L L I P H Z N
N N V C T A D O S K K F U L S U O A N M
Z P N B F M V D O N S S U I E E X E O N
F P S L A I C A F A E V P K R T K O R O
L Z O S E W R N V R C X A T I I R O Y I
I O S S L A P C E P R M O F F G C Q J S
R N S D K R N I Y E E O M A N P F H L E
I X V I N Q I N V I T A T I O N S A R Y
R D B J N E S G W H S Y V P B I U V G G
O S E L G G I G B S T I Y H N G T O B G
T V P C A X I R A Y L S M R H Y S L R B
D M X L I T U N F G F E A T E S A S S R
S X O D A S Z K G W M V E F I N E E C T
S Q R O H N U F C O L R S P K R R M L B
V U N U R B N M R I W R A E O A R D A W
Y O C A N D Y I A U S T T J D V E V F G
X J L D Z E E N N T H E P U S S E R D M
S K C A N S R B L G S A M A J A P R B L
O Z G P T X Q G I L U S T O R I E S S S
R U E K Q E W N N M R F G X H E N S F A
```

BEDROOM
BLANKET
BONFIRE
BREAKFAST
CANDY
DANCING
DARES
DRESS UP
DVD
FACIALS
FLOOR
FRIENDS
GAMES
GIGGLES
GIRLS
GOSSIP
HOMESICK
INVITATIONS
JOKES
KARAOKE
LATE
LAUGHTER
LIVING ROOM
MAKEUP
MEMORIES
MOVIES
MUSIC

NAIL VARNISH
NIGHT
NOISE
PAJAMAS
PILLOW
PLANNING
POPCORN
PRANKS
SECRETS
SINGING
SLEEPOVER

SNACKS
SODA
STORIES
TEEN
TOOTHBRUSH

Solution on page 351

Cheerleader

APPEARANCES
CHANT
CHEER
COMPETITIVE
CROWD
DANCE
ENERGETIC
ENTHUSIASM
EVENTS
EXCITING
EXUBERANCE
FANS
FLIPS
FOOTBALL
FUN
GAME
HOMECOMING
JUMP
KICK
LEADERSHIP
LOUD
MEGAPHONE
ORGANIZED
OUTGOING
PEPPY
PERFORMANCE
PHYSICAL

POMPOM
RALLY
RHYTHM
ROUTINES
SCHOOL
SCORE
SIDELINES
SKIRT
SMILE
SONG
SPLITS

SPORT
SQUAD
SWEATER
TUMBLING
UNIFORMS
VICTORY
YELL

```
T U V D U O I Z I V O F X P E P P Y O Z
S R B S P O R T L B A O T C M E Z S U K
L X I S I D E L I N E S N K T U H C T G
C G W K H X E A S F R A H W C G J O G R
S P A K S U P C S E D E Z I N A G R O P
P E Q P R N I I T V I C T O R Y D E I K
T G C G E I H S N V G E C A I Y A K N R
Q G F N D F O Y E Q G H L P E F U N G A
D S P I A O B H V R A L T P Z W Q Q P R
A L T M E R E P E N Y V M E Q D S I O D
X E U O L M E N T H U S I A S M E Y M R
A L M C E S E B E C N A M R O F R E P N
G S B E M L Y M U P E S G A R Y D U O L
N G L M G L X N A X O E N N U S Y U M Z
O A I O G A L Y I G E N I C H E E R X A
S R N H X B P E V I T I T E P M O C S M
S M G M H T Y H R P H T I S T I L P S U
V P I D W O R C O P O U C M T K I C K I
B D B L O O H C S N L O X Y E L L L Q T
I R N O E F H L C T E R E V F P L K J I
```

Solution on page 351

Pick a Car

```
I F T Q Y I Y L G N A T S U M X T M Z C
B A I U U Z R G A H D F Q G R F U R Y P
F V A L K R M V Y T U I A B F L O E A C
U Q G E O H A T M B N R E M M U H G I D
C E E D N R C W Y D A E L N C S D N U V
F F S S A L T U C U P B N W O C L E I P
W T L C F U O N G O U I E I L Z A L F N
J P W L N M P A Y I N R N S T Q M L A J
F E T O I I J S C F P D O T C N B A Q J
S M V Q E N K K I U V O L V O O O H A Q
U A C U R A F N N E W Y O R K E R C I L
I W L B F E I C A L L O R O C F G T M G
R M O Y L T O D R I B R E D N U H T Q H
P B P F I R K A A W W E I G U T I D D Z
T F I A V R T Z O H I R L B D Y N R U R
Y P R E L S Y R H C V O A L O O I O S M
P E T M O A T H O Z I L V E V B D C T A
C T K R E E B N P S P P A X N Z C C E Z
E B E T M L B C Y E I X C U J Q N A R D
Y A R G N I T S Y T Z E S S T O Y O T A
```

ACCORD	LAMBORGHINI	SUNBIRD
ACURA	LEXUS	TAHOE
AEROSTAR	LUMINA	THUNDERBIRD
BMW	MAZDA	TOYOTA
BOBCAT	METRO	VOLVO
BUICK	MUSTANG	YUKON
CAMRY	NEW YORKER	ZEPHYR
CARAVAN	NOVA	
CAVALIER	PINTO	
CHALLENGER	PRIUS	
CHRYSLER	STINGRAY	
COLT		
CONTINENTAL		
COROLLA		
CORVETTE		
CUTLASS		
DART		
DODGE		
DUSTER		
ESCORT		
EXPLORER		
FIREBIRD		
FURY		
HUMMER		
IMPALA		
INFINITI		
JAGUAR		

Solution on page 351

M at End

```
U H A M S M Q O I G Z R M N V O Z B H C
M X B G P R T R L E O X L M J K R S U M
Q R F P V O T M R F P G U S T R E A M N
Y E E O I A B W H T S A M T E R M O O B
Y E X H K T F O Y S G J U O A J D U S M
K U E H V G S M T X O G I K D S M F S U
T L G D M M Y R H T T T N K I G T I O N
I Z F S E L D O M N O C A W M M N T L I
M I I T Z R M T S L I M R Z T A W I B M
R R I R E M U S X Y P Z U F G D L B K U
P Y O A D N U V K R A T O R M Z W C B L
O K M W J A C I F B E Y O E T O J A G A
N M N H U R A C D U A P Y E R C D E O Q
N J Z T N I V T Q O F C R D K M E N T U
R L J M A W G I W M S Y N O N Y M P A A
V E I A R D A M C U S T O M B U Y B S R
O D F J B O A I T E A M I U I L G E Y I
M Z U U X E F W R S U K T D H S E A Q U
L F U L R A C S T U S C E D R O O M H M
R F P C Y D W H O M Q M U V U L R U X R
```

ALUMINUM	SKIM	URANIUM
AQUARIUM	SLIM	VACUUM
BEAM	SODIUM	VICTIM
BLOSSOM	SPECTRUM	WHOM
BOOM	STORM	WIGWAM
BOTTOM	STREAM	WISDOM
CLAM	SUM	WORM
CREAM	SWIM	
CUSTOM	SYNONYM	
DAM	TEAM	
DIM	TERM	
DREAM		
FORM		
FREEDOM		
GYM		
HUM		
ITEM		
KINGDOM		
MEDIUM		
MUSEUM		
ORGANISM		
PRISM		
PROBLEM		
RANDOM		
RHYTHM		
ROOM		
SELDOM		

Solution on page 351

Science Fair Projects

```
L P X K D H E D O H T E M Y C C N J P E
U X G R S R O T C A F W R E P O R T U L
N N A O O A I R E T C A B M A G N E T S
K W S W M G A N P H M I S C H O O L G C
A L H M F E N K O M T B N M S R I L O U
L G P A S A O I U I H W N O I E S L H Y
E P A E C F I S T X T X O G R Z U W C R
H O R T I T T L D S M A I R G T L V Y T
M M G U S N C C U A E N T E G U C R G S
Y G I Y Y E A G T R A T A N G B N E O I
E P T X H M E E D L E T R N E J O W L M
A C I D P P R W I D T B O I D S C O O E
L N N H J I A T A D R C P W K Z E P I H
D I A E A U Y N O S I R A P M O C R B C
E G G L R Q O N A C L O V R Y B W V P Q
E L S H Y E X P E R I M E N T O B O R K
P L A N T S F R W S O U N D I S P L A Y
S E H E X E I N O B B I R S G U B F N U
X S U C C E S S I I C E L B A I R A V M
D W G S T D X R E W M Z R D Q G M G N N
```

ABSTRACT
ACID
ANALYSIS
AWARD
BACTERIA
BIOLOGY
BUGS
CHEMISTRY
COMPARISON
CONCLUSION
DATA
DISPLAY
ELECTRONIC
EQUIPMENT
EVAPORATION
EXPERIMENT
FACTORS
FAILURE
GRAPHS
GROWTH
INFERENCE
LIGHT
MAGNETS
MATERIALS
METHOD
ORIGINALITY
PHYSICS
PLANTS
POWER
PRESENTATION
REACTION
REPORT
RESEARCH
RIBBON
ROBOT
SCHOOL
SOUND
SPEED
SUCCESS
SUMMARY
TEAMWORK
TESTING
VARIABLE
VOLCANO
WINNER

Solution on page 351

Very Strong

```
W M V O Y D A E T S V R O B U S T I U S
S U P R E M E Q E P R E S I D E N T Z T
I F M P H G K H Z P N U R I G D U S U R
M E S J O O N S S N O L Q D I A O U T L
P L C E E S T I O I C O U Y A H M C C F
O H O Q L A I I R O U E E N N N A C F U
S B M Z L C S T M E T G E A T I R E X L
I J M W V I S P I P W V N M N A A S S Q
N K A O C U E U K O L O D I E R P S W X
G R N E L L S L M N N B T C T T G F H J
T N D L L E A D E R O O B H O S N U V I
A M I I X G Y W E V A W Q G P O I L R X
O I N R R U O V E R R U L I N G K D Y O
V G G E A A H Z R G A O T E M O Z Q D X
S H A E N E R G Y K Q Q T H D I R A M Y
H T I A F V B M E L A G W A O G N T O X
P Y U N I M P R E S S I V E T R E D S C
H U R R I C A N E N G I N E O C I S S X
Y A C C D O O L F V M R O T S P I T H F
M G X U N Y D E N W O N E R Y G B D Y O
```

AUTHORITY

COMMANDING

COMPELLING

DECISION

DICTATOR

DISTINGUISHED

DYNAMIC

EARTHQUAKE

ENERGY

ENGINE

FAITH

FLOOD

GALE

GIANT

GREAT

HURRICANE

ILLUSTRIOUS

IMPOSING

IMPRESSIVE

KING

KNOWLEDGE

LEADER

MIGHTY

MIND

MUSCLES

OVERBEARING

OVERRULING

PARAMOUNT

POSITION

POTENT

PRESIDENT

QUEEN

RENOWNED

ROBUST

STALWART

STEADY

STORM

STRONG

STURDY

SUCCESSFUL

SUPREME

TORNADO

TOWERING

TRAIN

WAVE

Solution on page 351

Mysterious Monsters

```
O R U Q G O B L I N H A Q M T A L I E N
E L S I R E N M B F D D S W P Z I T E Y
L I O Q Y H L I J B Q U E L X B E S M U
D W B M P N G L T S O H G M U H S A O Y
I I M M H F H G A Q A Q W C O I M D N B
A U N D O F B S F R I G H T E N I N G R
M H F O N Z Q B B V U E R O L K L O F H
G Z T E S U P A E D H T H S Y P C C V Y
K I N G A A C R H C E L A W N O G A R D
W M A T D A U W E I L V K N C L U N G R
X K C N P A T R M J Y N I K R T Z A I A
F H A U T T B Y O D O P A L R E V M B L
R E H N E E T N T K G T R O L R P C E C
K C E I R H T I H S R Q L A Y G R U A W
C C J U I T N L J I A L C T H E B J S G
D C S C L O A M C L G I A K A I B T T A
X W A N G M T E Z I T S A T V S C A R Y
I L K R Z M U R U S T O U B H T I A R W
B L O M S A M G Y A H R O R R O H I X G
U G X E M M A M S B E M A L N V E E M F
```

ALIEN
ANACONDA
BASILISK
BEAST
BEHEMOTH
BIGFOOT
CENTAUR
CERBERUS
CHUPACABRA
COCKATRICE
CREATURE
DEMON
DEVIL
DINOSAUR
DRAGON
FOLKLORE
FRIGHTENING
GARGOYLE
GHOST
GIANT
GNOME
GOBLIN
GORGON
GREMLIN
GRYPHON

HARPY
HORROR
HYDRA
IMP
MAMMOTH
MUMMY
MUTANT
MYSTICAL
MYTHICAL
NESSIE

POLTERGEIST
SASQUATCH
SATYR
SCARY
SIREN
SUPERNATURAL
TROLL
WRAITH
YETI
ZOMBIE

Solution on page 352

Cocktail Time

```
A G D D Q F M B Q T O N D Y O K F S O S
I K T S D N E I R F W E L D R A F T N G
Z B D N C S E R V E R S T P T Z O A I O
B M H O E Y T E F F U B R I I J C E A S
Z Y V I V M I L L B E E R S P K X P T O
A P T T I D N F A Q F A A F S S P T N N
D A Z O R C G I H F G L B X J E N N U K
D F N M D S E G A R E V E B T A B U O P
G L H O J Z E T A T H P T I R F O O F R
W Y Y R Q L S M A T R R Z U Y T D C A D
L D W P L T L C O L L E A G U E S S G L
F P L D I X A L E R R T T G L R D I L R
E E S A A L I S M S S Z P N L N H D K S
M A W I T S C D A E Q E B I E O A F A C
E U U Q K T E T R C C L J R W O U S H S
S S R U C O P C T I V S S E G N U O L M
B E U I O H S H I S N L O H O C L A U C
M V M R C S E W N S A K W T S O C I A L
G G W I N E Q A I F U O S A L I U Q E T
S W F J L C B B P C C M T G E H N C Q G
```

AFTERNOON

ALCOHOL

APPETIZERS

BAR

BEER

BEVERAGES

BUFFET

CHEAP

COCKTAIL

COLLEAGUES

DAIQUIRI

DISCOUNT

DRAFT

DRINKS

ENTERTAINMENT

FOUNTAIN

FRIENDS

FUN

GATHERING

HALF

KAHLUA

LIME

LOUNGES

MARGARITA

MARTINI

MEETING

MUSIC

PRETZELS

PROMOTIONS

RELAX

RESTAURANT

RUM

SALE

SERVERS

SHOTS

SNACKS

SOCIAL

SPECIALS

TEQUILA

TIPS

TOAST

VODKA

WAIT STAFF

WELL

WINE

Solution on page 352

Watching TV

ACTION

ADS

ANCHORS

ANIMALS

ANTENNA

CARTOON

CHANNEL

COLOR

COMEDY

COMMERCIALS

COOKING

COUCH

DOCUMENTARY

DRAMA

EDUCATIONAL

ENTERTAINMENT

FAMILY

FOOD

HISTORY

HORROR

INFOMERCIAL

INTERVIEW

KIDS

LATE NIGHT

LAUGH

MOVIE

NETWORK

NEWS

OLYMPICS

POPCORN

PRIME TIME

REALITY

RECORD

RELAX

REMOTE

RERUN

SATELLITE

SERIES

SHOW

SITCOM

SNACK

SPORTS

VIDEO

VOLUME

WEEKLY

```
K Y U W Y G N I K O O C A R T O O N D X
N N L Y H U A D O C U M E N T A R Y N S
D X E K J O S L A I C R E M M O C W W V
D C T W E X R H P R I M E T I M E T A J
J W O H S E I R E S N X B F X I W N W K
Y C O U C H W N O I T C A V V A N S F A
U U N L G O D U A R Y M O R D E L F J N
P T X U Y Z P T D R I R E S T A F E A I
B M A P Q M R C O L A T E N I G H T R M
Y L S Q S E P T Y C N X A C N F C N K A
V D O R T I S I H I R D R U R O A E V L
G L A N O I T A C U D E T I L L E T A S
L J E J H H N C P S M K C O D X T W B T
S B C K J N C A O O F A R O K X O O W R
B V F Y E U Q N F M P C S E R S M R V O
I K C L L D U N A O Q C O S M D E K T P
C Y L A O R I Z M V X K O M N U R L W S
T Z V O E D I V A I S I R R E A L I T Y
O T F R Q O Q Y R E V W M F N D C O T X
I B I B F L K I D S U U H G X G Y K V B
```

Solution on page 352

Libraries

ARCHIVES
ARTS
AUTHOR
BIOGRAPHY
BOOKS
CHAPTER
CHILDREN
COLLECTIONS
COMICS
COMPUTER
ENCYCLOPEDIA
FANTASY
FICTION
GENRES
GEOGRAPHY
GLOBE
HORROR
INDEX
INFORMATION
JOURNALS
JUVENILE
KIDS
LIBRARIAN
MAGAZINES
MICROFICHE
MOVIES
NOVELS

PAGES
PAPERBACK
PEOPLE
PERIODICALS
PHILOSOPHY
PSYCHOLOGY
QUIET
RECORDS
REFERENCE
RELIGION
SCIENCES

SHELF
STORIES
SUBJECT
TABLES
THRILLERS
TITLE

```
U F O P L V E C N Y D R L X H S L A R G
R R C R Q K C A B R E P A P N P G U T S
A H C X W Q U I E T N V J O S E D T Y E
C M O V I E S K U S C O I D N J O H T C
H A B R B X R P E Y Y T P R K N K O T N
A R N O R E M G B E C N E R E F E R O E
P T O W V O A M O E L S L N P C W B H I
T S V E C P R V L Y O L P A H J V C B C
E F E W K N I L G F P A O I I X I O Y S
R E L I G I O N K A E C E R L F O F H C
J T S E R C X I O N D I P A O K X C P I
U A O B H O D W T T I D W R S F O S A M
V B S M U S T H L A A O C B O I Y L R O
E L D R U A R S R S M I H I P C N A G C
N E R D L I H C O Y M R C L H T G N O G
I S O C L E H T I T L E O O Y I W R I W
L X C L X I N D E X V P L F F O J U B B
E I E A V Y H P A R G O E G N N T O J I
X R R E S E N I Z A G A M P B I A J Z J
S W S U B J E C T Y T N S I Q Y C U N G
```

Solution on page 352

The Porch

X K R T K M C S X Y T P W Q P Z O C J C
O I E E H R H D I V L X D W R N D L M E
T C N K N E U A P E E C K R T E N O T S
K J I V L C D S O P B R E E Z E M Y R E
Q K V T I E L E T Q R F A P M R D M I D
X Z E U R T W O R I O A W N O C K A U S
H R Q S N O I H S U C G I T D S H J H S
S U C Q I B P N N E T N E L B A T F B S
T P F H T A D T G P D I U T M U E S T Y
V L C Q A G A Y N E G M N M H N W R X W
H B K F R I K L I N U O O R C G Y Z Q L
B P L C N F R S W T A C D E U X I B A A
X A L E R A K S S R K L E O O F V L Q B
G I D P U N S K F A B E G B C P W N B N
R D Y F A T T S W N K W L H R H E O X F
F S J H Q T A N P C D I I U E A T N O I
Z J I Z C I I T J E A L D R K G B O L D
N D K T F N R O S M T E E K C I R B Y D
Z Z E U G A S F E Q C S R V I S I T N S
F H D L J E J L U K R H N H W Q E G T X

AWNING

BARBECUE

BREEZE

BRICK

CAT

CHAIRS

COUCH

CUSHIONS

DECK

DOG

ENCLOSED

ENTRANCE

FENCE

FLAG

FOUNTAIN

FURNITURE

GLIDER

HAMMOCK

INVITING

LIGHT

MAILBOX

OPEN

PATIO

PORTICO

POSTS

RAIL

RELAX

ROOF

RUSTIC

SCREEN

SHADE

SHELTER

STAIRS

STATUE

STEPS

STONE

SUMMER

SWING

TABLE

TOYS

VERANDA

VISIT

WELCOMING

WICKER

WOOD

Solution on page 352

Pass the Sauce

```
I E A G Z J M G V V A G J K T P E S T O
Z A P E D F V N U S F J H X Y R I A Q D
V B Z C O Z R Y E R L O O X E W B Z A K
M X P R U I P A X S J D I I E A Q X Z O
K B A H C R B U T W E S C I S K P L L A
D L K H S T R J A R P U H C T E K P B G
I L D U G N O Y N P A F O Y V A R G L U
X D E F R L W M I S H T P U Z M L T M E
B S C L L N N B A R O G X O U Y N I N V
D K I P F A T C U T C M E U C E B R A B
O T P I Z K V W W T O A X Z M Y T L P N
I L S L O H F O G O T E R I Y A K I F E
N Z A K N C R B R A J E D A C L C Q H B
F Q L F E H C H T Q R N R O M E U U U W
Q K S F F E S E N G O L O B U E D I R T
X W A X M U R E X C C K I L S V L D H Y
N P E E M S B R E H I F S C T N P I Q O
V I A U T N Q B X N C G O R A N C H O T
E T Z T V S X O G I W G Y O R K B E Q P
K K I P H C E S H W Y T U Q D C V V I O
```

APPLE

BARBECUE

BOLOGNESE

BROWN

BUFFALO

BUTTER

CARAMEL

CHEF

CONDIMENT

COOKING

CURRY

DUCK

FLAVOR

FOOD

GARLIC

GRAVY

HERBS   RANCH   THICK

HOT   RED   TOMATO

ITALIAN   RICH   WHITE

KETCHUP   SALSA

LIQUID   SAUCIER

MEAT   SOY

MUSHROOM   SPICE

MUSTARD   STEAK

PAN   TABASCO

PESTO   TARTAR

PIZZA   TERIYAKI

Solution on page 352

Compliments

ACCLAIM
ACCOLADE
ADMIRATION
AFFECTIONATE
AMAZING
APPLAUSE
AWESOME
BEAUTIFUL
BRILLIANT
CHARMING
CHEERFUL
CLEVER
COMMENDATION
CONGRATULATE
ENDORSE
EXCELLENT
FABULOUS
FANTASTIC
FLATTER
FRIENDLY
FUNNY
GENEROUS
GENIUS
GOOD
GORGEOUS
GREAT
HOMAGE

HONOR
INCREDIBLE
INTELLIGENT
KIND
LOVELY
NICE
OPTIMISTIC
PERFECT
POLITE
PRAISE
RAVE

SMART
SPECIAL
SWEET
TALENTED
TRIBUTE
WARM
WONDERFUL

```
R L Y U V W E S I A R P O B S U I N E G
B H U S A C C L A I M D V A D L X C T R
T L D R I G C Q B U N D M X W P C I U Z
Q A M N E C I T S I M I T P O L U T B L
P V L B L T N E K A D B T E U A I S I O
H E U E R K A U N L M E E F P E V A R V
O K R A N Z F L K D E A R A A N L T T E
N M M F K T F G U W O E Z C U J B N B L
O S P E E U E U S T D R O I N T A A U Y
R G A S N C C D N N A M S A N I I F V T
Y E O U X I T N O N M R S E L G R F W U
C Z V O I R I W E E Y U G L I E D A U A
D H O E D B O O N Y O I I N E A P B R L
H O A G L H N D S R L R S H O C G U E A
U M C R H C A W E L B Y C Q V C R L M I
W A K O M T T N E L L E C X E O E O O C
R G G G I I E T I L O P A P P L A U S E
T E Y O P G N O I T A R I M D A T S E P
H A N Y Z I V G N G F R I E N D L Y W S
K K M W S P K X S J F L A T T E R H A N
```

Solution on page 353

Useful Limestone

```
A G D T M C P L F S B G Y M L D Q W M T
C N Y E W A M Y Y D R U T Z C Z A T I P
I H A E L R T N G A O U I O R G D L O L
L Z A I H B Q E N O X T N L G H E Q U Q
I B O L D O R U R R N S J N D L T D U D
S Y D S K N L A V I T O T C J I I V D C
T A Y E Y A I B M R A O I D I M N M U W
O E F R R T R E U P O L A T A E O G L Q
N L Q O H E S C M T Q G R R A E G C U L
E A U S E K T W H I T E Y P T M A A C K
F R K I C I X P B I L P W A T E R L C S
E O U O O T A K F G T N G R S R A O X B
Z C L N J S N Q T A I E U C Y Y R B F R
J B H Y T A A I E N R A C R A T R O M Z
C Q H E C P S R A G E R U T P L U C S T
U A P T M O G Q G P Z M N O U E C M O N
A F V U P I H A H Z X R I O R R I I G E
J C C E J L C R Y S T A L D T N E U T M
P D D T O Z C A S O L U B L E S U O H E
Z I K N W J I X L C G R A I N S L M L C
```

AGGREGATE
ARAGONITE
ARCHITECTURE
BLOCKS
BUILDING
CALCITE
CARBONATE
CAVE
CEMENT
CHALK
CHEMICAL
CLAY
CONSTRUCTION
CORAL
CRYSTAL
DEPOSIT
EROSION
FORMATION
GRAINS
GRANULAR
GREAT PYRAMID
HOUSE
INDIANA
LIME
MARBLE
MATERIAL
MINE

MORTAR
PAINT
PIT
QUARRY
ROADS
ROCK
SCULPTURE
SEDIMENT
SILICA
SOLUBLE
STONE

TILE
TOOTHPASTE
WATER
WHITE

Solution on page 353

Time to Celebrate

ACHIEVEMENT

ANNIVERSARY

ANNOUNCEMENT

AWARD

BABY

BAPTISM

BASH

CEREMONY

CHRISTMAS

CHURCH

COMMUNION

CONFIRMATION

DINNER

EASTER

ELECTION

ENGAGEMENT

EXCITED

FAMILY

FESTIVAL

FLOWERS

FRIENDS

GALA

GIFTS

GRADUATION

HAPPY

HOLIDAY

HONEYMOON

HOUSEWARMING

JOYOUS

JULY FOURTH

LUAU

MARDI GRAS

NEW YEARS

PARTY

PROM

RECOGNITION

RETIREMENT

SHOWER

SUPER BOWL

THANKSGIVING

THEME

VALENTINE

WEDDING

WINNING

```
B Z K B L G N M G K N O O M Y E N O H M
L V Y A D I L O H H V D C G Y V N L T S
S Y P P A H J L E N I T N E L A V U R A
S H S T N E M E C N U O N N A U C A U C
F A M I L Y F H G N I M R A W E S U O H
I L T S T X E D E T S I J O Y O U S F I
X A F M X G S X A N N I V E R S A R Y E
A G N H Y G A M C O G C W L L D E A L V
Q N E T I N R N O I T A U D A R G E U E
D B A F O I G Q F T T R G S B A B Y J M
W A T Y F V I T L I N E E E W W D W S E
V S C N J I D L O N N E D T M A I E G N
G H O O E G R A W G O X M K S E N N O T
L C M M L S A V E O N I U E Y A N Z S X
H R M E U K M I R C B I T O R T E T B H
S A U R D N A T S E J R N C W I R F I C
P E N E Z A D S M R J C E N E S T A D R
I R I C L H W E D D I N G P I L V E P U
N D O Q L T H F R I E N D S U W E G R H
B Y N M O T R E W O H S A M T S I R H C
```

Solution on page 353

A Sunny Day

```
Z U I L L A B E S A B L T M X C N M T B
V G Y G N M H W U J T C H I L D R E N Q
F S A R N F F T N B U N G O J A I P K B
M F B R S I H L G K E N U S W R A H O C
K O D G D X R C L A I D K R H R F O I O
G P W N F E Y P A H L R V Z K S K H T O
U E N I H S N U S E O P E I J E Y C A T
C Z E K N E J I S W B N Q P N E H G P G
X X K L K G F S E S W T C Y I F R E S H
M R N A P V U R S T Y U V E K C Y U I A
V I X W Q N I L Y K X E M S C C N B R T
E L N M B F T C E F R E P I E S Y I C V
B A L A V M L T E A M D C C C Z R I C T
T P T I F K S A R C L U F R E E H C L J
A H Y D R A T E V J R P E E E I H I E R
E N E D I G M H L I O E R X D W G B A K
W R U L U M I W S V N B A E F I O P N H
S S I H U U H T H G I R B M L S L L K I
F N O S N E E R G N I T A O B A F A F Y
G D C A H Y J R R S M R I C T K X Y L U
```

BASEBALL
BEACH
BOATING
BREEZY
BRIGHT
CARNIVAL
CHEERFUL
CHILDREN
CLEAN
CLOUDLESS
CRISP
EXERCISE
FAIR
FIREWORKS
FISHING
FLOWER
FRESH
GARDEN
GOLF
GREEN
GRILL
HAT
HEAT
HYDRATE
ICE CREAM
MOWING
PARK

PATIO
PERFECT
PICNIC
PLAY
RELAX
RUN
SAILING
SPRING
SUMMER
SUNBATHE
SUNGLASSES

SUNSCREEN
SUNSHINE
SWEAT
SWIM
TAN
WALKING
WARM

Solution on page 353

Healthy Living

```
Z S L A R E N I M E G N I G G O J T G H
X H P S E I R O L A C A N N F I V S D N
U S O G V U R A I D T I I B K I W D I E
S Z S J A O Z Z E T N N A W L E V V M Z
S S I E U K L O I N I L O C A L C I U M
J I T T N A A U U A A R U T W J E G I P
L J I N C L R R R N K Z T E H J S O D S
R N V T E F L T C O Q B Q U Q O I R O C
E H I N Y M T E U Z G R A I N S C O S S
R V T N F C E T W A F E J O O R R U D Q
E J Y T A P O L K O H A P P I N E S S U
T M U S E S S M P S G K S Y T B X L E A
A I W E N X U X M P T F L E A P E H H T
W I L R G S A E M I U A A E R O B I C S
M S R E C Y C L E Q T S F O D V Y N T D
W R U L M L M A E Y T T T P Y N I R O A
N V E G G I E S R R O E E V H A E N C L
V S Y T A M F F D D I W I D M T C X G A
B N U A O R R J S N I O X D C N P Y J S
G H U I F I S V D D A O T H G I E W L K
```

ACTIVE

AEROBICS

BALANCE

BREAKFAST

CALCIUM

CALORIES

CARDIO

COMMITTED

DIET

EXERCISE

FATS

FRUIT

GRAINS

GYM

HAPPINESS

HYDRATION

JOGGING

MINERALS

MUSCLES

NUTRITION

POSITIVITY

PROTEIN

RECYCLE

RELAX

REST

ROUTINE

RUNNING

SALAD

SERVINGS

SLEEP

SODIUM

SQUATS

STRETCH

SUGARS

SUPPLEMENTS

SWEAT

SWIM

TRAINING

VEGGIES

VIGOROUS

WALK

WATER

WEIGHT

WELLNESS

WORKOUT

Solution on page 353

AM Words

AMATEUR
AMBITION
AMONG
AMOUNT
AMUSING
BAMBOO
BEAM
CAME
CAMP
CAMS
CLAM
DAM
DIAMETER
DIAMOND
EXAMINE
EXAMPLE
FAMILIAR
FAMILIES
FAMILY
FAMOUS
FLAMING
FOAM
GAME
GLEAMING
JAMMED
JAMS
LAMB

LAME
LAMP
MAMMALS
NAME
NAMING
PAJAMAS
ROAM
SAME
SAMPLE
SEAM
SLAMMED

STREAM
SWAM
TAME
TAMING
TEAM
VITAMIN
WIGWAM

```
S O O B C L N K B L N G K G Y U C M W F
L B J W J F R W N D N O A L X W P G O E
I R G V V Z B A M I A P M A L B I I B C
K K T B D K N A M I N G O T P M S W A M
P D S Z S X O A Y B N R N C N E X Z F P
T Q L E U F T D L R L U G I A Z R S A E
U B S J M J W S I U O E G M M Q M J M I
Q B T H C V K C M M J T N N E A A A O W
R Y H B V A X C A M P A I P C M L C U N
Q V M J K K A W F V M M M R A A M F S B
E Y T C S X L I Z A A A A S V M A A H O
B M A D J G S G O T M I E X A M P L E J
I A A T P P W R I B L D L R I A A H N B
M W M C O D U V I I E M G L T L I L I Z
V G K B O Y I T M M B A I N N S J E C H
J I T G O D I A M E T E R V I L T Z R Y
U W K E C O F A M S S T M P V S O U N A
I H M K N F J B M O W V E A A F U R Q R
S A M P L E X A M I N E Q M T I B M A L
G A R E A J J D O X D D E M M A L S A H
```

Solution on page 353

Observing Mardi Gras

```
M V L B V W I F F B I E V E N T B P Q L
I H Z V D M C T A O F T P A R M E S Y D
U F A A V P Y R O T S I H D Y S F J K A
F J L I L A U N N A P H Q S H D O O F B
W L C P F R E N C H Q U A R T E R H F N
U V O C V T M J A R N E O F H T E W P D
C C H A S I U N Y E G V A G G Q L N Q Q
A U O O T E Y D W I E X N Y I M E N H J
T S L V V S I O B T Q I L W N K N O O Y
H Z H T T E R T U U C S F C H A T I L Q
O U D W U L A E I N W E E O T N B T I D
L Q C F E R S P A V D A A S F A E I D K
I N Y A W D A D E A I S S T L I A D A L
C L N T A R N L R F A T T U E S D A Y C
M S T Y A F P E V I B E S M W I S R P T
N T W D F O U Q S B N R T E T U P T U E
Q U E D E Q E N U D Y K A S F O A B W E
R S J P S E K A C N A P I Y R L E V E R
G Y R A U R B E F I D Y I N D U L G E T
S M M S C I S U M E A T I N G R K G K S
```

ALCOHOL
ANNUAL
ASH WEDNESDAY
BEADS
BEFORE LENT
BIG EASY
CAJUN
CATHOLIC
COSTUMES
CULTURAL
DANCING
DRINKING
EASTER
EATING
EPIPHANY
EVENT
FAT TUESDAY
FEASTS
FEBRUARY
FESTIVITIES
FLOATS
FOOD
FRENCH QUARTER
FUN
HISTORY

HOLIDAY
INDULGE
LOUISIANA
MASQUERADE
MUSIC
NEW ORLEANS
PANCAKES
PARADES
PARTIES
PEOPLE

REVELRY
SHROVE TUESDAY
STREET
TRADITION
TWELFTH NIGHT
WEEK

Solution on page 354

Waking Up

```
T N C A R G N Z Z Y R S K Y D T B E T X
O Z C H O K M S S G M W E E P V M K X X
H N W H P J U I C E F N M S T D O O W S
P Q S C X Z P P W G E W P U K A C I T W
U F U N E I I M C S W F K A B E L D R D
E E N I H S N U S O F D F S N O O Z E I
K S L P B Y H Z L U T E M O L H C B L R
A N I Z E X Q L X S N A V L C E K L A N
M F G C Y L I M A F M R L S H E E T S K
E E H Q R P E F G O J L I A O I S P S P
E M T E Y E K C O Y P Y E S R S A H Y I
I O O I P A X R O U T I N E E M U O C T
R E F R E S H E D V I W W R S J Y N W J
E Z E R N T T W S H E A D C G T X E P I
C S B N A I R R S H S R I S O S I N F C
V R Z B T G N A E H O M S W I K R R R N
M J Y G G O R G T T W W E K D E S P B O
X S E A G M U F U S C L E M A I L G V A
F Z J V W E P W E A T H E R R D O B T B
P I E R A N V T C P R H R D L N W R L H
```

ALARM

ALERT

BATHROOM

BED

BREAKFAST

CHORES

CLOCK

COFFEE

COMB

COVERS

DRESS

EARLY

EMAIL

EXERCISE

FAMILY

GROGGY

JOG

JUICE

LATE

MAKEUP

MORNING

NAP

PHONE

PILLOW

PINCH

RADIO

REFRESHED

ROUTINE

SHEETS

SHOWER

SLEEPY

SLOW

SNOOZE

START

STIR

STRETCH

SUNLIGHT

SUNRISE

SUNSHINE

SWIM

TOWEL

WARM

WASH

WEATHER

YAWN

Solution on page 354

Snow Removal

```
K W I O P P B P W K Z X B Q H E C R Y S
Z W J O Q Z N M U P R H T M R L H R I Z
X V I O O U F O V S T X Y T E F A S P T
F Q C O N J Q H Q A H W J K F U R B O G
Z W M G D O S M P E G Y Q S N I D F O B
I S S F R F D H O F I G P A M L L B C R
R B W V I J E A Y V L E J M I U R K S G
V Q E S Z J O B K O E R U I T X C P W D
X B Y H I M A L V D H F X K T B X D O F
G V I Q G T A E X E R C I S E E O L L T
J Y C F L W S S P O S A N D N H K O S C
G Y V A E H X L S S C J Z P S L Z C T C
R T S D X W A T C L H N G Z B C J M A S
O O I K E M B A Y E I O O N I J E C I J
M S P P R I R E J J Z P V Y I L J W R D
J V N E T F F O S C R A P E Z R B I S Y
S N H E I F H I T P L O W E L Y I N A W
S T E R O H C J O S R V S T R E E T E W
E P E R N F Q L Q C S B H B W Y T E E F
Y R T P G C M G H U U P L U T F I R D L
```

BLIZZARD
BOOTS
CHORE
COLD
DEEP
DRIFT
EFFORT
EXERCISE
EXERTION
FEET
FROSTBITE
GLOVES
HARD
HEAVY
ICE
JACKET
JANUARY
LABOR
LIFT
LIGHT
MITTENS
MOVE
PATH
PLOW
PORCH
PUSH
SAFETY

SALT
SAND
SCARF
SCOOP
SCRAPE
SHOVEL
SIDEWALK
SKI MASK
SLIPPERY
SLOW
STAIRS

STEP
STORM
STREET
THERMAL
TIRING
WET
WINTER

Solution on page 354

College Education

ACADEMIA
ADMINISTRATION
ARTS
ASSOCIATE
COUNSEL
DEAN
DEGREE
DIPLOMAS
DOCTORATE
EDUCATOR
EXAMS
EXPERTISE
GENIUS
GRADUATE
HALLOWED HALLS
HARVARD
HOMEWORK
HUMANITIES
INSTITUTION
INSTRUCTOR
INTELLIGENCE
IVY
KNOWLEDGE
LAW
LECTURE
MASTERS
MEDICINE

MENTORING
POWER
PRINCETON
PRINCIPAL
PROFESSOR
QUIZZES
RANK
REASON
RED PEN
SKILL
STAFF

STUDENTS
STUDYING
TALENT
TEACHER
TENURE
TESTS
WISDOM

```
X S Q W E Z L L P J W E W U F S O G O L
Q N A E D E Z R E W O P K T N E L A T K
T L O T C N O C P E P Y T M O D S I W E
S J E T O F Q H A R V A R D S U I N E G
P W U O E T B L N I I I E X A M S R W N
K R P S R C E H U O L N J K E R G G U I
E R S Y U S N V A O I L C Q R E Z M C Y
G O E C N E G I L L E T N I D H F E X D
R T Z U E T B H R R L L U G P C P N Z U
A A O D T A T W U P A O F T W A D T E T
D C B Q N R R I Q M L N W X I E L O X S
U U E H A O J O L U A X K E Q T M R K T
A D N O I T A R T S I N I M D A S I K U
T E I M M C Q Q T C O Z I F O H L N C D
E B C E E O Q A M W U B Z T P L A G I E
K Z I W D D F S L Y A R B E I S P L V N
X H D O A F T E X P E R T I S E T X L T
Y H E R C R D E T A I C O S S A S S M S
V R M K A G M G I X F O M Z N E P D E R
M A S T E R S X W S A M O L P I D N T T
```

Solution on page 354

Visiting China

```
V J I T E J S L E Q H M P A S I A B P C
J S X T N E D I S E R P D G D S I X P K
W H G V M P G A N S U Q S Y Z N R V L Z
T A N G D Y N A S T Y H F U J I A N Q R
P A A B B R H T N T E O H X K R Y P D O
G N I C A U E B E E R O O S T E R C N I
H X J N J E D V P B D A J I L I N G T O
A I I Q I H N D I J I L L L C C R Y F U
N M U N L A O D H R E T O A B C P R C O
D H S H N B D R E I E W D G I H E N A N
Y P Q I N E A C S L S H O H O T Q G P T
N H A I N A R J P E I M G O C I R U R T
A H U C L A N M A I N X N N N U L A E Y
S E I B X G I H O A S S X G A I I N M S
T T S N E N X C U N U H H K A U C G I P
Y S G A C I N H U N G A A O N E H X E C
A Y U A N J C R Z F I O N N M A I I R I
Z G E C H I N E S E N I L G X G N X C S
E K A N S E H K Q X N O Q I T I G U K R
G I M M D B H C D G Z C C H A N G S H A
```

ANHUI

ASIA

BEIJING

BUDDHISM

CHANGSHA

CHINA SEA

CHINESE

CONFUCIANISM

DOG

FORBIDDEN CITY

FUJIAN

GANSU

GOLDEN AGE

GUANGXI

HAINAN

HAN DYNASTY

HENAN

HONG KONG

HORSE

HUANG HE RIVER

HUBEI

HUNAN

I CHING

INNER MONGOLIA

JIANGXI

JILIN

LIAONING

MARTIAL ARTS

PANDA

PREMIER

PRESIDENT

QINGHAI

RAT

ROOSTER

SHAANXI

SHANXI

SHEEP

SICHUAN

SNAKE

TANG DYNASTY

TIBET

TYPHOONS

YELLOW SEA

YUAN

Solution on page 354

Electronic Books

```
Y S X A S K U O S V R P T E M R N C L Q
X K C Z V O N O T E L B A T K O C J C S
B V U L E O N B E S A X R E I L B Y C C
E E A M C N N Y F Z C R X T H O F I G R
X B M Y B X H L Q L O H C W U C T Y L E
V M R E O K Q V I Q O I O H K T G H M E
P B X G D F L R X N F R Y O A O D E D N
R K I A I X O I G C E U O V L P M Z W T
J W P H N H N F B T H B D O V O T G X P
F I U P T T S D U R C I N O R T C E L E
F R O U E L A P Y O A H U Y W I T I R P
I E A R R R M R N G C R P B N N T C U N
T L N D A O E V L E N K Y Y T F L R O C
N E H X C T E R T H G I R Y P O C O L T
T S G S T N N H L Y Y K T E E H A T A D
K S U A I A S O F T W A R E A L G N T D
F J B E V L M E Z B M O S S K D D S I Z
X T N P E X B R G A F R E E O R E N G E
J T R U F K X U O A M D I S P L A Y I D
F L E B A R E S P F P A P P L E I M D K
```

AMAZON
APPLE
AUTHOR
BATTERY
BOOK
CHAPTER
CHEAP
COLOR
COMPUTER
CONVENIENT
COPYRIGHT
DATA
DIGITAL
DISPLAY
DOWNLOAD
ELECTRONIC
EPUB
FICTION
FORMAT
FREE
INTERACTIVE
INTERNET
IPAD
KINDLE
LIBRARY
MARKETING
MEMORY

MOBILE
NOOK
ONLINE
PAGES
PDF
PUBLISH
PURCHASE
READ
SCHOOL
SCREEN
SEARCH

SELL
SOFTWARE
SONY
TABLET
TECHNOLOGY
TEXT
WIRELESS

Solution on page 354

The Life of Bob Marley

```
T L I E A V M D I S V G S Y E Y Q K X F
Z N F K G Y E E T O P Y P P B A N D O K
I V T G L Z I G T C T V D U N J G I N B
D Y N S T N E M N I A T R E T N E G F Y
Z L T N S R E L I A W P E R F O R M E R
D R K K A M A D E L K J A M A I C A Y R
N A E B B I R A C I I S D N E G E L E E
J S N P E O R I R S K T L B T S I T R A
Y R E A C Z S A T S O C O N C E R T U A
Y Z A E U U F N T U D A C T I V I S T K
T N R L M J X N R E F M K X F N S S L N
X S I W Y L I A K S G F S W V U E W U N
Z L H R M V U R I R N E G I D N A N C R
V I F E S T I V A L I M V O B U M H E E
C W G S R V D G P M M T X J N A O C G G
A R V G U I T A R E M E A W G G N R G N
V A T O Y D F E E K A U K M M A A N A I
F X T R Z U I F G D J C B I C M L E A S
T F I J N I P W K L O V E L M W E V E C
I K X X L G V D M R L A M Y A M M Y U B
```

ACTIVIST

ALBUM

ARTIST

BAND

CANCER

CANNABIS

CARIBBEAN

CONCERT

CULTURE

DEAD

DREADLOCKS

ENTERTAINMENT

EXODUS

FESTIVAL

GRAMMY

GUITAR

JAMAICA

JAMMING

LEGEND

LOVE

MARIJUANA

MELANOMA

MUSIC

NESTA

PEACE

PERFORMER

POT

RECORD

REGGAE

RITA

ROCK

SHERIFF

SINGER

SKA

SOCIAL ISSUES

TOUR

TUFF GONG

VEGETARIAN

WAILERS

ZIGGY

Solution on page 355

Exotic

ANIMAL
ART
BEACH
BIRD
BOA
CAT
CLIMATE
CLOTHING
COUNTRY
CRUISE
CRYSTALS
CUISINE
CULTURE
DANCER
DIFFERENT
DURIAN
FASCINATING
FISH
FOOD
FOREIGN
GEMS
GUAVA
INTERESTING
INTRIGUING
ISLAND
JEWELS
KUMQUAT

LEMUR
LION
MONKEY
MUSIC
OCELOT
OVERSEAS
PAPAYA
PET
PLANT
RAINFOREST
RESORT

SNAKES
SPIDER
TIGER
TRAVEL
TREES
UNIQUE
ZOO

```
W S M A B H Q D Q V G C G G F U F J R O
R B M Q K H J D O H B W E T Z Z J P J E
L C C B I F O U F T O M T D A N C E R N
K G P B A O G T R O S E R O C X N N I G
J V J Y Z O N W Z L E G X S P I D E R H
I U N U Z D I F F E R E N T S A S A P A
L F S O K L U Y I C B L K I I O R U N M
U K A T V W G B N O U D U O H I S Y M W
G D H S V E I L T A F C M H Z T I G E R
N O U E C R R B E Y K R Q G W E O U C M
C S V R D I T S R A J U U B U L O L Q V
E A T O I M N P E P F I A W P A I C C Q
K N T F O A I A S A J S T Y E M V I R S
O S O N O F N W T P S E A R A I F A Y N
L E K I A R T B I I R A U T U N F R S A
Q E L A L L E F N S N T E N R A R U T K
Y R V R S A P I G I L G I U A A D M A E
Q T B A C F X S G U D Q B O J E W E L S
Y X A H R L O H C N U F B C D N A L S I
C W I E O T G F T E E Y Z V Z D U J W T
```

Solution on page 355

Watching Ed Sullivan

AMERICAN
ARETHA FRANKLIN
AUDIENCE
BALLET DANCERS
BANDS
BEATLES
BIG SHOW
CAROL BURNETT
CBS
CIRCUS ACTS
COMEDIANS
DEAN MARTIN
DIAHANN CARROLL
DIANA ROSS
ELVIS
ENTERTAINMENT
FAMOUS
GUESTS
HAMMERSTEIN
HOUND DOG
ITALIAN MOUSE
JAMES BROWN
JERRY LEWIS
JORDANAIRES
JULIE ANDREWS

LAUGHTER
LIVE
MUSIC
NEW TALENT
NEW YORK CITY
OPERA SINGERS
PERFORMANCES
PUPPET
RICHARD RODGERS
ROBERT GOULET

ROCK STARS
ROLLING STONES
SINGING
STEVE ALLEN
SUIT
SUNDAY NIGHT
THE DOORS
TOPO GIGIO
VARIETY SHOW
VENTRILOQUIST

```
Z T G N I G N I S T N E L A T W E N S N
P H N W O R B S E M A J S E L T A E B A
U E I R O C K S T A R S N A I D E M O C
P D E O C L L O R R A C N N A H A I D I
P O T B N E W Y O R K C I T Y B S B D R
E O S E N O T S G N I L L O R A U A E E
T R R R S T S E U G K D E V I L I N A M
T S E T S E R I A N A D R O J L T D N A
E R M G R I C H A R D R O D G E R S M U
N E M O S S O R A N A I D V R T R Z A D
R G A U W O F A M O U S N T Q D E C R I
U N H L C A E S U O M N A I L A T I T E
B I Q E H S T O P O G I G I O N H R I N
L S S T S U N D A Y N I G H T C G C N C
O A E P E R F O R M A N C E S E U U E E
R R W O H S Y T E I R A V B V R A S L C
A E S W E R D N A E I L U J S S L A V I
C P T V E N T R I L O Q U I S T E C I S
G O D D N U O H D N E L L A E V E T S U
W O H S G I B S J E R R Y L E W I S H M
```

Solution on page 355

Posters Everywhere

ADVERTISEMENT
ANIMAL
ANNOUNCEMENT
ART
ATHLETE
ATTENTION
BRAND
BUSINESSES
CELEBRITY
COLOR
COMIC
DANCE
DECOR
FILM
FLORAL
FUNDRAISER
HANG
HISTORICAL
HUMOROUS
IMAGES
INSPIRATIONAL
MEETING
MEMORABILIA
MODEL
MOTIVATIONAL
MOUNTED
MOVIE

NATURE
NEWS
NOTICE
PAINT
PAPER
PEOPLE
PICTURES
PLAY
POSTING
PRESENTATION
PRINTS

PROJECT
SALE
SCHOOL
SPEAKER
SPORTS
THEATER
WORDS

```
C U B D A F O Y M L F L R E P A P L A Y
D R N S N I K J E S A G S S P O R T S E
M T J B D U M M E M O R A B I L I A R E
T V H M E R E B T E L P O E P A N N P E
I M E O C E O C I M O C N L D N T Y R V
J S H M O T A W N L D F A V F O S N O P
I X H E R A T N G A U H E P A I N T J O
M O V I E E N E N N D R P I C T U R E S
L H R M K H J O D O T K S B R A N D C T
I M O O A T U R I I U E R N L V F C T I
F N L U E K A M S T G N A H E I E E C N
R E O N P I M E O A A D C X D T R L J G
B W C T S O M X M R T T D E O O U E G U
U S B E I E S I R I O T N E M M T B Y N
U J R D N C I O R P K U E E O E A R P N
X V A T H L E T E S T G S N S Z N I L Q
U D I O S E S S E N I S U B T E E T N S
S G O H I S T O R I C A L R N I R Y M D
E L A S I L Z C J U L C A B E A O P I P
Q L I L E Y J B U K V V S L A M I N A P
```

Solution on page 355

Childhood Development

ADOLESCENT
ATTACHMENT
AUTISM
AUTONOMY
BABY
BEHAVIOR
BIOLOGICAL
BIRTH
BRAIN
CHANGES
CHILDHOOD
CHILDREN
COGNITIVE
EDUCATION
EMOTIONAL
GENETICS
GROWTH
INFANT
LANGUAGE
LEARNING
LOVE
MENTAL
MILESTONES
NEWBORN
NURTURE
NUTRITION
PARENTS
PEDIATRICS
PHYSICAL
PLAYING
PRESCHOOL
PSYCHOLOGY
PUBERTY
READING
SKILLS
SOCIAL
SPEECH
STAGES
STUDY
TEACHING
TEETHING
THEORIES
TODDLER
WALKING
WRITING

```
K I P O T I L W H L J C H A N G E S K D
J H T S E U A A T B A H Q F U F H C L G
K C E P T V N L P Z E N Y U T T R N E N
J E A E H C G K Y P M H O W R N O N A I
T E C D E H U I T U K B A I I I E R R T
I P H I O I A N N B W D B V T T J O N I
N S I A R L G G E E U N L A I O F B I R
F R N T I D E R M R W P C C O O M W N W
A Q G R E H S S H T D U S L N D R E G X
N E D I S O G L C Y D L O B A B Y N S A
T U K C B O I C A E E E I Q Y M O P A N
R R R S E D F O T C N V P H O X Y L N H
T E E T H I N G T G I T O N C B R A I N
S L A Y U K N N A G Y G O L O H C Y S P
E D A D E R M I L E S T O N E S L I K A
G D V U I Z E T S J U D C L L F S N I R
A O U T T N E I J A V H T W O R G G L E
T T K S A I G V R G T P H Y S I C A L N
S L O O H C S E R P O D X N F K B F S T
A I L A T N E M V C N A O L L A I C O S
```

Solution on page 355

Nicknames

ABE
ACE
ANGEL
BEAUTIFUL
BILL
BIRD
BOB
BUBBA
BUDDY
BUZZ
CAPTAIN
CHET
CHIEF
CHUCK
COOKIE
CUTIE
DAN
DEAR
DOLL
EGGHEAD
FLO
HONEY
HUNK
JIM
JUNIOR
KIDDO
LADY

LAMB
LIZ
MANDY
MUFFIN
MUNCHKIN
NAN
PAL
PEANUT
PRINCESS
PUMPKIN
ROMEO

SIS
SLUGGER
SPORT
SUGAR
SUNSHINE
TEX
TIGER

```
I D R S K X W V Z V V U A I Z R M R E Y
H C H E T K J K S R O U N K U I Z P T Y
G E S O G O X I B E A U T I F U L A P S
R Z C D A I S M M G T E X D K N C G S F
N N B O F A T O D G K G Y D C H D E A R
S C E T Z O R N J U S G L O R U C E L W
I Q C M U R O G H L M H I L O N T N O R
I S M N B J P K O S C E D Z I K D I U B
L E B E O A S I N G Y A U R N B J H E M
Z J H Q Y H N U E C N D P B U Z Z S C A
S N L D B A A S Y D D U B T J B P N M D
S K Q R A F B U B Q M M V W A D K U R Y
G T T U M C E E Y P E B Q F P I F S K D
N V X L O K E I K O O C O T M F N N O A
P P M N A S U I H B K U R U I H O L F L
W K P Z M A N D Y C B E A N G E L C N F
X O M Z G D X O U Z N B G A D G V A O Z
D H H D D Y R H J T B Y U E K N N F M A
D U P C L F C I I U Z C S P Q W E K A B
S Q B A Q Z T K B P P C R U B A H O G E
```

Solution on page 355

Catalog Shopping

ADVERTISING

ART

BROWSE

CATEGORIZED

CLOTHING

COLLECTION

COMPANY

COURSES

DATABASE

DELIVER

DEPICT

DESCRIPTION

FREE

FURNITURE

GOODS

HANDLING

HOBBY

HOME

INDEXED

ITEMS

KIDS

LIST

MAIL

MANUFACTURER

MERCHANDISE

MODELS

MUSIC

NEW

ORDER

PAGES

PICTURE

PORTRAY

PRODUCT

REGISTRY

SALE

SAVINGS

SEASONAL

SELL

SERVICES

SHIPPING

SHOE

SIZES

STYLE

TOY

UPDATE

```
X O W O P E E M C B C O M P A N Y K M X
Y X G S G N I V A S E A S O N A L I S T
Y B M M U Y X Z R I N D E P I C T E C D
U G G U W L M S L U L V T F G J C A N Y
S W D Q S D D O F A S E U T I I T L A H
T J I V G I I A D L T R A N V E L L S Q
Y Z M W K N C U L E N T O R G I X X A J
L Y B I D T I H M I L I E O H S L Q Y D
E K A E U T C P T H T S R F F G U I A Q
T F X R C I O U P P N I P H D N W R N W
A E E X O T R J I I Z N Y O P I E O Q F
D R G I U E Y R Q E H G J B R H I W N M
P O T V R M C H D J E S A B A T A D Q Q
U E L A S S T T A S D E U Y C O R Y T I
L P C M E R C H A N D I S E T L R A O M
L M P D S U T P P B D M L W H C U D Y N
E Q Y A D F E R E V I L E D O S I Z E S
S D O O G R Z K T F O F I P M R Q H K R
H X R A G E R U T C I P E N E K B P O U
B P O T W E S E D F N K R E G I S T R Y
```

Solution on page 356

Stained Glass Windows

```
T I V A S E O D C L A D T Q J R B Q M L
V L X A H E S P E S P L E Y S M O O T H
Q T K M R J W K B Z A L N T N G I S E D
A L U M I N O U S B I B R F N S H Q X P
Z N P M N A B S O O V L S U F I E Y T Y
T T V R E I N C B X P H Y T N X A X U L
G E Q Q C T I F R A M E T T R B T P R N
E W M Z J P A X N B S E R O S A R L E G
O U J P Z Y R E H E V I T A R O C E D P
O S Q I L G L M E W C O L E O D U T A J
H S H S S E A D E A L P N I I E I R B K
U Z C D O O T N T D D A H K C H U R C H
E A T M L M N E V V I L I T R A L F N M
P U L M A E E L H S A E N R E T T A P O
C X K L I T M B S O M S V G O G G L E S
X H X A R R A A S L O C V A Y T U C M A
M P A M O I N Q P D N E E U L P C S X I
H S A P M C R H A E D N G C U N I I E C
S E X W E I O E S R G T T F A R C H P X
D Z E W M L L L L I K S H A P E S G C J
```

ABSTRACT
ART
BASILICA
BLEND
BREAK
CHAPEL
CHIP
CHURCH
COBALT
CRAFT
CUT
DECORATIVE
DESIGN
DIAMOND
EGYPTIAN
FRAME
GEOMETRIC
GOGGLES
HEAT
INTRICATE
LAMP
LEAD
LUMINOUS
MEDIEVAL
MEMORIAL

MOSAIC
MOSQUE
OPALESCENT
ORNAMENTAL
PAINTED
PANEL
PATTERN
PICTORIAL
PRISMS
RAINBOWS

RENAISSANCE
SHAPES
SHRINE
SKILL
SMOOTH
SOLDER
STYLIZED
TEMPLE
TEXTURED
VASE

Solution on page 356

Passwords

ACCESS
ACCOUNT
ALPHANUMERIC
ATM
BANK
CHANGE
CODE
COMPUTER
CRACKING
CRYPTOGRAPHY
DIFFICULT
EMAIL
ENCRYPTED
ENTER
FORGOTTEN
GUESS
HACK
HARD
HIDDEN
INTERNET
KEY
LETTERS
LOCK
LOGIN
MEMORY
NAME
NUMBERS

ONLINE
PERSONAL
PHRASE
PIN
PRIVACY
PROTECT
RECOVERY
REMEMBER
RESET
SECRET
SECURE

SOFTWARE
SPECIAL
TYPE
USER
VERIFY
WEB
WORD

```
M Q E S Z U V S M Y H F Z J R S W B U G
Q T Y G Z C N N S C R Q J E W A H E M Y
K S O E W A A S R E T T E L F C G S Q S
I I E G V M E A S F C C D R A H Z M Y F
B W G F E Q C E E O W C E B U K Z P H J
U V R C R K T N D R O W A T M C Y S R K
I H P F I E C L S G H N Y Z O Y E F J M
O E Y N F R C R X O K I H A T R K S B M
O N G Y Y G E O W T C P P D N Y P F G K
I V B P R B A M V T O L A I C E P S C C
E R T Y M O A T U E L E R F R Q D E O A
G E M U F P M T R N R L G F O L P D K H
D T N N V S T E I E A Y O I U M E C I P
J U V I I N S C M N C H T C H A N G E H
P P L G U U L E O A T G P U F S I U L R
B M Q O I B M S V O H E Y L J E L E S A
D O C L B B R I M T B F R T A C N S W S
T C U P E E R U I N V C C N B R O S M E
A F P R P P Z E Y D L I A M E E N T E R
G U C L C W Z G C B V E R A W T F O S S
```

Solution on page 356

Leafy

AUTUMN

BLADE

BLOWER

BOTANY

BRANCH

BROWN

CARBON DIOXIDE

CHANGE

CHLOROPHYLL

COLOR

COMPOUND

CRUNCHY

DECIDUOUS

DRY

FALL

FERNS

FLAT

FOLIAGE

FOOD

GOLD

GRASS

GROW

MULCH

OAK

ORANGE

OXYGEN

PALM

PARK

PETIOLE

PHOTOSYNTHESIS

PILE

PLANT

RAKE

RED

SEASON

SHADE

SPRING

STOMATA

TABLE

TEA

THIN

TWIG

VEIN

WIND

YELLOW

```
J G B H H K J D D S K G P G V R P O P J
A W C B E N W S F N J Q N O E Q A K N X
D S N P S D P G L H B J H F R S Z K I G
L A I B G N X E A P I Q Y Z D S B X E U
P X T S O N I H T S N R E F Z T A D V X
Y M U A E T T R A I D N O T G N I R P S
X M G R W H A A P E O L L L E X H K U B
H M I G I W T N W C H L O R O P H Y L L
W C J R D T A N Y F G X E I R C F F N G
G K H U W K M W Y R D D D N U O P M O C
M C A R A I O U A S G N B G X T U S Q V
O D G I E R T S U B O P I Y Y T N E K R
U E J O G M S O R B R T G W U A V A V K
M R G J L M U O R H A E O A Y B E S L H
V X C A P D W A F P N S I H D L G O C P
V E P Q I N C O A G G S C E P E N N A Q
U C B C L L F K L B E N F D S H A D E K
T T E N E J O S L L U K R A P R H S T U
R D A L S Y O F R R E W O L B H C L U M
G O S L O W D H C G F Y L B C D X R A D
```

Solution on page 356

All Beef

ANGUS
BRISKET
BROILING
BULL
CALF
CATTLE
CHICKEN
CHUCK
COOKING
CORNED BEEF
COWS
CUISINE
CUTS
DINNER
FARM
FEED
FILET
FLANK
FOOD
GRILL
GROUND BEEF
HAMBURGER
INDUSTRY
JERKY
KOBE
LEAN
MEATLOAF

PORTERHOUSE
POT ROAST
PRIME RIB
PROCESSED
PROTEIN
RANCHER
RARE
RECIPES
RED MEAT
ROAST BEEF
SANDWICH

SHANK
SHORT RIBS
SIRLOIN
SLAUGHTER
SMOKED
STEAKS
TENDERLOIN

```
F E E B D N U O R G Y A W P E P F P H B
E S U O H R E T R O P B R O I L I N G Y
E D L W C G M E A T L O A F A T E Q J O
B I R E M I R P T W C N G N K K P L B P
D U A F E S M O K E D Q K C C R D W X K
E Y L V I Y R T S U D N I I O W K H S V
N A F L S L B S F X E X H T X Y R C H D
R O A S T B E E F A O C E S N U R I D I
O K R F Y D I T F B R I Q A F E G W K N
C C M O D X H R U E N A R O G H N D T N
V S I E G O G K T E N D E R L O I N N E
P D E L B L C H H R E T U T D V K A A R
D F B P L U G G E G O B U O E R O S E W
M O B I I U W D S K M H O P P P O H L V
P V R S A C M T C A M F S K O C C O W S
I G I L F E E U H J X Z K Q A N G U S Z
G N S M A A T R U R E L T T A C G Z H C
E H K T K S C O C N I O L R I S E R A R
L P E S V V Z Y K R E J S S F R Q L N B
G G T Q G J Y H T D A I Q Z I S F X K R
```

Solution on page 356

172

Our Secrets

ASPIRATION
BOND
CLANDESTINE
CLASSIFIED
CODE
CONCEALED
CONFIDE
COVERT
CRUSH
DIARY
DISCLOSE
DIVULGE
DREAM
EMBARRASSMENT
EXCITING
FAILURE
FEELINGS
GOSSIP
HIDE
HOPE
HUSHED
INVISIBLE
JEALOUSY
JOURNAL
KEEP
LITTLE
MESSAGE

MYSTERY
NOTE
PAST
PERSONAL
PRIVATE
PROTECT
QUIET
REGRET
RESERVED
REVEAL
RUMOR

SHAME
SHROUDED
SNEAKY
SURPRISE
TRUST
UNKNOWN
UNSPOKEN

```
E D B C B V F B C R U S H R U R G T P R
E R U O E Q W O E K E O M K R D O A O M
K E U O U V D V P L T Q U I E T S M H N
E A S L L E E H T P P X X V G T S X U O
T M D C I A D T E H J E R F N T I W E R
O P A E L A I N R I P E E S I R P R U S
N I D H D L F F G D S E N K T E H D V G
L G B E S U N G E E L B I S I V N I K M
W A P F H A O P R I V A T E C O M S W A
B O N U O S C R N F J O S T X C Y C J F
H T N O H P U G H I C E E L E L S L W X
S N P I S I S H Q S I O D U A D T O Y J
R E M B A R R A S S M E N T M N E S J J
F K E N K A E G E A U H A C M O R E U M
F O S C A T N P C L A K L N E B Y U Y K
J P S U T I N F N C I L C Y R A I D O J
T S A K R O T S N E A K Y S U O L A E J
U N G U U N K N O W N F C P R O T E C T
K U E X S K H V U M M R E G L U V I D V
Y T U F T W W E Q L O X T P Y X A J C T
```

Solution on page 356

Words with *ME*

```
N N Y M Y N O T E M E E T I N G S V Q W
U Z J E O S T O L R E M E E K N E S S S
W L B A M D C X K M E C H A N I C O E D
U E M N E O I C M E M O I R S L M G U I
B M E E R O R M E A T H E A D D E S M A
Z E N S C S E L T T E M N A I D I R E M
P R I T H G M R S B S J M P I E O E S R
J G S S A W S E N A R B M E M M T B S E
K E C B N G E T W L M F S E N G I M A M
E N U V T E M I T L A E M N P T C E G S
B C S I E M M S D O I S G R O H I M E B
K E G V O C E L Z D S N C R O T I O S E
G X X Z V I A A B P Z D G N I W A T N P
N U O N L V T E N I M A L E M M L G I S
I D E A E G L C A I H M E Z Z O S A E S
T M E I H W O B L F N A S A L L U D E M
L M D L O N A H T E M G S G N I W O E M
E E V S A J F B J C D T S M E S C A L S
M E N S W E A R M E S D A M E S X V L Z
M E T E O R S Z V E I V E T A M S S E M
```

MEALIEST

MEALTIME

MEALWORM

MEANEST

MEANINGS

MEATBALL

MEATHEAD

MEATLOAF

MECHANIC

MEDDLING

MEDIEVAL

MEDULLAS

MEEKNESS

MEETINGS

MEGABUCK

MEGATONS

MEGRIMS

MEIOTIC

MELAMINE

MELTING

MEMBERS

MEMBRANE

MEMOIRS

MEMSAHIB

MENISCUS

MENSWEAR

MENTIONS

MEOWING

MEPHITIS

MERCHANT

MERGENCE

MERIDIAN

MERLOTS

MERMAIDS

MESCALS

MESDAMES

MESMERIC

MESSAGES

MESSMATE

METEORS

METHANOL

METONYMY

METTLES

MEWLING

MEZZOS

Solution on page 357

Humor

ART
ATTACK
BITING
BOOK
BURLESQUE
COLBERT
COMEDY
CRITICISM
EXAGGERATION
EXPRESSION
FICTION
FOLLY
FORM
FUN
GENRE
GRAPHIC
HUMOR
IRONY
JOKE
LAMPOON
LAUGH
LITERATURE
MOCK
NOVEL
OPINION
ORWELL
PLAY

POLITICS
PUN
RIDICULE
SHORTCOMINGS
SKIT
SOCIAL
SPOOF
THE ONION
THE SIMPSONS
THEATER
VERSE

VICES
WIT
WRITERS
WRITING

```
H B U L N E K O J P G V D N J P S V N M
P S U L O M Q C H C O E I L A I C O S O
U X A E I R A D A E R S N O I N I P O C
D L T W S V P T M T R I G N I T I B I K
B B L R S M S F H B T U T P C A I H O V
R H K O E X A G G E R A T I O N P W E I
U C X A R B D H N K S G F A C A H R E C
K Z O Z P Z L U O I G I L O R I S N U E
G P P M X C F O P O M E M G L E S F Q S
Q Q Q A E Y B U C Z V O N P T L T M S R
L L F N C D N F O O P S C R S H Y I E E
M M S F W V Y O N W Z P A T E O C P L T
D M W K B N Q S R R D O F O R M N U R I
G I H L A P H U D I N L N R T O C S U R
Y U J S J S A R O T O I N D O I H G B W
R M F S E X C T X I O T H D D M K S W W
P B G J L N H Q D N P I D I Y Q U S K F
Q M G O Y G I C J G M C R E T A E H T H
V B X C X I N N Z R A S B K D P L O F F
F A A K J J N S C P L A U G H F N P R T
```

Solution on page 357

Things to Appreciate

```
C B U T I L X E K R M S T Y G S O N S W
R H W G D R N T T Z B L E V A R T E U K
Y E E N U X G Z J O R A I N Q N I N R T
Q T T A W Y S F O I W Q U O E V H C J I
X C V L L S T K K T F Y Q L O O B O Q M
C B S R E T S I S K Q R A M M E B U L E
Y E X C V H H L N O I T C E F F A R C N
P A C Z G X S E R U T N E V D A E A S E
K U N O W W I E C X T W D G D L R G W F
S T Q P Q E C N A M O R A N A G N E A I
T Y S S E N R E H T E G O T E I A M U L
E R Y E M A G R D O O F I P S S I E N H
P U Q O C A C N A E N O S S P L S N O Z
S J N L E U P E U G N R E T Y O S T I D
L E K E V N R Q G S E L F K I D S C T L
Y N S S H T J I H H B S D G V H Y B A B
B D Q N N S T I T S N I S U O C P E C Y
U G Z Q E P P O E Y C B V W J A M N U V
N B Y K Q S R T R A W E E K E N D S D R
D A M B L B I W S T J R M E M O R I E S
```

ADVENTURES

AFFECTION

ART

AUNTS

BABY

BEAUTY

BLESSINGS

BOOKS

BROTHERS

COUSINS

DAUGHTERS

EDUCATION

ENCOURAGEMENT

FAMILY

FOOD

GRACE

HEALTH

HOME

HOT SHOWER

JOB

KIDS

KINDNESS

LIFE

MEAL

MEMORIES

MONEY

MOVIES

OPPORTUNITY

PEACE

PETS

QUIET

RAIN

RELATIONSHIPS

ROMANCE

SECURITY

SENSES

SHELTER

SISTERS

SONS

SUCCESS

TALENT

TIME

TOGETHERNESS

TRAVEL

WEEKENDS

Solution on page 357

Fly Like a Bird

AERODYNAMIC
AIR
AVIAN
BEAUTIFUL
BIRD
BREEDING
CHICKS
CURRENT
DIRECTION
DIVING
DRAG
DUCKS
EAGLE
EVOLUTION
FEATHER
FEEDING
FLY
FORMATION
GEESE
GLIDE
GRACEFUL
GROUP
HEIGHT
LANDING
LEADER
LIFT
LIGHT

LOCOMOTION
MAJESTIC
MECHANICS
MIGRATE
MUSCLES
NATURE
PATTERN
REST
SEASON
SKY
SOAR

SOUTH
SPEED
SWOOP
TRAVEL
VIEW
WEIGHT
WIND

```
Y E J A N X Z F V R N B S Z A L O J E N
E Q Q A Z V C Q B X D O F G I O X U S R
H H Q Z O S M B Y B A W M F B W O G E R
D A D K O O Z L E R E H T A E F L D E J
U E V H C H E I W I F V C M J I A M G H
W A E I E G M G G D T G N I D E E R B Y
S O N P A U G H N A I E E E L C S T C S
N A V O S N T T H N V R T Y H I K T H B
V Y F C I M A N Y D O R E A S T C W I Q
K N L D W T H Q L B M I N C R C U R C C
F E N Q K L U V F M A I T R T G D E K T
S A H U F U X L S N C Z T O E I I U S Y
L W S Y J F H D O S L F E N M T O M K C
J N O S A E S I V V G L E U E O T N Y F
W I U O I C T V L B E R K E W R C A F R
H M T G P A Y I E X U K O D D W R O P E
X V H I M R X N V T B E A U T I F U L S
E T J R X G Q G A R D I Z R P N N G C T
A B O H M G Z N R Q R Y N O P D A G B M
Y F P T P U L Z T E J L J V I E W V S N
```

Solution on page 357

Color Characteristics

```
D D C Y G O K F Y O J C L F N G L M G O
Q C Q M E K R A D O O M C T K E L V I N
P Z J B H J M I O E D I V C F D A O G C
R O B K Q T X R B P F E Y A L O D I W Y
P A A K C I A E A Y U N F L R I S E J E
T X T P S N S N L W L C L Y H E G U R G
S F Y S G T H V L P G Z A Q D M M H N M
A Z V E C N A L A B R E T E M L V A T E
Z W Q C L A J E S A T U R A T I O N C L
G O U B M L T C W Y T C P N E F E N I B
J B L C U A O T Y F Y E I E P C A K J I
L N N L I Y F W E H M A L V S R R E C S
A I F D G D J N O R P Z K E A Q J U M I
R A A R P L A T I G I D D E V L P L O V
T R E G P V B B R Y V N P L X I U B N S
C N U E T U L O S B A P G Y O M S E I G
E C I T S I R E T C A R A H C C I I T C
P U B L I S H I N G M P T S A R T N O C
S D Q U T D H I L L U M I N A N T O R N
K F B K F I C C K Z K B S E B I L R N L
```

ABSOLUTE

APPEARANCE

BALANCE

BLUE

BODY

CAMERA

CHARACTERISTIC

COLD

CONTRAST

COOL

DARK

DESIGN

DIGITAL

ENERGY

FILM

GLOW

HOT

HUE

ILLUMINANT

INCANDESCENT

KELVIN

LIGHT

METER

MONITOR

MOOD

ORANGE

PAINT

PUBLISHING

PURPLE

RADIATE

RAINBOW

RED

SATURATION

SCATTERING

SOFT

SOURCE

SPECTRAL

SUN

TELEVISION

TINT

VALUE

VIDEO

VISIBLE

WARM

YELLOW

Solution on page 357

Competitive Skating

```
F S K E G S A S H A C O H E N L I F T S
L S R S C E D G E J U M P S K W A H O M
I R A E G N I P S K C A B Y A L L L B C
P E S L K I A C O S T U M E S Z L R D I
S N L G C A R D C O M B I N A T I O N S
O T A N F H O E Y D O U B L E A M T R P
I R R I I N O S V R F B R B N N A A U M
G A I S C O L W F E O O Y B O M H T T U
A P P J E S Y G S L L S O T F V Y I R J
D M S K D K M H N N Y I L T Y V H O E E
A U R N A C P A P I T I T U W B T N K O
X J A I N A I L C A M O N N P O O S C T
E T W R C J C P N A R E E G A M R W O O
L I M E I L S O H T M G L L S C O K R E
J L A C N R E T N I W E O F O P D C A P
U P R I G H T S P I N O L E Y O I Q L I
M S K S R O T A T C E P S S R G P N U C
P X S R C I R L U T Z J U M P O G S P K
N X A S O T L A U D I V I D N I H E O S
J U D G I N G Q S W S I T S P I N C P H
```

ADAGIO
AXEL JUMP
BRIAN BOITANO
CAMEL SPIN
CANTILEVER
CHOREOGRAPHY
COMBINATIONS
COMPULSORY DANCE
COSTUMES
DOROTHY HAMILL
DOUBLE
EDGE JUMPS
FLIPS
FLYING SPIN
FOOTWORK
ICE DANCING
ICE RINK
INDIVIDUAL
JACKSON HAINES
JUDGING
LAYBACK SPIN
LIFTS
LUTZ JUMP
MOHAWKS
OLYMPICS
PARTNERS
PEGGY FLEMING

POPULAR
RAW MARKS
ROCKER TURN
ROTATIONS
SALCHOWS
SASHA COHEN
SCOTT HAMILTON
SINGLES
SIT SPIN
SOAKERS
SPECTATORS

SPIRALS
SPLIT JUMP
TOE JUMPS
TOE LOOPS
TOE PICKS
UPRIGHT SPIN
WINTER

Solution on page 357

Paperbacks

ACTION
ADVENTURE
AUTHOR
BANTAM
BESTSELLER
BINDING
CHAPTERS
CHEAP
COMICS
COPY
COVER
CRIMES
DICTIONARY
EDITION
FANTASY
FLIMSY
GENRE
GLUE
INEXPENSIVE
INFORMATIVE
LIBRARY
LIGHT
LITERARY
MINOR
MYSTERY
PARAGRAPHS
PENGUIN

POCKET
PORTABLE
PRINT
PUBLISH
READER
RECYCLABLE
RELEASE
ROMANCE
SALE
SCENE
SMALL

SOFT
STORIES
SUDOKU
THESAURUS
THRILLER
WESTERNS
WRITER

```
J X S N C R G N D P U V Z T Q Y V Q G M
B J T H B F B R O H T U A O O P Y C F S
I P O U P X V C U I R E T I R W S O F T
Q C R K U A K Y C F T H E I F L I M S Y
L B I O E E R X F N E C N A M O R I C W
U P E D T E C G O S S T A M K Q C C D E
Q B S U T J N M A R R E L L E S T S E B
E G E S L P D U E R U T N E V D A V I I
F G Y B K E R T Y R A N O I T C I D R N
J M X C I U P X E P E P S X F S I O E D
N D A J S A Y R E P U Q N I N Y N J L I
L O G X H S N N U Y R A R E T I L R E N
K L I C A E G B O C W J P Y M S E N A G
S R A T G U L P C E V X X U R L E Q S X
E E N M I I D B S R E C Y C L A B L E C
X A Z N S D D T A N I P D I E L R P A N
F D D H N T E V I T A M R O F N I B Y S
A E E P A R C O V E R H E U L G E G I U
N R B A N T A M H N T O Y S Y P O C H L
F A F S Z Q S C W Z M H P C Q H P X S T
```

Solution on page 358

Sundial Time

```
S I F P S O R L U Q Z Y I Y M B S E L F
T I M E N W O R M I T H C C L H L S A G
E C P O K H M I K J G E L C R I C X I W
F E R G T C A M R C R Q A E C I V E D U
J T H R M T N J D O O L M O E I O A E S
H L D E C V O M Y G U L A N C I E N T W
U C X E J N M G T N N Q C C Z E L G E H
X L T K S T O O T V D E B J I O S L C R
X L M A H I N V O R N A M E N T Y E P D
T A N X W R G D J L G Q F G W T R O W C
E H O R I Z O N T A L E I Y S O S E T X
U K I N S T R U M E N T K P U I D X V C
Q Y T C R N M W X G U S G T T O G A N B
I O A H A O A O I D I T D I I N L E H T
T Z R U Y I L L E X N O O A I I D A Y S
N E O A M T A D A S O N K N N R V D E F
A C C U R A C Y O R O E R E A D I N G E
T A E L A T E M S U N O S G U C X K I V
R F D W Z O S R E B M U N W Z P J R J Z
P M T H T R A E G V U Y D W X M U Z W U
```

ACCURACY
ALIGN
ANCIENT
ANGLE
ANTIQUE
AXIS
CIRCLE
CLOCK
DAY
DECORATION
DESIGN
DEVICE
DIAL
EARTH
EGYPTIAN
FACE
GARDEN
GNOMON
GREEK
HORIZONTAL
INSTRUMENT
LINES
LONGITUDE
METAL
MORNING
MOTTO
NOON

NORTH
NUMBERS
OLD
ORNAMENT
OUTDOORS
POSITION
READING
ROMAN
ROTATION
ROUND
SCIENCE

SHADOW
STONE
STYLE
SUN
TIME
VERTICAL
WATCH

Solution on page 358

Driver's Education

ACCELERATE

ALERTNESS

AUTOMATIC

BELT

BLIND SPOT

CAR

CLASSES

CONES

CROSSING

DECELERATION

DEFENSIVE

DRIVER

ENGINE

EXAM

EXIT RAMP

GAS

GEAR

KEYS

LANE

LICENSE

LIGHTS

MANUAL

MIRROR

PARK

PASSENGER

PEDAL

PRACTICE

RESPONSIBILITY

REVERSE

RULES

SAFETY

SEAT

SHIFT

SIGNS

SPEED

STEERING

STOP

STUDY

TEACHER

TEST

TIRES

TURN

VIEW

WHEEL

WRITTEN

```
E Z H R Y J M C M Y S U C L D G S G O F
Y J E E E I X N E A T E A C H E R E U Q
I H D M R S S P K P F E S E T Q E X A M
Q T U R N E P A A X R L F I B A V J G T
T Z O W V B V O W S T A Z A G P E D A L
F R X G I Y Z I N U S N C W S N R F D T
G B R L W W Y D R S C E H T S P S D F Q
I A L R T S Y E K D I E N I I Q E I J N
N O V I E W D K Y I E B J G B C H E L L
L A N M N N U K R L F F I N E S E D D J
F F J G A D T R N A C C E L E R A T E P
Q B O M D J S A U C A R E N I T I R E S
T C K A P O L P S R C R O X S T T K Z G
P A E N I G N E O S A C U S I I Y I N T
W E T U F S S E N T R E L A S T V I R G
U Y S A Q S F G I N S L P I W I R E E W
X O L L A U T O M A T I C P G E N A O D
Z O B L S A N O L I C E N S E H R G M P
V B C C M I C B W R B E L T S E T P O P
S L C K Y J N N T Z G A S E L U R S D P
```

Solution on page 358

Coffee Break

AMERICANO

AROMA

BARISTA

BEAN

BLACK

BREW

BRIEF

CAFFEINE

CAKE

CAPPUCCINO

CARAMEL

CHAIRS

CHIPS

CLOCK

COFFEE

CREAM

CUP

DECAF

DONUTS

ESPRESSO

FLAVORED

FRESH

GOSSIP

GRINDER

GROUND

HAZELNUT

ICED

INSTANT

JAVA

LATTE

LOUNGE

MAGAZINE

MILK

MOCHA

MUG

NEWSPAPER

REJUVENATE

RELAX

ROAST

SODA

STIR

TALKING

TELEVISION

VANILLA

WATER

```
P M J B D W N C V S H E R A Q U G I W Q
X S L E M L F M I L K M F C H I P S L K
A A D Q D A X F X E O S P L A T T E E U
H H L E C Y E Y L M R Z S J T U B R E W
J T E E B U W R M A G A Z I N E H E B G
U D D X R A B O C R V A M O R A D J X X
D A L Z T L C E O A P O D A A U P U C I
X I U E Q H A H F C M S R I A H C V C G
J T R O A S T M F A O S S E R P S E O T
A F U Y G E T J E I T G P F D G D N N K
F E X N W R Y N E R E S H Q E A R A I Y
P K M E L F I Q N O I S I V E L E T C N
H K F G B E A N G R D C A R L W P E C S
E C J L F G Z W D N A O A G A M A B U P
I O C F X N B A G E I L L N U B P R P R
B L A C K U J O H R R K L G O S S I P S
P C A A D O S M A Y O E L I I T W E A X
G K J D I L E T X V Y U V A N U E F C U
E V I N G T P W I S R I N S T A N T W H
K W B J W L N O O R N B O D U A V A J B
```

Solution on page 358

Personal Qualities

```
E O Y I A S D E P R E S S E D F U S S Y
T D T P A D S C U L U F T C E P S E R P
W N H I A K V L M O T I V A T E D G J P
Z I G M N X V E I J G J B Q E S N Z L A
T W U V V T P R N G Z S S U D A B S U H
S T A U N D E R S T A N D I N G H K F M
W L N T I T A L O N U G U E I C Y Y T Y
G H O A S O V N L U E R L T K N R C H T
W R R Y G S R U X I D A O A N X I T G H
J F M V A O M K W I G E K U M T R A U G
A E P D B L R S V N E E F Y S O G Q O U
R V T B F Z S R N T Y Y N I W P R E H A
H I U P J E S M A E B S M T F T V O T H
Z T B T L L U N R R G I S D M I I Z U O
S C E K O B O T N E S U R O S M L A C S
L A C H G I R P J S R I O I B I V G A U
R E D V S L O D E T V D C B A S H F U L
R I V S A L M P Z E Y E N X S T R O N G
L E A I V U U N D D O D B P I F N Y O
H P D F L G H D E T I E C N O C R U E L
```

ACTIVE
ADVENTUROUS
AFRAID
ANGRY
ARROGANT
BASHFUL
BOSSY
CALM
CONCEITED
CRUEL
DECISIVE
DEPRESSED
DRIVEN
EVIL
FAIR
FUNNY
FUSSY
GLAMOROUS
GULLIBLE
HAPPY
HAUGHTY
HUMOROUS
INTELLIGENT
INTERESTED
KIND
LOYAL
MAD

MOODY
MOTIVATED
MYSTERIOUS
NAUGHTY
OPTIMISTIC
PASSIONATE
PESSIMISTIC
PROUD
QUIET
RECKLESS
RESPECTFUL

SAD
SNEAKY
STRONG
STUBBORN
THOUGHTFUL
TRUSTWORTHY
UNDERSTANDING

Solution on page 358

English

```
W X N J F G U O L W U Z A D V E R B S X
Y R V T C I N A M R E G T S E W P K E E
C S P E A K I N G N I T I R W O O P N R
M D P N O I T A N O T N I X U O M R T U
N N B X H B E S R E T T E L B O E O E T
E U R A I S D S A C S L N L D A Y N N A
K O I T S N S P E O P Z I E D R E U C R
O S T N T U T E L M O N R I A N R N E E
P B A Y O O A E O M G N N L O B A C S T
S M I S R N T C R U E G U S X R M I Y I
E H N C Y O E H I N D B S L F I M A N L
V V A E Y R S S G I A T C A O T A T O A
I O C K H P T L C C N T U N R I R I N T
T W I P E I I T O A Q G I G D S G O Y I
C E R F C S I V N T N N W O H H E N M N
E L E S H O P O V I O L D E N G L I S H
J S M W N I S E L O W S Y L L A B L E S
D W A A K N E B A N T S C H O O L B A Q
A Y R F O A I L A R T S U A D Z F T A P
B Y R C G K D I A L E C T S T N E C C A
```

ACCENTS
ADJECTIVES
ADVERBS
AMERICAN
AUSTRALIA
BOOKS
BRITAIN
BRITISH
COMMUNICATION
COMPLEX
CONSONANTS
DIALECTS
DICTIONARY
GRAMMAR
HISTORY
INTERNATIONAL
INTONATION
LATIN
LEARN
LETTERS
LINGUA FRANCA
LINGUISTICS
LITERATURE
MODERN ENGLISH
OLD ENGLISH
OXFORD
PRONOUNS

PRONUNCIATION
READING
SCHOOL
SENTENCES
SHAKESPEARE
SLANG
SOUNDS
SPEAKING
SPEECH
SPOKEN
SYLLABLES

SYNONYM
SYNTAX
UNITED STATES
VOCABULARY
VOWELS
WEST GERMANIC
WRITING

Solution on page 358

Making a Living

ARCHITECT

BENEFITS

BONUS

BOSS

BUSY

CLERK

CLOCK

COACH

COMPANY

DAYS

DOCTOR

EFFECTIVE

EMPLOYED

ENGINEER

ENTREPRENEUR

FARMER

FUNCTIONING

HOTEL

HOURLY

INDOORS

JOB

JUDGE

LABORER

LIBRARIAN

MEETINGS

NIGHTS

OCCUPIED

OFFICE

OUTDOORS

PAYCHECK

PERKS

PROFESSOR

PROMOTION

REFEREE

REPORTER

RESTAURANT

SALES

SHIFT

STATISTICIAN

STORE

TEAM

TRADE

VETERINARIAN

WAGES

WRITER

```
T J Y Y B E U N G R L Y X L C N R J U Q
M W Q O E C O U N E E A C I A P H O Q M
J E M V N I A Q I H C M B L N I G H T S
U J E P E F B V N B E S R O O D T U O E
D I E T F F V L O A T D E A R C O O Y L
G D B A I O F E I A W O A E F E K O N A
E E Q U T N R E T B Q D W R R C R M R S
N Y L Y S O G I C E R W R I T E R K M S
T O Y I T Y S S N T R A B B D O F R Q O
R L I S N T U P U F I I R T H R T E P A
E P H T I N W Y F R T V N I B E F L R U
P M M C O B S H N T E A E A A E I C O G
R E I B E M S Z B A R T D J R N H V F J
E A R O T C O D K U P E R K S I S J E G
N C X J T H B R A B B M Y O T G A H S C
E O R F W O C T P I A P O E P N S N S O
U A M A E T S D E I P U C C O E R V O F
R C A K C E H C Y A P T Y O G W R B R A
V H O U R L Y V W O G S Y A D P J Z Y N
S P G X L T G J Y E J I W Y I R B S H D
```

Solution on page 359

Luxury Hotels

```
V W E X C A L I B U R A D I S S O N V R
L N Y T N E G A G G U L R R W H Q R G Y
M O M C R E L E T O M N A I T E N E V L
E Q D Y M O S B L N V O M O O R D Y O A
B U D G E T P I U F E T L P E A B O D Y
K Z J H I I S I C Y P N A B N T P F R C
Q H Z O C N D W C R Z H I L T O N H O W
J R O B R N G M P A E Y T T T N T M X R
P J K U E K U I L T N X N J N N F C U E
E E N P S E M R D N S A E B A O M V L S
S U I T E E B A B E K L D T R O C R S O
X G V C R P K G C M V S I T U G L E W R
A W A M V E H E A I R L S E A N N G M T
B A J X A R A R E L O R E F T I O A S E
Y R U C T B R W M P A I R F S M I N C L
O Q D O I I K E O M I Z P U E A T A E A
S L E W O T A M A O V N B B R L A M S V
Z L B T N L S D F C R N G M V F C P O D
Y D T W S O A L Q V E V Y G O B A R C K
R Q D N C O N C I E R G E M A A V N Q P
```

BAR

BED

BRUNCH

BUDGET

BUFFET

BUSINESS

COMFORT

COMPLIMENTARY

CONCIERGE

CONTINENTAL

COSMOPOLITAN

EXCALIBUR

EXERCISE

FLAMINGO

FOYER

GYM

HILTON

HOUSEKEEPING

INNKEEPER

LODGING

LUGGAGE

LUXOR

MANAGER

MARRIOTT

MEALS

MIRAGE

MOTEL

PEABODY

POOL

PRESIDENTIAL

RADISSON

RAMADA

RESERVATIONS

RESORT

RESTAURANT

ROOM

SHERATON

SPA

SUITE

TOWELS

TROPICANA

VACATION

VALET

VENETIAN

VIEW

Solution on page 359

Outdoors

ANIMALS

BICYCLE

BIRDS

CAMP

CHIPMUNKS

CLIMB

COOKOUT

ENVIRONMENT

EXPLORE

FISH

FLOWERS

FOREST

FRESH AIR

GAMES

GARDEN

GRASS

HIKE

INSECTS

LAKE

LAWN

MEADOW

NATURE

OCEAN

OUTSIDE

PARK

PATIO

PLAY

PORCH

RABBITS

RAIN

RECESS

RIVER

ROCKS

RUNNING

SKATING

SLEDDING

SNOW

SOCCER

SWIM

TAG

TENNIS

TRACK

TRICYCLE

WALK

WEATHER

```
B J L A S P Y B E N W B Z T C S S H O K
F I J T I R A V N A L C U H S B E B T B
V H R N C Y L T V E H O I M I R I M F J
N T R N L S P K I C K P W R N E D R A G
V U U C I F L O R O M S I A N H O N D G
S N N L A X S O O U L A Y I E T E R G S
R T N I F J P C N A H W A N T A G K R S
V M I M W A L K M S E T G P E E P M A C
O I N B U T S I E L S L F L O W E R S L
X R G U B J N R N E U K C T F W O N S G
C M E E A A F F T D R Y A Y S I L F E I
Y R S Y D U R X J D C O S T C E S N I B
R K B S W I M A N I H R L M I I R H I J
X O L F R Y S R R N P I E P R N B O F M
J B F T Q C T T W G A A K X X P G A F X
F F Y W N C W A U L D T R E C E S S H Q
O R V E N L L U T O O I U K S L K X B W
P O G O M D E X W Q V T O R E C C O S S
K B V O K J Y I E E L I V V E I O B C T
H S H G M K C A R T H H Q C F I R V C X
```

Solution on page 359

Junkyard

```
E T F V M M A X Y B Z M Q U J K T S B K
V G E K X B L G P J Y W S Q B L L X C F
Y D A T W Y N S N I C K E L R W P E X K
E N T R P S Q L C T E L B S S A R B A C
R A A U B I P B W O C U S K V W R V O D
O L W C B A L W S Y H Y B T P O S S P O
S C C K N U G E C C O G D F K A I A E G
I W O U U T N E M P I U Q E Y A R B W H
X Z H G N D R D R V V N N A T T B E P B
L S T S T X U S M I J J O I S A E L N S
C Z J V L M Q A O A W S M R T L D T C B
D H E Z P E B I C Y C L E P T A I T R A
D I S D Y O R T S E D H O L D C O O U C
B V P Z R T I R E S Q X I A R R E B S O
N Y A I U O U T A L U M I N U M S L H P
K N M N B B G U E B F A G E E P E W E P
H S H C B B Y E S E A G U L L S E T A E
K N C I R N T V N E B F E P S D I R A R
Z T S T L S V C T K D F T M B A C X H L
W H B P R H E A P Y M T F X H S A R T E
```

AIRPLANE

ALUMINUM

BARRELS

BICYCLE

BOAT

BOTTLE

BRASS

BROKEN

BURY

COPPER

CRUSH

DEBRIS

DESTROY

DOG

DUMP

ELECTRONICS

EQUIPMENT

FENCE

GARBAGE

HEAP

LEAD

MACHINES

METAL

NICKEL

OIL

OLD

OUTDATED

PARTS

PILE

RECYCLE

RIMS

RUBBISH

SCRAP

SEAGULLS

STEEL

TIRES

TOY

TRASH

TRUCK

USED

VAN

WEEDS

WIRE

WRECK

ZINC

Solution on page 359

Math Is Fun

```
I S D C J Q P F F G Y S G E W X D O Q M
R P D U G J E P G E C N E R E F F I D X
B E A L U M R O F U I Y E Q U A L S Q Q
E L G N A S C S V A R I A B L E D U G R
Z Q Y E V E E I Q M C P B V F X D L X C
P D D K T V N T K W U N O I T C N U F X
O O E O N N T I Y D M L U A V I V C P A
M K D C E I I V A G F I T P C C B L E B
M Y I T I V P E R P E N D I C U L A R S
N P V A T M I D M V R O G P P H T C I P
D L I G O S A T O T E B M S O L A E M K
H R D O U C U L A G N O H E E I Y R E J
V A V N Q V U N A G C S U M T S N J T V
G J E Q W M E C I T E M H T I R A T E B
S H A P E B N A E M Y N B X S D Y R R E
J P W V O M C D I B T N E N O P X E E R
E D L K V L I T O H Y F I L P M I S B A
J O Q U Z R S R T N A I D E M L T P M T
S T J H S V I I P D F A C T O R M V U P
Q G H P T M I N D R Y Z I B C I T I N U
```

ACUTE
ADD
ANGLE
AREA
ARITHMETIC
CALCULUS
CHART
CIRCUMFERENCE
COMPOSITE
DECIMAL
DIFFERENCE
DIVIDE
EQUALS
EXPONENT
FACTOR
FORMULA
FUNCTION
GEOMETRY
INTEGER
MEAN
MEDIAN
MIDPOINT
MINUS
MODE
MULTIPLY
NEGATIVE
NUMBER

OCTAGON
PERCENT
PERIMETER
PERPENDICULAR
PLUS
POSITIVE
PRIME
QUOTIENT
RAY
SHAPE
SIMPLIFY

SLOPE
SOLVE
SUM
TIMES
UNIT
VARIABLE
VOLUME

Solution on page 359

Cooperating with Others

AIR FORCE
APPROACHABLE
ARMY
ATHLETES
BAND
BASEBALL
BASKETBALL
CAPTAIN
COACH
COMMITTED
COMPASSIONATE
COMPETITION
CONGRESS
CONSTRUCTIVE
CONTRIBUTE
DEPENDABLE
DOCTORS
EAGER
EMPATHETIC
EMPLOYEES
ENGAGED
FLEXIBLE
FOOTBALL
FRIENDLY
GROUP

HELPFUL
HOCKEY
LISTENER
MANAGER
MARINES
MOTIVATED
NAVY
NURSES
ORCHESTRA
POLICE

QUARTERBACK
RESPECTFUL
RULES
SELFLESS
SHARING
SOCCER
SPORTSMANSHIP
TEAMWORK
TRUSTWORTHY
WILLING

```
Y J L I S T E N E R D C M N C R H O T O
Z L U F P L E H J B C Q S A U O L J B H
L Y F G P L T G H O H O P L R R A A U O
V E T U B I R T N O C T E E L I S C G K
N M C G M O H G C C A S M L D E N E H X
N P E I U Q R S E I S A A B B S V E S V
P L P P L E A R N E N B C A J I D F S Q
V O S J S O Y K L A T O L H T O O K H U
M Y E S T M P F G E M L Q C T L C A A A
D E R T R G L E K P A S U A N A T J R K
E E C A U E R S A B D R T O B S O E I E
P S I Y S F A S T E T E I R J S R N N J
E A T S T B S O T S A T E P O E S G G K
N T E W W I O A N M I T Z P G P B A N D
D H H F O F V O W T R D N A V Y S G I F
A L T N R I C O E A F L E X I B L E L Y
B E A J T U R P U C O M M I T T E D L U
L T P O H K M Q N A R T S E H C R O I L
E E M J Y O T K H O C K E Y J K P O W I
E S E R C G G F R I E N D L Y N L F G M
```

Solution on page 359

Home Projects

```
C J O S F I I D O D B S T U R D Q C E U
D K I E L E C T R I C I A N H O B B Y I
D W E V A A P C Z R E E H W A Z O N V G
A W N A T J N S C F E C X N M K F D O T
Z S I E R W O D N I W N A T M A H V W I
U S M C L X H R S X L A O N E O U K V H
Y H A N D Y M A N C L I E V R R L J K T
X U X U R X P O A Z A L N Q A U I M Q F
C P E O P P N B J Y T P H T A T F O R Q
M D B F C G A E T K S P I C E T E E R L
W A K D G B R S C Q N A R N T R C E N J
L T B V N E U A G N I D I S G A I V S Z
P E K P I D T B D J M M D V L P P O C Q
R S N S L I A N W E F C T R L D L R R C
Q T F I I U E C L E A N A A A K A P E X
S L O O T P M P I P E S S R C I W M E A
Z B F J B U Z B O V V T C E P S N I N O
K J H K Y N O E E M E S H D R E S S J I
U X Q U K M A R C R A C K S A E T V Q X
B U T N I A P Q E N Z A N I J U A J T Q
```

APPLIANCE

BASEBOARDS

CARPET

CAULK

CHECK

CLEAN

CRACKS

DOOR

DRAINS

DUST

EAVES

ELECTRICIAN

EXAMINE

EXTERIOR

FIX

FURNACE

HAMMER

HANDYMAN

HOBBY

IMPROVE

INSPECT

INSTALL

INTERIOR

LABOR

LANDSCAPING

LAWN

MOP

NAILS

PAINT

PATCH

PIPES

PLASTER

PLUMBER

PREVENT

RENOVATE

ROUTINE

SAW

SCREEN

SIDING

TEST

TILING

TOOLS

UPDATE

UPGRADE

WINDOW

Solution on page 360

Cooking Oils

ALMOND

BAKING

BURN

CALORIES

CANOLA

CHICKEN

COCONUT

CONSUME

COOK

CORN

COTTONSEED

DIET

EDIBLE

FAT

FIRE

FISH

FLAVOR

FOOD

FRY

GRAPE SEED

HOT

KITCHEN

LIGHT

LIQUID

NUTRITION

OLIVE

PAN

PEANUT

PLANT

PRESS

PUMPKIN SEED

RECIPE

REFINED

SAFFLOWER

SALAD

SATURATED

SESAME

SMOKE

SOY

SPRAY

SUNFLOWER

THICK

VEGETABLE

VIRGIN

YELLOW

```
R K V R F E K S N G X R W I W A G L T Y
G V C O O K H V Y A Z H C O R N E T I C
O X B R A O M U E E P I C E R R S P M S
L F H F R M G H F A U D B E I U U E S V
D F C E A S B R L R T G F F N B R A I W
U R Z W E I A I A M Z I M F R Y L R I O
L Y E O Y D K T C P N J L F C A G W K L
H Y H A C D I A U E E O G F D I U Q I L
R E V R L O N B D R W S I K N X F R T E
Q J R O H O G W L E A P E M U S N O C Y
P Q Y V L F J J R E E T S E S A M E H X
E F X A P U M P K I N S E E D V D N E F
G I Y L K C I H T O V Z N D F E I E N C
P R C F C A Z L I G H T N O A G D K Z G
Q R B J C L D T C O C O N U T E N C Y S
N X G H E O I N H S P R A Y E T S I Z V
W K Y O S R E W O L F F A S I A O H I Z
F H I I T I F Y A M W Z N J D B K C O U
G Q F U Y E F N G O L I V E Y L V P J T
M W N N O S T J T U N A E P R E S S Y T
```

Solution on page 360

Box It Up

BALLOT
BIG
BLACK
BROWN
CEREAL
CHEST
CIGAR
CONTAINER
CORRUGATED
CRATE
CUBE
DECORATED
DESIGN
FIBERBOARD
FILE
FOLD
FUSE
GIFT
HAT
HUMIDOR
JEWELRY
LABEL
LARGE
LETTER BOX
LID
LUNCH
MAIL

MATCH
METAL
OFFICE
OPEN
PACK
PANDORA
PAPER
PENALTY BOX
POST
RECEPTACLE
RING

SHIP
SHOE
STACK
TRANSPORT
UPS
WAREHOUSE
WOOD

```
W E O O R D G M H D E C O R A T E D G D
D U K X J X X F I B E R B O A R D T A H
O O R J E L I F L K P T R O P S N A R T
D B E I P L X O B Y T L A N E P A T O S
H B B J V N C C E R E A L G G B F N D E
V V P E U N M A Y T B O Y T U I U T N H
X E J R Y C O N T A I N E R G R S C A C
X O C A P C W E L P K E X A L J R E P H
S D A R V L R L A T E M P A P E R O D W
Q I C N A B O Y B L A C K B R O W N C M
A L P B O T U Q E W A R E H O U S E B P
Y D T X I S E B N C V C C R D O O W J E
S U S D I D A E U Q I N Y I I D T E B P
X D J X M L P S R F U G M N M E M S M U
B O B P A O E A F L D P A G U L T U O C
E N I R I F Q O C A L M S R H A N F F P
J Z G D L H Z S H K R A D G C G B N X T
H E N I X Z S K G S R J Q K T C F R O B
N G J L B C E C D S H F S E A H V Q Y K
U O U G G A E X X P L P D M M I X J L S
```

Solution on page 360

Move the Mouse

ACCESSORY
APPLE
BALL
BLUETOOTH
BUTTON
CABLE
CLICK
COMPUTER
CORD
CURSOR
DESKTOP
DEVICE
DIRECTIONS
DISPLAY
DRAG
ERGONOMIC
GAMING
GRAPHIC
GUI
HAND
HARDWARE
HOVER
INPUT
KEYBOARD
LAPTOP
LASER
LIGHT

LOGITECH
MICROSOFT
MONITOR
MOTION
MOVE
NAVIGATION
OPTICAL
PAD
PERIPHERAL
POINT
REMOTE

ROLL
SELECT
SENSOR
TRACK
USB
WHEEL
ZOOM

```
R Q L T T M W Y G Q T K D M J F J T X A
T B D L K O G D M F P E K D M D C U X Z
I M J R O T I N O M E O U U E E Y P N E
B M O B P D I S P L A Y R C L U X N V X
S L U L K F O E P H B E I E K L O I I G
D F U A A R N P Y A M V S U T P F Y M R
J K F E C R A O R N E Y H V T U T G O A
S N O I T C E R I D F U B I T E P A T P
C X M E M O E H Q T U D C A R A T M I H
H O R T L N O S P K A A E A D H K I O I
L O U O J P M T S I L G W S X L E N N C
E Y V M S Z Q R H O R D I N K M Y G I L
E S E E X R B A G M R E L V T T B M M I
H L U R R G U I U A O Y P L A R O B Q C
W O B W K C T C H P S V A P A N A P P K
J E T A Z E T C O J N S E H O B R C P J
Z X R O C H O I G D E G C G S T D C K M
E S O H G R N Y L R S T R U U O P Z F I
R M L I D T S X I A W E S Y S I U A R E
F J L T F O R A B G Y A C P X J A F L Q
```

Solution on page 360

Rainforest Life

```
G A M X I V B T O R R A P Z P Y E E N K
U Q M M T H R U G U A H E R X H E A A R
U I G C S E E R T R C U M O Y Z G Y T A
Q V G N N A X J P T Z K G T N J A E U V
S T L E A V E S A W E G U A M U P G G D
B R T W L R V S D D U R P G J O O U N R
S A R A Y I U N R H N M F I H R Q W A A
I S L T Z W D M T N I O L L I D A M R A
F C H E F G T O H H R Y C L Y A M B O T
P G H R V O L S C J B Z L A I V O V H G
F G H K U S U Q F O M A A L N C K B F E
A T L C U B F U Z E R R A D R A P O E L
D D A I S B S I Y W A C A M R K U R T T
Q N A T A G Z T I E I G U A N A L Q R E
A B N O G N U O C P K H L T Y Z Z D I E
Y A R X T W S B O E U N I P P M N I B B
J T T E K C I R C M S H O P J J V H L G
O M T V G F T T I H D N L M P X T C O V
O X C R L I T D D F A L I F L O O R O M
X G F S B I T X R C X L V H O U F O H J
```

AARDVARK
ALLIGATOR
ANACONDA
ANTS
ARMADILLO
BAT
BEETLE
BOA
BUGS
BUSH
BUTTERFLY
CANOPY
CHIMPANZEE
COBRA
CRICKET
CROCODILE
EXOTIC
FLOOR
FROG
GORILLA
HIPPO
HUMID
IGUANA
INSECTS
JAGUAR
LEAVES
LEOPARD

LIZARD
MACAW
MONKEY
MOSQUITO
NET
ORANGUTAN
ORCHID
PARROT
PUMA
SHRUBS
SLOTH

SNAIL
TIGER
TOAD
TOUCAN
TREES
TROPICAL
WATER

Solution on page 360

Mankind

ADAPTATION
ADVANCED
ANATOMY
ANIMAL
BEING
BIPEDAL
BODY
BRAIN
CHILD
CIVILIZATION
CONSCIOUSNESS
CREATIVE
CULTURE
EARTH
EMOTIONS
EVOLUTION
FAMILY
FEMALE
GENDER
GIRL
HAIR
HEAD
HOMO SAPIENS
INTELLIGENT
LEGS
LIFE
LIVING

MAMMALS
MIND
MORTAL
PEOPLE
PERSON
POPULATION
PRIMATES
RATIONALITY
REASONING
RELIGION
SKIN

SOCIETY
SOUL
SPECIES
SPIRIT
THINKING
THOUGHT
WOMAN

```
C O N D J I S D Z E P Z S A Q L G E D W
C F J C J A I N A F Z G P S A N O H O B
X I Z S N T U I H E P Y I T D N I M T H
L O A D V A N C E D H T R A E S A Y T E
N I A R B S S E N S U O I C S N O C Q L
U L A D E P I B G O M T T Y M O T A N A
G I R L I V I N G I I X A L W I U N M M
Z T H I N K I N G P L T R G U T K O Y E
U J L P G N R T N P D L A U Q O W I T F
T O S I O Y E V A O R T E Z W M S T I O
G P L S L S D U B E I I A T I E N U L L
S V A I O G N O L C R T M N N L E L A Y
P E M S O E E I B X N C A A I I I O N X
R A M Z R L G C D Z U J N L T M P V O K
F U A I P I A L A L I F E I U E A E I D
L R M O O E I Y T E I C O S K P S L T C
X G E N T H G U O H T X P E R S O N A I
N P F G C T R K E F K W Z A E A M P R H
U S E I C E P S A D A P T A T I O N E H
A X T D C W K Z L W B I W R I A H B G L
```

Solution on page 360

Dream Weddings

```
O R S L L N O S V N R R P H P K M C K N
N I E P C V D T Z B S L E L O D S R I I
J Q J X Z T N E M N I A T R E T N E I X
P W X S Y V W A T G L Y W C S C E I L T
S D C I S U M K A A K O O L H O P L F F
U E R E S G G R Z Q C R L A N N A E N H
L S Z G R E D U Y G A I M I S H H D A Q
A I B R E E V C N T R P T G N C N N G I
V G M O N Z M O I F A N P S O P D A N D
I N G O W N I O D G A E D E I U R H I G
S E W M U T N C N G E D L C T H R C U U
H R X P P S G E A Y Y I C A A I P M D E
E X P E N S I V E T T R O H T K Z O E S
D H C X C U A N H R H B Y U I Y E E S T
E E T Z T R O S E R N E P K V N R O R S
R U U D T E Y N Z Z H A D W N G A I R S
E N X X X N N S N L U X U R I O U S A K
T E E M Z I L Y T D C I T N A M O R B F
A V D P D W N T N A G E L E D L U S B J
C E O I V S R E W O L F Z N K V I B Z R
```

APPETIZERS

BAR

BRIDE

CAKE

CATERED

CATHEDRAL

CEREMONY

CHAMPAGNE

CHANDELIER

CHEF

CHINA

CRYSTAL

DECORATIONS

DESIGNER

DINNER

DOVES

ELEGANT

ENTERTAINMENT

EXPENSIVE

EXTRAVAGANT

FAIRYTALE

FLOWERS

FRILLS

GARDEN

GOURMET

GOWN

GROOM

GUESTS

HALL

HOTEL

INVITATIONS

LAVISH

LIMOUSINE

LUXURIOUS

MUSIC

RECEPTION

RESORT

ROMANTIC

ROYAL

SILK

SOPHISTICATED

STEAK

TUXEDO

VENUE

WINE

Solution on page 361

Metalwork

```
R O R G K W Y J V L K Z N T W L Z V D T
I M L E Q P A R C S L G D Q J N C J B F
I O E U E E T U A H O Y O B U H X B E N
Z I Q T M T R M W A S Q X F H O V F N F
I S A Y A O C O P P E R P P V I R G A W
N E T N L L L W F I R E I S S C L O E D
H S Y E F B U D V N R N K T R A D E T F
E L V P V U M S E G D I R B T S R W K E
P M A C H I N E N U L X D H B T U T W N
N H G J N O R I S L E S E H Y U X M G H
Q Q K N B I N T G S M R S Y L E E T S F
W Z R L I I R V T O A L I E G K O U H S
F L G G O Y V A E L L C G W C M T C I X
Y B T J G P N E T D L D N H P O U C P G
T K Z S N V M A A E E R U T C U R T S L
S H N W I Z I P E R A N V G U B N P W I
R U U L L L I R D B C G R B K I C C J
F O H T I M S K C A L B M I E E N L H F
J C C O F T H A M M E R Z N N G G G R Z
K O U S N Q E B L Z W E L D D E A A B Z
```

ANVIL

ART

ASSEMBLY

BEND

BLACKSMITH

BRIDGES

CAST

COPPER

CREATE

CUT

DESIGN

DRILL

ENGINE

FILING

FIRE

FLAME

GOLD

GRIND

HAMMER

HEAT

INDUSTRY

IRON

JOINING

LATHE

MACHINE

MALLEABLE

MASK

METAL

MOLD

ORE

PROCESS

PUNCH

RIVETS

SAW

SCRAP

SHAPING

SHIPS

SKILL

SOLDER

STEEL

STRUCTURE

TRADE

TURNING

WELD

WIRE

Solution on page 361

Central Park NYC

```
N O Q C F A Z B Y C D E S P U B L I C N
K T P G N I N N U R E C R E A T I O N R
N C R B L G K F X A L E R U T A N R X C
S D L E I F Y R R E B W A R T S R E J K
R T N E E R G E H T N O N R E V A T R C
E O V E D S K E X U A V T R E V L A C J
W U R B A N P A R K S R V F R S M E A O
O R T G S L U F I T U A E B I D N H R G
L I C N K N W O R Z T O G S N T F T O G
F S E I A D E O R O U R A A E Y O E U E
F T L K T T P R R G E O L R S R E T S R
W G G L I S T Y D A Y C T L S A V R E S
R S N A N K G A T L I A A F E U H O L M
W T A W G A R L H R I V L G X T S C I A
P R T S R T A K O N I H R P H C C A L R
T E C D I W S T M T A A C D O N I L A A
W C E R N Z S E S Y L M U K U A N E K T
O N R I K I N E B E N C H E S S C D E H
J O J B H T F G N I T A K S E C I J S O
L C Z I G P O N D S H T A P E O P L E N
```

BEAUTIFUL

BENCHES

BIRDS

CALVERT VAUX

CAROUSEL

CHILDREN

CONCERTS

CONSERVATORY GARDEN

DELACORTE THEATER

ENTERTAINMENT

ESSEX HOUSE

FESTIVALS

FLOWERS

GRASS

GREAT LAWN

HISTORIC LANDMARK

ICE SKATING

JOGGERS

LAKES

LARGE

MANHATTAN

MARATHON

NATURE

OASIS

PATHS

PEOPLE

PICNICS

PLAYGROUND

PONDS

PUBLIC

RECREATION

RECTANGLE

RELAX

RESERVOIR

RUNNING

SANCTUARY

SKATING RINK

SPORTS

STRAWBERRY FIELDS

TAVERN ON THE GREEN

TOURIST

TREES

URBAN PARK

WALKING

ZOO

Solution on page 361

Bill of Rights

```
A K Z T Q L Z C D L Q B U T S V M M M U
N D I N D E P E N D E N C E C K E A P D
I L N H R M A D I S O N O S R E F F E J
W E A K S P S Y M B O L N O I T I T E P
V A R R N Y R O T S I H S P O W E R W V
N R S U E I S N O I T A T I M I L A C R
Q O L H Z D L E G A L N I U R T L T S X
F Z I G I I E B W Q L A T R U O S I S B
A U K G T N E F Q O N E U N L S G F S Y
T C L M I X G S F D P V T Q E V O Y E N
H T I R C L F T O Q O E I C E T V L R Y
E R B R E O E C O M P R O M I S E B G T
R I E U E V U R U N E R N P E E R M N R
S G R I P M O N R L P D S H L T N E O E
M H T G E S A L T E T L S C K E M S C P
R T Y N P Z W U U R A U E R F D E S W O
A S T R U O C D L T Y A R A N O N A Z R
U Y R A P R O H I B I T P E U E T D G P
F V Z S Q F F R E E D O M S P E E C H G
G A X F S E L C I T R A N O I T A X A T
```

AMENDMENT
AMERICA
ARMS
ARTICLES
ASSEMBLY
CITIZENS
COMPROMISE
CONGRESS
CONSTITUTION
COUNTRY
COURTS
CULTURE
DOCUMENT
DUE PROCESS
EQUALITY
FATHERS
FEDERAL
FREEDOM
GOVERNMENT
HISTORY
INDEPENDENCE
JEFFERSON
LAW
LEGAL
LIBERTY
LIMITATIONS
MADISON

PEOPLE
PETITION
POWER
PRESS
PROHIBIT
PROPERTY
RATIFY
RELIGION
REVOLUTION
RIGHTS
RULE

SEARCH
SEIZURE
SPEECH
SYMBOL
TAXATION
TEN
WASHINGTON

Solution on page 361

Personal Attributes

```
K E V B R F E H O P E S C A R I N G G K
C A U T I O N G R N I C F O G Q W P N P
D I L I G E N C E Y L P N E U G U O Y E
S U Z A C C E P T A N C E E I R W A F L
C H A R I T Y C X N M N M S I L A E D I
G S R T O G O O D N E S S T E T E G D F
A T S R I D G M N N Y V Y D T M A B E O
I C Y E C N N P I N T E G R I T Y P L R
G E T T N D J A X E T E M P E R A N C E
Y P U C E E B S C T N W I S D O M B H S
T S A A I A V S N E G D N K G F E B O I
I E E R L Y S I R W S A U T O N O M Y G
C R B A Y S A O G S S E N R I A F J E H
A H N H U R S N E R R Y T L A Y O L Y T
N C A C T I Z N U E O I H T G N E R T S
E C O S T U D E P R T F X W M S C H S C
T F E Y T N R O S U O I G I L E R E E I
P R Z K I I R T D Q U A L I T Y T V D H
W L X K C P T E Z G R W G O S E I O O T
M O R A L I T Y H T A P M E D H I L M E
```

ACCEPTANCE

AUTONOMY

BALANCE

BEAUTY

BELIEFS

CANDOR

CARING

CAUTION

CHARACTER TRAIT

CHARITY

CHASTITY

COMPASSION

COURAGE

DILIGENCE

EMPATHY

ENDURANCE

ETHICS

FAIRNESS

FOCUS

FORESIGHT

FORGIVENESS

FORTITUDE

GENEROSITY

GOODNESS

HOPE

IDEALISM

INTEGRITY

KINDNESS

KNOWLEDGE

LOVE

LOYALTY

MODESTY

MORALITY

PATIENCE

PROPER

PURITY

QUALITY

RELIGIOUS

RESPECT

RESTRAINT

STRENGTH

TEMPERANCE

TENACITY

TRUTH

WISDOM

Solution on page 361

Ocean Animals

ANEMONE

BARRACUDA

BASS

CLAM

COD

CRAB

CUCUMBER

DOLPHIN

EEL

FISH

FLOUNDER

GREAT WHITE

HADDOCK

HERRING

HUMPBACK

KRILL

LAMPREY

LOBSTER

MACKEREL

MANTA RAY

MARLIN

MUSSEL

OCTOPUS

ORCA

OTTER

OYSTER

PLANKTON

PORPOISE

PRAWN

SEAL

SHARK

SHRIMP

SPONGE

SQUID

STINGRAY

TUNA

TURTLE

URCHIN

WALRUS

WHALE

```
I W G K K T V H M E Z S T M T F F S B A
R Y T Q U O F G E L A M P R E Y X X H P
O J B T W H A L E Z D B D S M A L C W D
P I N V Y I L G L I E S I O P R O P R J
T X Y S P I E E U X H Q D L E G N O P S
Z U D Q R V S Q D A E Z A W E N R C V U
U A A K C A S T R N R N K P M I R H S H
J H E S J X U K E M K C L O T T E R U L
Y X M E Z R M A N T A R A Y M S F F F W
V T X A T J O F O B I C Z O Z F S M B N
R H L L Q A G N P W D H K C O D D A H D
R Q E N T N C M D H V O W E W H R R B Y
H E M Q I I U R P F S H C T R R S L T F
Y V T R Q H T Z O E L Z U V A E M I P K
H L R S L P H C H J P O C C W E L N F O
N E S L B L T C W C B G U W A L R U S Y
H O Y G B O A Z G N H D M N Y Q N G S S
P Z Y T P D L T U N A Y B H D J C X I T
F K C U R C H I N Y D A E A N E M O N E
I R S T I H X Q M N W A R P B A R C W R
```

Solution on page 361

Small Computers

ACCESSIBLE

APPLICATIONS

COMPACT

CONVENIENCE

DELL

DOCKING STATION

ELECTRONIC

GAMING

IBOOK

INEXPENSIVE

INTERNET

KEYBOARD

LAP

LCD

LIGHT

MACBOOK

MINI

MOBILE

MONITOR

MOTHERBOARD

MOUSE

NETBOOK

NOTEBOOK

PERSONAL COMPUTER

POPULAR

PORTABLE

POWERBOOK

SCREEN

SMALL

SOFTWARE

SONY

TECHNOLOGY

THIN

TOSHIBA

TOUCHPAD

TRACKPAD

TRAVEL

TYPING

USB PORTS

WEBCAM

WEIGHT

WIFI

WINDOWS

WIRELESS

WORK

```
R F V L B J Z H Q U A A N T Z P K L U M
I E R A W T F O S I B O O K T R R D M W
H L T N L U D B D Z T C A P M O C O T G
K B P U P H P S S E L E R I W T N R D K
Y A I J P O P B B O L M F D R I E E I T
P T P U R M W O S T B L R A T N E A C H
H R A T L L O E P N W A V O Y E R A W G
R O S C V K P C R U O E R T P X C W E I
D P S H C E C Z L B L I O D I P S G B E
V A N W R E G T R A O A T U N E S F C W
W M P I O G S E D Y N O R A G N Z N A D
I O E K H D H S G R W O K E C S E E M D
F N R C C T N O I T A T S G N I K C O D
I A I K O A L I E B K O C R N V L G A C
W M B M O O R N W Y L A B E E E X P V S
L O C I N O R T C E L E V Y F P H U P M
I U L H H E B G A M I N G I E C A H O A
G S C Z T S L C D S O N Y O U K D L D L
H E S N N C O K A C P L M O B I L E L L
T L I D A X W T L M N E T B O O K G Y M
```

Solution on page 362

Government Jobs

```
P E E G G B P M K E S A S B E Y Z Z U
F R S Z O I B Y T U P E D I R E C T O R
T E E F F I R E H S M Y R O N R E V O G
R H C S F K P F L A R E D E F P E S C F
O C U O I E C O N O M I S T K V S S G R
Y A R Y C D C M T E R C E S I E D O E R
A E I F E U E A Q I Z T M T S E N A T E
M T T I R E W N B R O D A S S A B M A N
I A Y R E F T A T I E T A P S O I O A G
L T U E I G U G R F N Y P S R O Q C U I
I S K F D Q A E G E C E E N H E S J D N
T P Z I L J N M S O R R T O Y M D H I E
A O N G O J O E U A G U G I O H Q R T E
R L E H S Q R N I N V E S T I G A T O R
Y I D T D P T T O A L W S A X O Y X R B
H C R E E Y S C P L A U S C E N S U S L
C E A R R N A V J Y C W R U K R J S F E
W P W Z N M L M Q S O J U D G E T O E G
F M L I B R A R Y T L C Y E N R O T T A
Q O D T L M V N A M L I A M H M U M U L
```

ALDERMAN
AMBASSADOR
ANALYST
ASSESSOR
ASTRONAUT
ATTORNEY
AUDITOR
BORDER PATROL
CABINET
CENSUS
CIA
CONGRESS
COUNTY
CUSTOMS
DEPUTY
DIRECTOR
ECONOMIST
EDUCATION
ENGINEER
FEDERAL
FIREFIGHTER
GOVERNOR
INVESTIGATOR
JUDGE
LEGAL
LIBRARY
LOCAL

MAILMAN
MANAGEMENT
MAYOR
MILITARY
OFFICER
POLICE
PRESIDENT
REPRESENTATIVE
SECRET
SECURITY
SENATE

SHERIFF
SOLDIER
SPY
STATE
TEACHER
TREASURER
WARDEN

Solution on page 362

Seen at the Park

```
G Q Q B T V J F T F K U D B D O B U K Y
C O B Z G U P C A R N I V A L C M R P H
R C W D N U O R G Y A L P P X Z C A A C
E E M A Z R K C B E N C H P W A C B R A
E U Y Y Y S E O H A K A D F R I S B E E
K F Y J P O O L E K R S W O D P K I N B
V C I A I D C H P M N E U S O T C T T I
A X O L D L Y H R O A S C Z G F U S S R
S O I N D S Z H I Z E G D I R B D A C D
O N O M C L R L F L V P G A R D E N B E
H P T O S E I L B J D U S F S W F D L K
Z T V H S V R W S J Q R V Z Q O G B C A
Z A O T A M S T R O L L E R U B X O C L
C W Q P R X H W E G A L G N I E E X L I
X J F V G E D Y W G S V T G R Z F I V I
M J X G N K E U O E L A I L R A R O X B
P X L K I S R Z L R I I D V E G Z M U X
P I C T W T G W F N D B A L L A U G C Y
C L E R S Q U B D E E R D R I A S M O M
R H Z W O I I G T P Y H S R T E B H B W
```

BALL

BEACH

BENCH

BIRD

BRIDGE

BUGS

CARNIVAL

CAROUSEL

CHILDREN

CONCERT

CREEK

DADS

DEER

DUCKS

FLOWERS

FOOD CART

FOUNTAIN	MOMS	SQUIRREL
FRISBEE	PARENTS	STROLLER
GAME	PAVILION	SWAN
GARDEN	PEOPLE	SWING
GAZEBO	PLAYGROUND	TRAIL
GRASS	POND	TREE
GRILL	POOL	WILDLIFE
JOGGER	RABBITS	
KITE	SANDBOX	
LAKE	SHOW	
LEASH	SLIDE	

Solution on page 362

Aisles

ARCHITECTURE
AUDIENCE
BETWEEN
BRIDE
BUS
CART
CATHEDRAL
CENTER
CHAIRS
CHECKOUT
CHURCH
CLEAR
CONCERT
CORRIDOR
COURT
DOWN
FACTORY
FOOD
LANE
LIGHTS
LINE
LONG
MALL
MIDDLE
MOVIE
NUMBER
PASSAGE

PATH
PEW
RETAIL
ROW
SEAT
SECTION
SHELVES
SHOP
SPACE
STADIUM
STORE

STRAIGHT
THEATER
USHER
WALK
WAREHOUSE
WEDDING
WIDE

```
C R P R R N E M R T F F U H P S G V N R
X F X H L J F E G L Y N R J L I G H T S
L C D T A I I N L X L O N G C S N F T B
Z H A G J V G A U O Y I W G E K I A V S
X E N D G X M L M M R T Q V E L D D I M
S S C I L P W P T E B C L K J I D O D I
B S W A D A R C H I T E C T U R E O X X
A I D X P S R S G P H S R M G O W Y Z C
J K T M X S U D O S U P F M W N C M A O
Q J Q Y E A V R E B W A L K V T L B J U
B X E E U G J K G H C R U H C T L T C R
S C Y B V E G D U T T W S T R A I G H T
A H L I D C O V O P G A U D I E N C E L
Q V T I C O R R I D O R C G W C E C C G
V K R A F N Y R H P B E T W E E N O K Q
G B R R P C A C G G U H T M P J S H O P
R T M K R E T A I L M O V I E D I W U H
K Y V F L R B U E I M U R E T A E H T T
G W W C R T E E R O T S R I A H C M B A
V D C F J C G V W O R E T N E C L F K Q
```

Solution on page 362

Watching Sports

```
Y M V B A S K E T B A L L L R Y Z I H M
V R M B J E T I I W D Y C A M B G T E A
P Q E S G Y C A S R R O D T E N N I S E
S U H O C K E Y H Y E N T H U S I A S T
N O T T E G E I Q G C D A P U K P N P I
W P C T N E P U J N C E A G E R P E E L
W I S I B E W V F I O F L R D F A D N R
T I X D A T D O K T S A E I A I L E N E
B O H C O L O R F U L I R O W M C D A E
B T Z C T T L F A O D F A C E P A I N T
Q F S R B R E A G H H L P U C V M C T E
E A A A F O P G B S L Y P N R E Z A D L
M C L C K P R K E E T J A I L T L T E E
K L R S K P G P Y L S E V T R R K I X V
B A C A H U O E A L L A B Y E L L O V I
X T H N C S D Y A O L O B E N C T N Y S
I F E A T I O R G R P P C S N G I S G I
A W E E A L N O Y Z H P N R A Z A O Z O
J U R I W I A G R M A J D E B F L M V N
O J R O S T S E N N X T I J J F U X E J
```

APPAREL	POSTER	TICKETS
ARDENT	RACING	TRACK
BANNER	RIVALRY	UNITY
BASEBALL	SHOUTING	VOICE
BASKETBALL	SIGNS	VOLLEYBALL
BOXING	SOCCER	WATCH
CAMARADERIE	SOCIAL	YELL
CHEER	SUPPORT	
CLAPPING	TEAM	
COLLEGE	TELEVISION	
COLORFUL	TENNIS	
DEDICATION		
EAGER		
ENTHUSIAST		
FACE PAINT		
FOOTBALL		
GAME		
GEAR		
GOLF		
HATS		
HOCKEY		
JERSEY		
LOGO		
LOYALTY		
MASCOT		
NASCAR		
PENNANT		

Solution on page 362

See Japan

```
L C J D N H V T W K U O R O P P A S K E
Y S A W P D O K I N A W A Z N A G O Y A
X P M S P O X E Z L A R X O W C K C O G
T Y A T C M M B C P N P A K M I D S T Q
F Q H W N P X U P J T N A T K F M O O Y
E M O C E E X R S H U D K J E I T F B H
A G K R R S M W I F S D U Q F C R E G R
J M O N S A A A N A H F O K O O B S I Y
J R Y Q D U N I I N K E H O E C A N K D
X N K K V U G O T L G I U Q S E I E A H
I R A I G O E A M A R T I A L A R T S T
M E I K M C U S R O M A G L R N K E A A
A J P S I O I Q S B I A P T Y T F A G S
G I F R I H N H O C E D T F B O N S A I
I E U T D N I O G A L E P I H C R A N A
R J K D T M G T Z G L Z T P O G B L Z A
O Q U K A K H S O L I K A S A W A K C X
L B O F K D O A U T O M O B I L E S S T
A T K M T Q L B W N I P P O N U G O H S
O X A T C M W L E K I Q N L C S C U X M
```

AKIHITO

ARCHIPELAGO

ASIA

AUTOMOBILES

BONSAI

BOOK OF HAN

BUDDHISM

BULLET TRAIN

DIET

EMPEROR

FUKUOKA

HIROSHIMA

JUDO

KARATE

KAWASAKI

KIMONO

KOBE

KOTO

KYOTO

MARTIAL ARTS

MONARCHY

MT FUJI

NAGASAKI

NAGOYA

NIPPON

OKINAWA

ORIGAMI

OSAKA

PACIFIC OCEAN

PARLIAMENT

RICE

RISING SUN

SAITAMA

SAPPORO

SEA OF JAPAN

SHOGUN

SUGAR BEETS

SUMO

YOKOHAMA

Solution on page 362

Alarms

AIRPLANE
ALERT
AMBULANCE
AWAKE
BANK
BEEP
BELL
CAR
CODE
CRISIS
DANGER
DETECTOR
DOOR
DRILL
EMERGENCY
EVACUATE
FALSE
FIRE
HORN
HOSPITAL
HOUSE
INFRARED
KEYPAD
LIGHTS
LOCK
LOUD
MONITOR

NOTICE
PANIC
POLICE
PROTECTION
REMINDER
SAFETY
SCHOOL
SENSOR
SHRILL
SIGNAL
SIREN

SMOKE
STORE
URGENT
VEHICLE
WARNING
WEATHER
WHISTLE

```
S J C E F Y D P U L K U O E H S R K L L
O G N H I N A S R E S X Q O T B P L L E
Y E C T D H P P J O N H H O I O A Q O N
R S U S E L Y R E P T A R R L T A N C Z
G H S Y C N E G R E M E L I I S M O K E
O N D B O M K L G X B W C P L M B T V L
K W R T I B C T C Q H E S T R L U Y O O
K Z I N E C R I S I S O R W I I L B N U
A C D L O O H C S E H S U I Q O A V W D
E E L F M N H T N A E E X S Z E N O E R
R S T H G I L S M D U R V X E V C T K I
R O C O D E O E D B F E P X F A E I Z L
I R O K R R S I R E N H A N E C J T H L
P S E D F A L S E P R T D R T U E R I F
D T Y M N T P A N I C A B O S A F E T Y
W O Q G Z Q T T N B N E R H T T O L W B
L M M J H Q M W I G F W J F C E R A C Y
T S C Q A W A K E Y I G N I N R A W F U
K I Z T N E G R U S Q S M O N I T O R R
D H V C M J U B E M P Y C O V M D F X Y
```

Solution on page 363

New Businesses

ACCOUNTING
ADVERTISING
BANK
BUDGET
BUILDING
CAPITAL
COLLATERAL
CREDIT
CUSTOMERS
DOCUMENTS
EMPLOYEES
EQUIPMENT
FINANCING
GRANTS
IDEA
INCOME
INSURANCE
INVENTORY
KNOWLEDGE
LIABILITY
LICENSE
LOAN
LOCATION
MARKET
MERCHANDISE
NAME
OPENING

PAYROLL
PERMITS
PLAN
PRODUCT
PROFIT
PROPRIETOR
REGISTER
RESEARCH
REVENUE
RULES
SALARY

SERVICE
SPONSOR
STRUCTURE
TAXES
VEHICLE
ZONING

```
L V J I B O L A T I P A C C P D X T P J
L R G B T T L E S I D N A H C R E M T P
O H Y R H N A L P V I N C O M E H O G Y
R E V P A Z R Y E Q F R O S N O P S R T
Y L N R I N E R G N I D L I U B D A O K
A C C O U N T I N G N N T I T O L W J O
P I G P Q I A S E B A S N C C A E D I N
Y H N R S I L X C U N E E U S E C G A V
H E I I T J L L N D C S M R M J N O W Q
A V N E I H O S A G I E P P V A L S L M
M G O T M Q C H R E N L I R L I R J E Q
G G Z O R D E A U T G U U C N O C K R O
C C S R E M O T S U C R Q V Q C Y E E W
D R Z B P V M K N O W L E D G E C E S T
D N E F O P E N I N G N R E G I S T E R
N O Y D B Q T A S Y T I L I B A I L A S
P R O F I T D B E O I A E U N E V E R Q
X X E R U T C U R T S M X P R O D U C T
K I I F B W V Y X K A M S E F E W A H R
R T L E D Y X O V N N S M O S J A K W C
```

Solution on page 363

Wearing Contacts

ASTIGMATISM
BIFOCAL
CARE
CASE
CLEAN
CLOUDY
COLORED
CONTINUOUS
CORNEA
CORRECTION
COSMETIC
DAILY
DISINFECTANT
DISPOSABLE
DRY
EXTENDED
FARSIGHTED
HARD
HYBRID
IMPROVE
INSERT
MOIST
MULTIFOCAL
NEARSIGHTED
NOVELTY
OPTOMETRY
OVERNIGHT

PERMEABLE
PLASTIC
PRESCRIPTION
REMOVE
REUSABLE
RIGID
RIPPED
SALINE
SANITIZE
SOFT
SOLUTION

SPHERICAL
THERAPEUTIC
TINTED
TRADITIONAL
VISION
WEAR
WEEKLY

```
N A W V V K L Y D U O L C K Y D Y Z X Z
G T L N C T X U I V I S I O N P L D K B
R S P H E R I C A L H Q S Y L K E E W X
E O E L B A E M R E P R W O X O V D D U
U L D F G D E T H G I S R A F M R N C G
S U B V D I R B Y H C G P U V T O E S A
A T Z W I T T H E R A P E U T I C T D L
B I C K H I N E A R S I G H T E D X E T
L O R O D O I C I T S A L P A R R E P M
E N T I T N A T C E F N I S I D Y C P U
Y L T H S A P C V A O R T U C A L Q I L
S U B E G L O O A V C I G O Q E I D R T
A E R A C I M D E S G C S U A B A G V I
L T A A S E N L E M E M G N C M D N H F
I P E E R O T R A T E E Z I T I N A S O
N F W N V Y P T E T N O I T C E R R O C
E V O R P M I S I V R I L N T F D F Z A
T S I O M S T C I B O P T O M E T R Y L
M U M C M R I G I D M L A C O F I B A V
F U N W K V F T L T I U Y L K E K Z H H
```

Solution on page 363

Remembering Shirley Temple

```
U R I I D C Y B R J F C P S S F I L M W
S F R E H P A R G O I B O T U A W A R D
A C F Y C F U I R E E H E N O D A P G F
Q E I D I E H T K L S I N G M O I Z E S
C X V E L K A S E A O Y T N A O N P R M
O E J M I P C B S L V E Z O F W R Z Z I
U M S O A K T E N E E O Q S I Y O Q B L
T O K C T E O N U W Y V L Y X L F P Z E
C S H R K C R S S S D E I S O L I G M C
N E X H C Y O N T T B R T S O O L E H N
X L S H O W D E N E N A E H I H A B W A
C O H I C U A K R L A T E S G O C R M D
E H B H D H S T D G C S F Q S I N E O R
G W I O W N S U L N I C A N C E R Z Z A
R X L B M E A O I I L W R M X I I B B C
N L N R L E B H H R B B L A C K G V Y S
N I V T I G M D C T U O P A I U L R O O
N P T A S G A E Q R P K N I R D P Y K M
D I M P L E S E C R E M R O F R E P U L
L O L L I P O P E M R M Y R R C Z K E H
```

ACTOR
AMBASSADOR
AMERICAN
AUTOBIOGRAPHER
AWARD
BLACK
BRIGHT EYES
CALIFORNIA
CANCER
CHILD
COCKTAIL
COMEDY
CUP
CZECHOSLOVAKIA
DANCE
DIMPLES
DOLL
DRESS
DRINK
FAMOUS
FILM
FORT APACHE
FUNNY
GIRL
HEIDI

HOLLYWOOD
LITTLEST REBEL
LOLLIPOP
MERCHANDISE
MOVIES
OSCAR
PERFORMER
POUT
REPUBLICAN
RINGLETS

SHOW
SING
SMILE
SONG
STAR
SWEET
TELEVISION
WHOLESOME

Solution on page 363

Feeling Love

```
R Z R A Y Y K K I S S I N G D T F G E C
I E H D Y V D E T I U Q E R N U N R C E
N W N O I T C A R T T A B E R I U Q M T
G C T T L L B M A F D R M O L T C O G A
J G S I R D C E E Q R E S L A C T N V M
L U N C W A I O H U G I A R X I I X A G
L C B I F N P N M A P F E M O T W C N D
R O N E D H C T G M N T D N A D N O B R
Y E G D G D S N X H I O S D D O I Q B O
Y K F I N U E R E L A T I O N S H I P S
E C K O R O B W F B Z N M S S O H U K E
E G A T C L V I E N O S D E S X M I G Y
R L A M V S F E E C N Y R S N A T A P Q
I L P I I L E R L G I P F V S T P P I D
S C O U R T S H I P X N L R I Y A M U D
E C C V O R N M N E C I O G I H N Z O E
D Y D X I C A I G I N O I T C E F F A C
F N J U F N D M S T N D T I A F N C A X
I C E K I A G U T A R O U S A L P D M O
U O J Z M M M P B N G F E H R R P Q V G
```

AFFECTION

AROUSAL

ATTRACTION

BOND

BOYFRIEND

COMMITMENT

COMPASSION

COUPLE

COURTSHIP

DANCING

DATING

DESIRE

DIAMOND

EMOTIONS

ENGAGEMENT

EXPRESSION

FALLING

FEELINGS

FRIENDSHIP

GIRLFRIEND

HAPPY

HEART

HOLDING HANDS

HUG

INTIMACY

KISSING

LITERATURE

LOVING

LUST

MARRIAGE

MATE

MUSIC

NOVEL

PARTNER

PLATONIC

RELATIONSHIPS

RING

ROSE

TRUST

UNREQUITED

WEDDING

WINE

Solution on page 363

214

Note Taking

```
R B V Y P A W P J X S H O R T E S T T W
U P U F Q M E M O E Y R A T E R C E S S
H B O P Z V I C C K C R S N L L S E Y P
Z S B I M M V N Q L E H E A H S A L M A
J S P H N Z E L A Y O Y P T L C H B B W
P E N I F T R S E M Z T W R D U Q B O W
X X S M N Y S O E C O Y A O B R M I L T
Y A W E T F N W P P T S C P R C O R S B
Q M S C D U O C Y C R U K M U D M C O I
J P A K N R I R T E M L R I G E S S E F
K L C T K T T D M E E D H E L E K X V R
J E R G E N I I N A T C F I P L F R G U
Y V I L B R N T R S T N E M G A R F R S
D S B P A D I N S E N I L D A E H J E N
U A B X E N F A K A K O O B E T O N H N
T Q I R G F E S L O K H O N W T I S C J
S T Y E I K D I C T A T E R P L W T A M
P Z J N I E T C E U L L I S T E N C E G
G N H J R N F G C H H T V U U P D A T E
C R Y S M X M S H X E L O O H C S F W P
```

BRIEF
CLASS
DEFINITIONS
DICTATE
DOCUMENTING
EXAMPLE
FACTS
FORMULAS
FRAGMENTS
HEADLINES
HOMEWORK
IMPORTANT
INFORMATION
JOT
KEYWORDS
LAPTOP
LEARN
LECTURE
LISTEN
MATERIAL
MEMO
NOTEBOOK
OUTLINE
PAD
PEN
POINTS
RECORD

REMINDER
REVIEW
SCHOOL
SCRIBBLE
SECRETARY
SENTENCES
SHORT
SKETCH
SKILL
STUDY
SYMBOLS

TABLET
TEACHER
TEST
UPDATE
WRITE

Solution on page 363

Fabulous Fountains

```
I N I Y Q Y I Q I T M Y G Y D A C L K J
M K Z D P C Z N X F Q I K J Z W W C W R
O F A I M R I U I M W S C M P U O W G O
V R S J U A E S T O N E R M W I L O Q N
X W A I P R H T U Z E D R I N K F V M R
Q C I S P O S R A M G U S N X I Z R V L
V S T H Z O H E G W N H T R C Q P S Y L
X X I O N D W A S H I N G A Z A L P E N
L A F W G T W M R N B A M I T G D R I B
U W L G N U Z X G T M P B I Z S N A G Y
Q D W I X O P N F G U E O Z O J B Y M C
N L R E G M I Q P S L Q N D R E S Y E G
E E B E D H E T A L P W A Z Y T S D L C
H N U J T H T T A Q U E D U C T S I C I
M I B A X L L G E R U T P L U C S A Y L
L N B H A T I Z K R O Q J N L L A M C B
B Z L Y C O Q F J J C C D Z I W M R E U
I R E B S O U R C E M N E R U S S E R P
X B J G J D I T S J D P O D R D A M S O
V O R Z U M D G X V T R I C K L E B Q F
```

AQUEDUCTS

ART

BASIN

BATHING

BELLAGIO

BIRD

BUBBLE

CAMPUS

COIN

CONCRETE

DECORATION

DRINK

FILTER

FISH

FLOW

GEYSER

JET

LIGHT

LIQUID

MALL

MERMAID

MUSIC

OUTDOOR

PATIO

PEN

PLAZA

PLUMBING

PRESSURE

PUBLIC

PUMP

RECYCLE

SCULPTURE

SHOW

SODA

SOURCE

SPAIN

SPRAY

STATUE

STONE

STREAM

TRICKLE

WASHING

WATER

WISHING

Solution on page 364

In the Woods

ACORNS
ANIMALS
ASPEN
BARK
BEAR
BIRD
BUSHES
CABIN
CAMPER
CANOPY
DECIDUOUS
DEER
DIRT
ELK
EVERGREEN
FERNS
FIRE
FUNGUS
HUNTER
JUNIPER
LEAVES
LICHEN
LOGS
MAPLE
MUSHROOMS
NEST
OAK

OPOSSUM
OWL
PATH
PINE
RABBIT
RACCOON
RANGER
SHADE
SHRUBS
SNAKE
SOIL

SPIDERS
TENT
TRAIL
TWIGS
UNDERBRUSH
WOLVES
WOODPECKER

```
J K S P E M R F K U S I B Y Z T B K U W
N C Z Z Z P E D J E G N M D L D A D R J
W G S Y W U T Y H K I S R W F E R N S E
C M L R U D N S J R W U O O O S K E O N
F S X L E D U K O E T G O F C L V Q E K
B N N D V B H Q H P N N S K S A V H L Y
M Q K M T P R H A I Q U P M E M C E P L
G I R B I D E S S N O F O L R I N O S T
P D F E V P P V T U E O I A L N N E T E
K X M S Z E M D D J R A B X E A X R S N
C K G B N F A I O H R B M E C X I W H T
Q N A T O O C U S T I Q R E E D O B R I
S E S N B E P U O T Y G Z E N O P E U F
S U C G D P M H I S R D D N D I G A B L
X Z N R L U Z E L E D F N P M N P R S J
E K I C S G X W V I C V E F A Z U O H Z
V B N S E J Q E H Q D C J R P Q H T A P
U H O O G H L D J E K A N S L V J E D K
Z P P W U O A S R E D I P S E R I F E K
O C H W J F L J R A C C O O N I B A C Y
```

Solution on page 364

Speaking

ACCENT

ADDRESS

ANECDOTE

ANNUNCIATE

APPLAUSE

ARGUMENT

ARTICULATE

AUDIENCE

AWARD

CONCLUSION

DEBATE

DELIVERY

DIALECT

DIALOGUE

DICTION

EFFUSION

EULOGY

GESTURE

INSPIRE

INTRODUCE

JOKE

LECTERN

LECTURE

LOCUTION

MEMORIZATION

MICROPHONE

NOTES

OPINION

PARLANCE

POINTS

POLITICAL

PRATTLE

PRONOUNCE

QUOTE

RECITATION

SAY

SOUND

SPEAK

STATE

TALK

TIRADE

TOAST

TRANSITION

VISUAL AIDS

WORDS

```
E R U T C E L T N E C C A Q U A S G N I
R F Q F T N E M U G R A U D I E N C E N
N S F J K R M C E D A R I T D Q O Z E F
I A L U T E T J N I D C W M E R U B R S
R D V O S C O R Y U T R I K L K E O U S
G O A C A I E J A I O C A V T E T S T P
E S D J N T O L O N R N I W T C A M S E
T C E W E A M N A O S S O A A U B Y E A
L U C P C T E U P I U I N R R D E S G K
C X N N D I M H Y A D N T C P O D K R S
V O A X O O O E L A U I O I P R D M O F
C R L P T N R A S N C N X T O T I P I J
P E R O E P I A C U C D T W L N A C B L
F O A I C D Z I L L A T E P I I L I Q J
M R P N S U A A U E P L K L T P O N E V
I S B T X T T S U K C L P F I I G S U F
Z A O S E E I I E T A T S P C V U P L X
C Y K U H O O W O T Z D E U A Y E I O B
N O L G N T N O I N I P O R L R N R G J
K J Q A H D U V R E S E T O N K P E Y O
```

Solution on page 364

Seattle, Washington

```
L Y G O L O N H C E T S E W H T R O N C
S C I N O S R E P U S N I A T N U O M U
P I K E P L A C E S R E N I R A M N E Q
C S E A T T L E I T E S T A R B U C K S
I U N I R V A N A S E A H A W K S M R P
F M T I L L A B E S A B E E F F O C I A
F E S T A T E O F W A S H I N G T O N C
A G Q P K H P B W A T E R F R O N T T I
R N P T E C C Y T I C D L A R E M E A F
T U S D W A N N S P A C E N E E D L E I
E R M O A P R E I S A R F R R P J Y S C
C G I C S I P L X E G T S I R U O T Y O
N N T M H T T V J N C Q S E A P O R T C
E I H A I A A A I A U I F E R R Y A N E
I T T Y N L C E Q A M D L O C D L P U A
R A O N G M O O R E T H E A T R E Y O N
E O W A T B M E T R O P O L I T A N C Y
P B E R O R A I N Y Y T N U O C G N I K
X I R D N E H I M I J Y T I C N E E U Q
E W E A T H E R P U G E T S O U N D A R
```

ALICE IN CHAINS
BASEBALL
BOATING
BOEING
CAPITAL
COFFEE
COLD
COUNTY SEAT
DENNY PARTY
DOC MAYNARD
EMERALD CITY
EXPERIENCE
FERRY
FRASIER
GRUNGE MUSIC
JIMI HENDRIX
KING COUNTY
LAKE WASHINGTON
MARINERS
METROPOLITAN
MOORE THEATRE
MOUNTAINS
NIRVANA
NORTHWEST
PACIFIC OCEAN
PEARL JAM
PIKE PLACE

PIONEER SQUARE
PUGET SOUND
QUEEN CITY
RAINY
SEAHAWKS
SEAPORT
SEATTLEITES
SMITH TOWER
SPACE NEEDLE
STARBUCKS
STATE OF WASHINGTON

SUPERSONICS
TACOMA
TECHNOLOGY
TOURIST
TRAFFIC
WATERFRONT
WEATHER

Solution on page 364

Positive Thinking

```
Q F C E H N K Q N O Q G N O R T S P C P
Z E G L M A E R I P S N I X T W U V O E
L P Z I Y O P T I M I S M O I P P I N D
U M X G R C E P S M T S E D O M P C Q U
K I F U H J O Y Y V A D E L H M O T U T
R F G Y F S P N Y I W A I Y R U R O E I
D G G H N M B Q S T L M B C R A T R R T
J N Q E U A B U H I I B Q A C O E Y K T
Z I C Z N R H O S T D L G H V W N F L A
E T R O Y T U M L P S E I E N P E V U S
N F E D N G L E T D S E R B O J R M F P
K I T E H F S E N X V C D A I I G H R I
Y L N T I S I I E E O Y Z L T S Y X E R
H P F A S M K D M M R I F F A E S P W E
T U U C M O A D E N I M R E T E D O O W
L A N I W R O G T N H I V N C K Z U P N
A O N D E E H B I G T A J H E L P F U L
E U Y E Z A I E C N R C C A P A B L E P
H G H D U O R P X B E Q J J X H B X I F
Z C W S S E N R E G A E P R E P A R E C
```

ACHIEVE
AFFIRM
ASPIRE
ATTITUDE
BOOST
BRAVE
CAPABLE
CHEER
CONFIDENT
CONQUER
CONSIDERATE
DEDICATED
DETERMINED
EAGERNESS
ENCOURAGE
ENERGY
ENTHUSIASM
EXCITEMENT
EXPECTATION
FEARLESS
FUNNY
GENTLE
HAPPY
HEALTHY
HELPFUL
IDEALISM
IMAGINE

INSPIRE
JOY
KIND
LIMITLESS
OPTIMISM
OVERCOME
POSSIBILITY
POWERFUL
PREPARE
PROUD
SMART

STRONG
SUPPORT
THOUGHTFUL
UPLIFTING
VICTORY
YES
ZEAL

Solution on page 364

Get Directions

ADDRESS
ARROW
ASK
AVENUE
BORDER
BRIDGE
BUILDING
CITY
CLIMB
COORDINATES
COUNTY
DESTINATION
DETOUR
DISTANCE
EXIT
GLOBE
HIGHWAY
HOSPITAL
HOUSE
INTERSECTION
INTERSTATE
LANE
LEFT
LOCATION
MAP
MERGE
MILE

NORTH
PARK
PATH
READ
RIGHT
ROAD
SCHOOL
SHOPPING
SHORTCUT
SIGN
SOUTH

STOP
STRAIGHT
STREET
TOWN
TRAVEL
TURN
WEST

```
S Q P J X H Q F Y H Q H A U R F H P L G
P P W F B D C K Z Y W S S E R D D A L I
I S R H H C L P K M Z H S T R E E T B Z
F H X A Z V I Q A E O Q I S R E D R O B
D Y V I T H M N N R E U N E V A R O F R
P R X P S J B N T G K J A W O H I A T E
G O N Z W R N C H E I R Q R O N T G E A
D M G L U F U O Y B R S H S R W L C H D
M I E U K T K O B O K S P U M E N F E T
W Z N D S F L R W R Q I T Y V A O T P B
C D P L T E K D E S T I N A T I O N U R
Y S O E O L K I K A O E R S T U Q I N I
G I M X P C S N L Q W T I W R E L S H D
H X Y I K B A A E W N D I C H D S O T G
T K Y T H I N T E R S E C T I O N U R E
H K K T N M R E I G P R V N G T D T O J
Y F G P X U A S A O I I G F H L Y H N H
P B F Q S H O P P I N G V S W A O M Q J
H G H L O O H C S Z D H E N A L V B B A
Y Q M N V W J K T P A T H S Y M I L E N
```

Solution on page 364

Have a Coke

ADVERTISING

ATLANTA

BEVERAGE

BOTTLES

BROWN

CAFFEINE

CANS

CARBONATED

CHERRY

COLA WARS

COMMERCIALS

COMPANY

CONCENTRATE

CORN SYRUP

CORPORATION

CULTURE

DIET COKE

FIZZ

FORMULA

FOUNTAIN

GEORGIA

GLASS

ICE

INTERNATIONAL

JOHN PEMBERTON

KOLA NUTS

LOGO

MARKETING

NEW COKE

POPULAR

REAL THING

REFRESHING

RESTAURANTS

SODA

SOFT DRINKS

SPRITE

STORES

SUGAR

SWEET

VANILLA

WATER

WHITE

WORLDWIDE

ZERO

```
O P O P U L A R L C P B E V E R A G E F
Y N E I M Z E B E F O U N T A I N B K M
E T U A O M R S Z F B M R A L U M R O F
E Z C G X O M R C K R R P Y C B C E C E
E K O C W E N B O M S E E A S P R I T E
V L J N S E D L L B A S S A N N B A E M
S Y K O A C A I A S O R O H L Y R K I B
Y E W L H N C X W D L E K C I T Y O D S
K Q L E U N K O A D G A A E N N H R C T
I O R T C U P R R K L R I E T T G I Z G
H R S T T I M E S P B R C C E I F L N P
Y E S E R O T S M O O N O E R S N I X G
E T E F I E B T N B O R W W N E S G Z D
V A N I L L A A S C E S A A A I M I X Z
D W I R J M T U S Z F R C T T Y S M B K
J X E G G E O R G I A V T R I N I F O E
A V F J D S S A L G F B E O O O A U Z C
S O F T D R I N K S J V Q L N F N L I L
H H A L W H I T E O D B D R A G U S T E
D E C J G Y J S F A E R U T L U C D B A
```

Solution on page 365

On the Radar

```
S L G R G N K V F A F N S N T C E T E D
O B S T E A L T H F O M Y O R Y N Y O J
F R S E R N A N R B O F S I O A L B J U
Y I R B U Z B R J U E R T T P S W H E Q
Q C P S S X O E W E X Y E A R U O O S D
S V O U A H C V A F T J M C I A N U O V
K X L B E T D I K R G I I O A Q H P N O
G N I M M A J E N Y I N L L I S P P A D
P B C A K I Z C O Q O N L L R L T L R U
D G E R P Z O E I R V Y G R E N E A M N
K C C I F F A R T R I A J R F T N N Y Z
L P I N G C J C C R S J I A L T A E M P
T Y T E B M E W E A T H E R E Y A S P Y
M R F S M L Y F R E Q U E N C Y V I Q C
E R Z G E D U T I T L A N S T R I A Q R
Q C E Q Q S C R D I V A R T O R A W N M
A F H P T S L T G N I K C A R T T F Y P
O A U O I F F U A Z P I L B I X I J T J
B T R S Q H H C P O G F R R N N O K P Z
G M K B D M S I C D D Z Q S I G N A L O
```

AIR TRAFFIC
AIRCRAFT
AIRPORT
ALTITUDE
ANTENNA
ARMY
AVIATION
BATS
BEARING
BLIP
DETECT
DIRECTION
DOPPLER
ECHO
ELECTRONIC
ENERGY
FORECAST
FREQUENCY
JAMMING
LOCATION
MEASURE
NAVY
OBJECT
PING
PLANES
POLICE
PULSE

RAIN
RECEIVER
REFLECTOR
SATELLITE
SCAN
SCREEN
SHIP
SIGNAL
SONAR
SOUND
SPY

STEALTH
STORM
SUBMARINES
SYSTEM
TRACKING
WAR
WEATHER

Solution on page 365

Joyous Christmas

```
Q U G D Y E M C E Y M A X F S X D E P A
T Y E V H R N K C A I W O E C T F E Y N
M B C G G S A U W D Y Y I H P L O D U R
F L M D I C I M R I G K W S A T N A S Y
Y M W R E A T H S L O M U Y E K R U T S
C T K F L Y S R Q O D S M L G M Z R L J
A A I L S F I G C H E A T B P B E C I O
R X R V V Z R C W J A S I N E G H N G S
V E I O I I H T Y R I R O T N I A W H E
I H N Q L T C B E M T I H A L N A O T P
R Y C N J I A I L H T L M D R F P N S H
E Q O R I B N N E A E W R S A P S S B B
T N R O U D D G R H S E S G I N V T K T
N N E H E H Y O E Q N F D N U Y G N A M
I S E E R T C M W E I O G I P L I E N R
W L R V R E A C L T O Y S K W I T S L B
T S G O D G N V T F P D E C E M B E R S
B E B Y C A E L O P H T R O N A W R G D
Z G I F T S D T E X O S O T P F A P A S
Q W P A K T U B K G V S N S M Z P R C K
```

ADVENT

ANGELS

BABY JESUS

BETHLEHEM

BIRTH

CAKE

CANDY CANE

CAROLING

CHILDREN

CHRISTIAN

CHURCH

COOKIES

DECEMBER

DECORATION

DINNER

ELVES

FAMILY

FOOD

GIFTS

GOD

GREEN

HOLIDAY

JOSEPH

LIGHTS

MANGER

MARY

MISTLETOE

NATIVITY

NORTH POLE

POINSETTIA

PRESENTS

REINDEER

RUDOLPH

SANTA

SHOPPING

SLEIGH

SNOW

STAR

STOCKINGS

TOYS

TREES

TURKEY

WINTER

WISE MEN

WREATHS

Solution on page 365

Middle Eastern Food

```
B E X F Z Y X J B E Q A H X U F Z D B U
E R Q I W O U B X I T C E P Q Q A R A K
F C L N C O U S C O U S L C E Z T X B T
Q K O P Q F U Y A R R R G S E R S W A O
A A S I A M C E R E K E L N T G S O G D
E Z O T M R D Y V A I G H H I A W I H B
O F I U S V S I J T S I C F Q L T E A N
N K H E C E D L K P H O G E U J P F N N
U B F M T A K A E S E N A B E L C M O C
O X P A U S O E L Y B A R F T F B W U K
B W D H O N E Y E O M L L A T I F I S D
R T M T N D I S H R L S I L E E S O H O
E C I R H E N B A L G I C A V I I V C O
T U O N S F S W M M F O V F N J T D X F
U F F B I P A U Q A E F H E B B I K T H
O J O R I H L I M B L C E L S Y R I A N
Q F C C S E A D D A Y F U W G S B T B X
K H E A T F D T X N C W E A S Q I Z L Y
I D H X L Q L J T F I E V L S P F L E H
H Z L H R S K T J H T N I M C B R Z L Q
```

ARAK

ASIA

BABA GHANOUSH

COFFEE

COUSCOUS

CUISINE

CURRY

DATES

DIET

DISH

DIVERSE

DUMPLINGS

EAT

ETIQUETTE

FALAFEL

FIGS

FOOD

GARLIC

GREEK

HONEY

HUMMUS

INDIA

KIBBEH

KOFTA

LABNEH

LAMB

LEBANESE

MINT

OLIVES

PARSLEY

PERSIAN

PITA

REGIONAL

RICE

SALAD

SAUCE

SESAME

SHAWARMA

SPICE

SUMAC

SWEET

SYRIAN

TABLE

TAHINI

TURKISH

Solution on page 365

DIY

ACCOMPLISHMENT

BATHROOM

BOUQUETS

BUILD

CHALLENGE

CHEAPER

CRAFTS

CREATE

DECK

DESIGN

EFFORT

FABRIC

FELT

FIX

FURNITURE

GIFTS

GLITTER

GLUE

HOMEMADE

IMPROVE

KIT

KNITTING

MEASURE

MISTAKES

PAINT

PATIO

PLANT

PLUMBING

POTTERY

PROJECT

QUILTS

REMODEL

RENOVATE

SANDPAPER

SAVINGS

SEWING

SHELVES

SUPPLIES

TAPE

TOOLS

TOYS

TRANSFORM

UPGRADE

WEEKEND

WORK

```
O U S G T I R M Q G P W Y X Q I T M O D
K Z E T I L V Z X C I R B A F S T F I G
L V D H O M E M A D E N Q T S U B K T Q
Q P V K I Y O F C T N A L P E P A C A Q
N R R S B O S N T M H P Z U W P E R P N
S O F O R A N O G B V W N J I L H E J G
W S M H J G P E K D M G S G N I V A S R
X P T J M E T A V O N E R L G E G T I K
O A R E B R C P A I N T A R E S P E E W
B O A E U Z C T B J E O D S E D C V D L
F V N K P Q X M T F I L E K U T O M S E
T Q S C X A U A F K I F A H B R T M H D
X O F H R L P O O U U T V Q P D E I E A
V S O A P E R D B R S G D M M G J C L R
T U R L G T O K N I T T I N G M M L V G
Q X M L S K Q I M A F U P B E U L G E P
L U Q E G N T R D E S I G N I K D B S U
N K B N Q U I L T S E S X G S V E O D F
E C E G R E P A E H C R A F T S C E C I
K T N E M H S I L P M O C C A W K G W L
```

Solution on page 365

Celebrating Earth Day

```
W S N W N A E C O S R C K H E Y Y P B P
G T O L I R P A W E V C L I M A T E Q H
Q T I S U S N B Q E A T E N A L P L G C
L N T T N O Y H Q R P O L L U T I O N G
X N A O O M P E S T I C I D E S J H I A
Q N I O I S N S U S T A I N A B L E R R
Q A C R T I S O L A R Z I N N O R Y P B
S E E S A V E F I L P N F O G P Z A S A
N L R S V I V O M T S R I O E O C L T G
V C P A R T I C I P A T I O N O I Y O E
I S P R E C V C I N A V P O M T A P E P
M V A G S A E R C C A L R M T D E Z R T
W M U N N B E I U C E V U E I N O O E R
X C C I O C S D E V W N R L S E T N E A
F Y I L C C E E N V I R O N M E N T T S
K C G C O H C A Q T A H R B C R R J N H
G G M Y C C E X Y T K S G T R G C P U T
Q A U C S S E N R E D L I W B A J X L R
A C X E D R S E C R U O S E R Q C N O A
B W T R I A W A R E N E S S S T N E V E
```

ACTIVISM

APPRECIATION

APRIL

AWARENESS

CARBON

CELEBRATE

CLEAN

CLIMATE

COMMUNITY

CONSERVATION

EARTH

EDUCATION

ENVIRONMENT

EPA

EVENTS

GARBAGE

GLOBE

GRASSROOTS

GREEN

HOLIDAY

INSPIRE

LIFE

LITTER

LOGO

NATURE

OCEAN

PARTICIPATION

PEOPLE

PESTICIDES

PLANET

POLLUTION

PRESERVATION

PROTECTION

RECYCLING

RESOURCES

SAN FRANCISCO

SAVE

SOLAR

SPRING

SUSTAINABLE

TRASH

TREES

VOLUNTEER

WILDERNESS

Solution on page 365

Make a Face

```
S C J Y M P T R A D S A Q D R K C D Z R
V A H B G P N W O R F S J K E O H X Y K
A F M D S E N O I T O M E N A C I N G Y
E O O P R J V M X N G U Q J O S N R O R
H V X R A Y O Y F H K Y N N D Y E U X J
Z P K L E L Z Q N J H I F D K T N U A G
P C N A S H O C K E D U N G K G E N G Q
H A C S Y T E N D A S E L G L A R V U F
Q V D F L U S A G E D V F W Y A E I S F
J K E E U O G C D E S I R P R U S U K S
C E T X S M U A A M N S U O I R E S E E
I P A C F S L U F T H G U O H T J W E H
D D L I M U E A E R J E G N P W O Q H S
S I E T L A M R Z H I F X G R R G R C A
E E K E J I E W P R W E S I R X R L S L
K S L D L S N M G E E G N I H G U A L Y
J O T I T A U E J M D K E D L A M V E H
R N A E M L N M S Y L D O Y L L P O E N
B R D U P S E T S E Y E P P J Y Y P P F
P U E H U Y J A S P I L C Y B B D H Y I
```

CHEEKS

CHIN

CONFUSED

DEPRESSED

EARS

ELATED

EMOTION

EXCITED

EYES

FAMILIAR

FOREHEAD

FRIENDLY

FROWN

FUNNY

GAUNT

GLASSES

GRUMPY

HAPPY

INTERESTED

LASHES

LAUGHING

LINES

LIPS

LONG

MENACING

MOUTH

NOSE

OVAL

PLUMP

POKER

ROUND

SAD

SERENE

SERIOUS

SHOCKED

SILLY

SLEEPY

SMILE

SURPRISED

THOUGHTFUL

UPSET

WINKING

WORRIED

WRINKLES

YOUNG

Solution on page 366

Studying Maya Civilization

```
T T K C S D E T C K P S C T N E I C N A
H K Q S P I E E V I T A N H I S T O R Y
Z S V L A M V K X S A R U D N O H N J G
O M X R N A Y D E J P E R I O D C Q D V
G H Y I I R B I M L G N I T I R W U N V
W O V T S Y R O B S E R V A T O R I E S
K K Y U H P N H B S N P A L A C E S G T
D C M A O O S L A R U M Y C Z O E T A R
P O K L E B L C N E H R J M I D S A U U
O L R S H R R O D A V L A S L E T D G C
U L E A U I I A G M Y I C U I A M O N T
R A T I F G R P Y Y Z M C N V D W R A U
K P N I I T S B M E E C O S I A B E L R
P S C L V O C I X E M M D N C C P S T E
W E E M C U L T U R E O D S O I O U Z S
H R O I R Y H P A R G I P E A R T D U K
L T E P G U A T E M A L A I B E T N C U
C T G O L D D C N N J M A T H M E S H F
Y P U G F E L P M E T T S I W A R I A V
P L M L T G D T T E N W V C J H Y J F J
```

AMERICA
ANCIENT
ART
ASTRONOMY
CEREMONIES
CITIES
CIVILIZATION
COLLAPSE
CONQUISTADORES
CULTURE
DEAD
EL SALVADOR
EMPIRE
EPIGRAPHY
GODS
GOLD
GUATEMALA
HISTORY
HONDURAS
INDIAN
LANGUAGE
MAIZE
MATH
MEXICO
MURALS

MYTHOLOGY
NATIVE
OBSERVATORIES
PALACES
PEOPLE
PERIOD
POTTERY
PRIESTS
PYRAMID
RELIGION

RITUALS
RUINS
SACRIFICE
SOCIETY
SPANISH
STRUCTURES
SUN
TEMPLE
TRADE
WRITING

Solution on page 366

Tour New England

```
U J T W E B L U E B E R R I E S B K X K
B D I A C O A S T T U C I T C E N N O C
H A W M N I I E T E D K E N N E D Y S A
T R O P E G D I R B T P L O E M O M D M
U T L A D L A N H Q E U O T D H C S E B
O M L N I O T O O L K R B S N A E P R R
M O E O V U L L D L C Y S O E R P R S I
S U F A O C A O E Z U S T B P T A I N D
T T G G R E N C I G T E E L E F C N A G
R H N L P S T Z S V W L R N D O K G I E
O X O C V T I Z L J A P F J N R B F H H
P J L G V E C H A P P A Q U I D D I C K
I O N Q D R O C N O C M M T H O R E A U
L C E L T I C S D R O F M A T S M L L S
G J W E I S E I R R E B N A R C I D A M
R L H N F M A S S A C H U S E T T S P A
I W A L D E N P O N D S T O I R T A P I
M Z V N O R T H E A S T E K C U T N A N
S P E N O B S C O T R E T S E C R O W E
N T N O M R E V C U H S I F D O C B P G
```

APPALACHIANS

ATLANTIC OCEAN

BLUEBERRIES

BOSTON

BRIDGEPORT

CAMBRIDGE

CAPE COD

CELTICS

CHAPPAQUIDDICK

COAST

CODFISH

COLONIES

CONCORD

CONNECTICUT

CRANBERRIES

DARTMOUTH

GLOUCESTER

HARTFORD

INDEPENDENCE

LOBSTER

LONGFELLOW

MAINE

MAPLE SYRUP

MASSACHUSETTS

MIT

NANTUCKET

NEW HAVEN

NORTHEAST

PATRIOTS

PAWTUCKET

PENOBSCOT

PILGRIMS

PORTSMOUTH

PROVIDENCE

RED SOX

RHODE ISLAND

SPRINGFIELD

STAMFORD

TED KENNEDY

THOREAU

VERMONT

WALDEN POND

WAMPANOAG

WORCESTER

Solution on page 366

Write an Essay

Solution on page 366

ADMISSIONS

ANALYSIS

ARTICLE

AUTHOR

BODY

COLLEGE

COMMENTARY

COMPOSE

CONCLUSION

CRITICISM

CRITIQUE

DISSERTATION

DRAFT

EXAM

EXPOSITORY

FINAL

FORMAT

GRAMMAR

INDENT

INSIGHT

INTRODUCTION

MANIFESTO

MARGIN

NARRATIVE

OPINION

PAPER

PARAGRAPH

PERSUASIVE

PRINT

PROFESSIONAL

PUBLISHED

QUOTATIONS

REPORT

REVIEW

SCHOOL

SHORT STORY

SPELLING

STRUCTURE

STUDENT

TERM

THESIS

THOUGHTS

TITLE

TREATISE

WRITE

```
B V S H I G R O C X D E H S I L B U P X
X L S M H A E Q A U T H O R L K D U E O
D R A F T P P N K N M Z E U Q I T I R C
Q H M N E T A M R O F I N A L W L G S G
T D Q O O L P R F S S N O I T A T O U Q
R H N I Y I C R G R A M M A R K C N A M
E I O S C L S I I A D M I S S I O N S A
A N I U T P O S T N R V S M R I M A I R
T S N L G U N T E R T A Y I T W M R V B
I I I C Y H D L V F A R P A C R E R E L
S G P N F R T E R X O S T M S I N A F L
E H O O T I O S N T R R P R Z T T T X O
G T H C T N U T I T E U P E N E A I H O
K H I C I L E S S S P X C T L E R V R H
Z E D O A I O D S T O J G Z M L Y E X C
C S M L V P E I N T R O D U C T I O N S
X I D L X Y D O B I T O T S E F I N A M
D S B E R U T C U R T S H Q X R Q J G A
I N I G R A M G C O M P O S E S M J F X
O M W E I V E R S C L P A K G Q P G X E
```

Backyard BBQ

```
B H V E X Z T C N S U M D B B Y R F K Z
G E H M K M F O O T C H A R C O A L Q S
B G K A N G E R E R B Y A T B H D C X E
I G Z L F G V N B Q B T P H C R E E B S
L N C F K O S E U P W A G W L H L W K D
G I X T R I I B N U T I C E O B E E O M
Q T P K L I C D R I E O A I A X N S O T
S A U S A G E S O N C E N T S A O R C F
L E H G K K T N T O O T E G P Y O H J S
N S C X S C O G D I F D Z O S L A M S X
Q F T K K C A M U S T A R D T I X A U F
B F E U A W T N E E P P E A R M L C S F
R N K N J D V I S R S P T S Y A G G W C
L M L M G I G O O M O T H R D F Z A X T
Z P S R S G D N T F O L S S P I H C S Q
P M H T E A D D L L P K L A O A N E B G
O E E V T L M D G V W S E S O M R V I P
R A I N A W I J K Y C G L J L V A T R H
K T C G L L S S K Q C D K M E X Z B Y Q
R M Y E P W J R H K S H J G I W F P O N
```

APRON

BEER

BRATWURST

BUN

CHAIRS

CHARCOAL

CHIPS

COOK

CORN

FAMILY

FLAME

FRIENDS

GAS

GUESTS

ICE

KETCHUP

MATCHES   RELISH   SODA

MEAT   RIBS   STEAK

MENU   ROAST   TABLE

MUSTARD   ROLLS   TONGS

NEIGHBOR   SALADS   UTENSILS

PARTY   SAUSAGES   VEGGIES

PATIO   SEAFOOD   YARD

PLATES   SEATING

POOL   SERVE

PORK   SMOKE

PROPANE   SNACKS

Solution on page 366

Secretarial Work

```
U R A O D Z N U F I L E S S T R O P E R
S E C R E L I A B L E W T D E S K T G N
R S O G N I T E E M N Y N C E S G I O G
W E M A K I N G C O F F E E W N L I N S
I A M N B I F G T D R P M I I A T I Q C
Y R U I N T N E E E T D T N N A T R O H
R C N Z N I S L P I Y C N O M N W O S E
E H I E L D I E O O H A I R I Y R E H D
D R C I K V E N Y B L S O R I D X C N U
I F A K E K I R O P S F P E I A C I E L
T M T R K S A A R E N L P N F S K F R E
I N I O T T R R F I E X A D U T I F U L
N N O W E D E O U H S T N E M U C O D R
G B N R U T R T G N I S S E C O R P E C
Z M C E U P G C D O X A W Z C H G C C F
G E U P F N H A N J C G T M I R G A O Z
S M M A I A T T N K R O W Y S U B L R Y
W O C P I A Q N O R D E R I N G D N P V
C S Y R Q F C O I A N L I A M E N H U W
S T L W G X B C H M N T E E R G T E K S
```

APPOINTMENTS

BOOKCASE

BOOKKEEPER

BUSYWORK

CHAIR

COMMUNICATION

COMPUTER

CONTACT

COORDINATION

DATA

DELIVERING

DESK

DOCUMENTS

DUTIFUL

EDITING

EMAIL

FAXES

FILES

FOLDER

GREET

HELP

INFORMATION

MAILING

MAKING COFFEE

MEETING

MEMOS

NOTES

OFFICE

ORDERING

ORGANIZE

PAPERWORK

PLANNING

PRINTING

PROCEDURE

PROCESSING

PROFESSIONAL

RECEPTIONIST

RELIABLE

REMINDER

REPORTS

RESEARCH

SCHEDULE

SECRETARY

SWITCHBOARD

TYPING

Solution on page 366

Nature Walk

```
S G B H Q S W X B Y G S V B A M L Q K P
P B L G L F Q O L B G J I I H Q E C S Q
Z P L O V L V M L U M R Y Q H G A B H U
Z Q S S J G C I B L D I E P S P V H A U
E F D X H C A M E R A C L E K X E Y P I
G X L N Z R V F I B B W I C N T S H E I
I U B A T B I N O C U L A R S E W V S N
V B F X K L S O I V F B V L R L R I H R
W K Y Y D E T B N R X S P E H E L Y G R
A W A L C S O K E P O J P H S I F I F S
M E I T W U U T S S H T I B E I G X H K
Z W L N K C T S T S I K O H U G F M O C
K V O M D U S F S L E C A E C R F C C O
P O W U B Y I S E E C W R F J A S W E R
N T A D L S D S U R P F L E K S E E A C
I C J C I N E C S N O O J A X S C B N J
G E L S U R F Q R R W L G X M E B S D F
T R R O Z E T K E E R C P R A I R I E L
V V S I Y F Y S R R T S B X T V N Q Z Z
Y B K L O H T E M G N Y I S E Y Y A J K
```

ANIMAL
BACKPACK
BEACH
BINOCULARS
BIRD
BOOTS
BUGS
BUTTERFLIES
CAMERA
CLIMB
CREEK
DIRT
EXERCISE
EXPLORE
FERNS
FISH
FLOWER
FOREST
GRASS
GREENERY
HIKE
HILLS
INSECT
IVY
LAKE
LEAVES
MUD

NESTS
OBSERVE
OCEAN
OUTSIDE
PRAIRIE
RABBITS
REPTILES
ROCKS
SCENIC
SHAPES
SOIL

SOUNDS
SUN
TRAIL
TWIGS
WEBS
WILDLIFE
WINDY

Solution on page 367

Medical

Y E J B B O N E S O N R T E G P N G O H
C E O R K D A R E N I C C A V I D I C S
M H D I E B O Z H P H Y S I C I A N A U
L P E D S V N C C D N A I N O M U E N P
L A C C I D E N T R E A T M E N T C D B
S D E A K U L F I O Y B N S E T L N L H
O S Z X P U D F T F R U Y I L I U O E F
S J N I A R P S S L R H Y T N O O I S C
W E N I P M X M W S P A K I W D T T Z V
W E E N I C I D E M L A C H B U E P Q F
A F U J L B S S E N L L I C Z T I I Z J
S O H U L R O T E L D E E N H T M R B P
F C Z R S O R G A L L S T O N E O C G T
E F R Y T U R G E N T H S R R N N S S T
R G E E H T V U E R A C E B A H I E K K
T R A C E I P S I S O N G A I D T R G U
B X H D Z N S L E P H P N G L P O P M L
K I Y C N E G R E M E R U T C A R F Q V
A I M E N A M M Y H W K S Z C I Y Z E V
J N K X N P B A D X U I D R I U S V Y K

ABSCESS
ACCIDENT
ANEMIA
BANDAGE
BED
BLOOD
BONES
BRONCHITIS
CARE
CHECKUP
CLINIC
DIAGNOSIS
DOCTOR
ECZEMA
EMERGENCY
EMPHYSEMA
EXAM
FEVER
FLU
FRACTURE
GALLSTONE
HEAL
HELP
HURT
ILLNESS
INJURY
MEDICINE

MONITOR
NEEDLE
NURSE
PAIN
PHYSICIAN
PILLS
PNEUMONIA
PRESCRIPTION
ROUTINE
SCREEN
SPRAIN

STETHOSCOPE
STITCHES
TEST
TREATMENT
URGENT
VACCINE
WOUND

Solution on page 367

Written Material

```
W P J P B D N L T R O P E R P P E A L Q
J F X E N J I O F B W Q U U F O A Y P G
N N O E D S X C I W H C D E J E X H G N
E C E B T I L T T T H M R I B B P L L
Z L O V R D U A U I C H L N T C L A L M
O O T R Z A D G R T O I E P M A O R Z A
K M C Q R P K G A T E N F S N R G G Y O
W Q V Y R E L P H K I W A R I D S O N G
P P R V U N S N O I T C U R T S N I G A
U R T N I I O P H D P O L T Y T C B O V
U U O D D Z C V O O J D P E H O O H L W
B H G G Y A S S E N K I B X H R N H A O
L C T O R G V M J L D R V T D Y T T T P
T E M L E A S X Q H O E D I T O R I A L
Y E F U E M M R C C R C N E W S A C C A
M P P V P A M P H L E T G C Q K C K Y Y
X S V I B W F U P V T I X L E T T E R Y
T P I R C S R L I S D O C U M E N T A O
H U J O C E N L E T O N N Q F W L L I B
A B C A F X R T C T U S C E T W O R D S
```

ARTICLE

BILL

BIOGRAPHY

BLOG

BOOK

BROCHURE

CARD

CATALOG

CONTRACT

CORRESPONDENCE

DIARY

DICTIONARY

DIRECTIONS

DISPATCH

DOCUMENT

EDITORIAL

ESSAY

FICTION

GUIDE

INSTRUCTIONS

JOURNAL

LEAFLET

LETTER

LIST

MAGAZINE

MEMO

NEWS

NOTE

NOVEL

OBITUARY

PAMPHLET

PLAY

POEM

PROGRAM

RECIPE

REPORT

SCRIPT

SONG

SPEECH

STORY

TEST

TEXT

THESIS

TICKET

WORDS

Solution on page 367

Log Cabins

ARCHITECT

AXE

CEDAR

CHIMNEY

COUNTRY

COZY

DOOR

DWELLING

FIREPLACE

FOREST

FRONTIER

HISTORY

HOME

HOUSE

JOINTS

KENTUCKY

KNOTS

LAKE

LOG

LUMBER

MORTAR

MOUNTAIN

MUD

OLD

PINE

PIONEER

PRAIRIE

ROOF

ROUND

RURAL

RUSTIC

SETTLERS

SHELTER

SIMPLE

STACKING

STRUCTURE

TOYS

TRADITIONAL

TREES

VACATION

WALL

WILDERNESS

WINDOW

WINTER

WOOD

```
T S M Q O B B V A C A T I O N L B R D K
H R U O Q N U F I R E P L A C E E O X R
L V A L X S H V C I K Y X J Y A K U E F
N H Y D P O V H S H S R E L T T E S D N
S N Q F I M I G X E S H E L T E R K M F
Q X Y D E T C O N R E I T N O R F D O L
N G R F E L I F M D N R K L S Q N S R S
Q Y O C J R P O G E R U T C U R T S T Y
R O T L E Y U M N R E B M U L A E N A O
R J S W K N O M I A D R N A C R I N R T
P W I X T R O P L S L O T K S O R Y G F
F O H A E Z Q Y L K I U I G J E I Z F M
L D I T Y E Q Y E A W N D Y E B A O S O
L N N H D R R N W N G D O N L W R C E B
A I P R O B T K D D M V O A H E P N D U
W W N Q M U D N N S I I R U S T I C S O
O P E K C O S H U T P U H T M P E B C U
O Q L K H N X E G O R B O C E D A R Q S
D F Y N A V R H Y N C M M R N X U Z U U
V P V D R L O N W K R G E X H R A R X D
```

Solution on page 367

Aromatic

```
U G L A C I N A T O B B I N C E N S E S
M Z O R Q J P D A C A L L I N A V H E W
T S W D M P G R I L L I N G U V T A F I
R L G T L B N V V F U Y O U H V O M F S
M A R E N E H S E R F L Z T U L I P O I
X C P U O G L S W H O U Z S C K Y O C N
P I M Q I A L D U C M I S T O I J O I U
E M R U N M E Y N R E D N E V A L Q Z T
P E K O O M M O U A E M U F R E P R A M
P H J B E T S T M F C S R H E B T E A E
E C F V K B N E K U O M R Y W H I F F G
R Z L Q Z S Q A M I L O T I O N T X R R
M W Y R Q E T I E G Y K D R L E B A O C
I A H A D R N W B D V E A S F R S S R B
N U D Z R S E I P L A N T S E S B O I D
T A P M C P C K P G G H T A E R W A R M
W F E X Z Z S L X E S T D H E C U R R Y
H J Z C V L T O G S W Y I H Y S I A D A
E K Q L O O A X X O S J K F J M F P B T
F J D T V P D V Z Q J Q F P R W E E S P
```

APPLE PIE

BOTANICAL

BOUQUET

BREAD

CANDLE

CHEMICALS

COFFEE

COLOGNE

CUMIN

CURRY

DAISY

DIFFUSER

FLOWER

FOOD

FRESHENER

GARLIC

GRASS

GRILLING

HERBS

INCENSE

LAVENDER

LOTION

MIST

NUTMEG

OCEAN

ONION

ORANGE

PEPPERMINT

PERFUME

PINE

PLANTS

ROSE

SCENT

SHAMPOO

SMELL

SMOKE

SOAP

SPICES

SPRAY

TEA

THYME

TULIP

VANILLA

WHIFF

WREATH

Solution on page 367

Around Boats

```
W C O Y J V V X B K M U X G J P V U K Z
Q H I L G B Z S K F K B Q R Y T C G C T
M U A E E W E R C N O O T N O P I U C M
F U Z L A K E R I O C W B U K L H C Z A
T Y I L E L X O T I F Y R U Z C W C M L
Y F J F V S K R A H S M R A O W K O F W
B I J S X F B I T S Z E J U T Y K Q I G
B R I S E R A L F U P S R E P P I K S K
P W C N I A T P A C R S C R U I S E H T
U O S Y A G N A U Y E A D X T S A M R C
W R Z C H E H B R I G Y D F L G N U G P
A D X D B H C T B E D B A I U A D B D J
Q C E M H B X O S N I H P L O D N E Y O
M Q F T R O P K Y E C R L D E K N A L P
I K A Y A K I T N J E S R R T R O C C T
X Y C Z L R L G R L S I W A N C H O R X
T I R F K M I Z E C F A N Z C P C N V E
Q N T R C N A P T T Q Q O G A L L E Y I
L W A T E R S J S D V C D M U S S U V D
O J V X D F C J J K T F Z Q R T W J F X
```

AFT
ANCHOR
BEACON
BERTH
BRIG
BUOY
CANAL
CAPTAIN
CARRIER
COURSE
CREW
CRUISE
CUSHION
DECK
DOLPHINS
DRIFT
ENGINE
FERRY
FISH
FLARES
GALLEY
KAYAK
LAKE
MAST
MESS
OAR
OCEAN

PIRATE
PLANK
PONTOON
PORT
RADIO
ROW
RUDDER
SAIL
SCOW
SEAGULLS
SHARKS

SIGHTSEEING
SKIPPER
STERN
TOUR
VEST
WATER
WHALES

Solution on page 367

N at Start

```
W S N S P E W G O U V N P K H E Z G T Q
Q L J K Z K Y O H Y U U D I R G H H N O
A K E B G V W T B R L S C U L A V A N X
U Y M K K H B H S E A D T U F G N N Q N
P R I J C P T E V A P A G B D N N E U O
J F C A F I X O W U N A N O Y I P I S B
P Y D O B O N A T I V E N D N M S T O L
T M E Q M I H V O J X O R L I A N H F E
K G L D E Z I A V T I T S V N N R E Z I
U D V C F I A L H S E P U C O E O R Y Z
E V I T A G E N I Q S I E W S U V S O M
L A R T U E N E L S N X L E T T S E E W
N I F Y O A R I E U E L C T R H T N R P
M D O N T N C G T O S I U I I G O A A B
U K R U U N X H K R N N N F L I N U E V
U J R M S M C B N E O M Y O S N E G N I
D A B P N S E O G M N G N I I V C H R P
L E L E B V O R N U C L E A R T T T X Z
R E E K Y N Y V A N I S R N O W A Y B U
Z D Z N K K T U A L T L B I C Y R N E L
```

NAIL
NAMING
NANNY
NARROW
NASTY
NATION
NATIVE
NATURAL
NATURE
NAUGHTY
NAVAL
NAVY
NEAR
NECTAR
NEED
NEGATIVE
NEIGHBOR
NEITHER
NERVOUS
NEUTRAL
NEVER
NEXT
NICE
NICKEL
NIGHT
NITROGEN
NOBLE

NOBODY
NOD
NOISIER
NOISIEST
NONSENSE
NOON
NOSE
NOSTRILS
NOVEL
NOW
NUCLEAR

NUCLEUS
NUISANCE
NUMBER
NUMERAL
NUMEROUS
NURSE
NUT

Solution on page 368

See the Washington Monument

```
T L W E I V W R X C S O A S R I A T S G
N O X Q N D E T A C I D E D I T N G V R
E T Z S K O S R R Z S E L L P C V Y E G
M I S A Z Q T Q R E R T E C A D P T U X
U P O R U T E S N T W U V O T N Z R T J
N A B C W S N G Y V A O A M R E P E A U
O C E H Q D D R V I S I T M I P Q B T F
M I L I T A R Y M F H G O E O R W I S V
X R I T P E F U I M I O R M T E C L Y R
H E S E H W C R O U N V N O I S L A M D
V M K C I E E N Y T G E A R S I D I B Q
Z A A T K W I G E L T R L A M D N R O P
W S J U O P E G N D O N B T E E A O L Z
H P A R G O T O H P N M R E G N T M I H
C A K E R O W H I T E E L L A T I E C O
B S K G U L B M H M B N P F B B O M Q M
Y V E L B R A M G O A T Q E T I N A R G
D S T R U C T U R E N L A N D M A R K U
Z K B D O P F A J A I O L N A N L G P O
P R O Q W C N S B D D L R G N G I S E D
```

AMERICA

ARCHITECTURE

CAPITOL

CHERRY TREES

COMMEMORATE

DEDICATED

DESIGN

ELEVATOR

FIREWORKS

GEORGE

GOVERNMENT

GRANITE

HEIGHT

HONOR

INDEPENDENCE

LANDMARK

LIBERTY

MALL

MARBLE

MEMORIAL

MILITARY

MONUMENT

NATIONAL

OBELISK

PATRIOTISM

PHOTOGRAPH

POOL

PRESIDENT

ROBERT MILLS

STAIRS

STATUE

STONE

STRUCTURE

SYMBOLIC

TALL

TOUR

TOWER

VIEW

VISIT

WASHINGTON

WEST END

WHITE

Solution on page 368

In Anger

AGGRAVATE

ANNOY

ARGUE

ATTACK

BERATE

BITTER

BOILING

DEFEND

DEMEAN

DESPISE

DISGUST

FAILURE

FIGHT

FRUSTRATE

FURIOUS

HATE

HOSTILE

INDIGNANT

INFURIATE

INSULT

IRATE

IRRITATE

LEAVE

LIAR

MAD

OBNOXIOUS

PERTURBED

PITIFUL

QUARREL

RABID

RANTING

RASH

REPULSIVE

RESENTFUL

SCUM

SEETHE

SELFISH

SHOUT

SICKENING

STEAMED

UPSET

VENT

VILE

VIOLENT

WRATH

```
A Z V C P Q O B X R A S H Q N C M A F Y
E B E B E T L X T A W X T T Q Y Q P W I
T I Y S U O I X O N B O G S A U E E Z T
A G G R A V A T E T A R T S U R F G D E
I H N E L I Y T D I S N B O T G W H D K
R C W I Y O L E P N E Q G U A D S P D G
U E Y W N L M S U G V H R I L B I I J Y
F Z S N H E G P R R A B C F D B R B D I
N J A E A N K U E T E T N R F N R D A M
I C O N N T V C E D L P B O I L I N G R
D E M A E T S C I K B V U A A T T A C K
T J F D N E F E D S F I V L U O A B I N
C Y R Q J F A U H S E L F I S H T Y Q Q
V A Q T H G I F L T N E B Y U I E O N M
D M R S H N L T U Y E E D N O L V M M N
V O A C S S U A F T R E E S I P S E D O
W Z I U G O R V I A R D S T R E T T I B
Q K L M H G E E T A R I S Q U A R R E L
W T W S U N J E I F H O E O F E U D Y J
X M H E T F I X P G H V X O O T R Q L K
```

Solution on page 368

Science Experiments

```
L R P M O T O B G B H S I H E Z M A D A
B P H X N Y S D X A O P E C N E D I V E
X L V K H G M C I L O B T R E N R U B Y
J J B E A R O R I U I K A A E V Q D U Q
A E H S O A S D L S Q F C E R U S A E M
R W O Y J V I T H C Y I I S F R C L T P
T S W K C I S C W O H H L E F F B Q A M
C Q L A Q T E E M N A X P R X A E R R Q
R M W I H Y H S A C Z C E P T P T C Z D
D K E E D S T S B L A H R G S N L A T R
X K O T G E O I G U R E F T E S E O I O
R R E M K R P D C S D M B R O Z B K D C
Y S S O Q U Y N T I Z I E A I U G C G E
T Z U N Y D H E C O R S I L S C O R E R
J X F I N E R T A N U T I C O N T R O L
L A F T M C I I F L R R C C D F A I R J
O B I O L O G Y T E E Y B E A K E R O Q
E P D R N R G S N T Q I N V L C S U B N
Z E V R G P V I S E X S S T N E M E L E
L H R X C U Q R U S E L B A I R A V Y A
```

BEAKER

BIOLOGY

BURNER

CHEMISTRY

CONCLUSION

CONDENSE

CONTROL

DIFFUSE

DISSECT

EFFECT

ELECTRICITY

ELEMENTS

EVIDENCE

EXPLODE

FACT

FAIR

FRICTION

GAS

GRAVITY

HAZARD

HYPOTHESIS

INERTIA

LAB

LIQUID

MEASURE

MODEL

MONITOR

OSMOSIS

PARTNER

PHYSICS

PREDICTION

PROCEDURES

RATE

RECORD

REPLICATE

RESEARCH

RESULTS

SCORE

SLIDE

SOLID

STERILIZE

TABLE

TEST

THEORY

VARIABLE

Solution on page 368

Caring Nurses

```
N M E N Y N N P E G I L I S T E N L H P
D E J R P R G O Z A N W A T C H I B O D
W D R S A G E T I O J G T I S C E N F O
Y I M H R S F D I T E W T R E C O R D S
B C K O E I S T I G C C T N N N N N L E
J I S T H Q A E A V A E S T S O O I C S
B N B S T C V D S R O E J K I I I H K V
A E L B I S N O P S E R F N T T T A L K
K S E D W A O B B D M Y P A I A A Q C C
X E E P B T I F U S Z E N U V Z T U T H
Z M L T A T S M F S E I N R I I S E V E
K E W R T E S U N I M R V T T N X S P C
H R G E H N I E R A C P V G Y U A T L K
V G T A E D M M X T T E W A V M T I E L
X E R T R I D E E B R H H A T M N O R V
Y N O M C U A W P R O F E S S I O N A L
N C P E F N O I S U F N I S C S O S C Q
A Y P N R Z Y C X V M L Z R O T I N O M
H S U T A Z K H N C O L F L U I D S R V
O Y S C A D V I C E C W S A V Q A R T Y
```

ADMISSION
ADVICE
ASSESSMENT
ASSIST
ATTEND
BANDAGE
BATHE
CARE
CHECK
CLINIC
COMFORT
DESK
DOSES
EMERGENCY
ENCOURAGE
EXAMINATION
FLUIDS
HELP
IMMUNIZATION
INFUSION
INJECTION
LICENSE
LISTEN
MEDICATION
MEDICINE
MONITOR
OBSERVATION

OFFICE
PRACTICE
PROFESSIONAL
PROVIDE
QUESTIONS
RECORDS
RESPONSIBLE
SENSITIVITY
SHIFT
SHOTS
SPECIMENS

STATION
SUPPORT
TALK
THERAPY
TREATMENT
TRUST
WATCH

Solution on page 368

Television Technology

AMPLITUDE
ANALOG
ANTENNA
ASPECT RATIO
AUDIO
BANDWIDTH
BEAM
BRIGHTNESS
BROADCAST
CABLE
CAPACITOR
CHANNEL
CHROMINANCE
CIRCUIT
COLOR
COMPONENT
CONVERTER
CRT
CURRENT
DETECTOR
DIGITAL
DIODES
ELECTRON
FREQUENCY
HDTV

IMAGE
INDUCTOR
OSCILLATE
PHASE
POTENTIOMETER
RASTER
RECEIVER
RECEPTION
RESONANCE
SIGNAL

SPEAKER
SPECTRUM
SYSTEM
TECHNOLOGY
TRANSMISSION
TUBE
TUNER
VIDEO
WAVES
WIRELESS

```
C C I R C U I T U N E R N F M Z J A K T
Y B E S O I H C Z Y F M I C A E B U T J
I N D U C T O R E C E I V E R U L D X J
S S Q M L T C R L A T I G I D U D B O F
S P A B E Y N E A R N P W Q N Q C I A Y
S E I E N T R E T S T T N E N O P M O C
E C N A N O S E R E T R E V N O C P Q N
L T R M A I A Y C R D E C N T I H T J E
E R E M H Y E M S E U L R E N T R U H U
R U K T C G G C P E P C N E S A H P C Q
I M A D A O N D N L G T A C N R O F A E
W T E I Z L I U C A I A I S L T T J P R
G L P R D O L Q Y O N T M O D C Z S A F
O Z S H D N L I M H L I U I N E H S C E
L K D E Y H X E C V S O M D M P S D I I
A J S X T C T Y M S I I R O E S H E T J
N O R T C E L E I E O D G Z R A W T O V
A D T N R T D O K V S S E N T H G I R B
H T D I W D N A B A P B R O A D C A S T
H Y H I G X W I E W X V M S A L B F W B
```

Solution on page 368

Looking Good

ADMIRED

AESTHETICS

APPEARANCE

ART

ATTRACTIVE

BEAUTIFUL

BEHOLDER

CHARACTER

CHARISMA

CLASSIC

COLOR

COMPLEXION

CONCEPT

CONTEST

CULTURE

ELEGANCE

FACE

FASHION

FEATURES

GIRL

GLAMOUR

GRACE

HEALTH

HOT

IDEA

INNER

LOOKS

LOVE

MAGAZINES

MEANING

MODELS

NATURE

PERCEPTUAL

PERFECTION

PERSON

PLEASURE

PRETTY

SKIN

SPA

SYMMETRY

WOMEN

YOUTH

```
R S R P D D N Q U K P G R O K C A W F F
E Z L N B K F M X K P B H X H W G Q A T
E X Z L Z C H A R A C T E R J F O C S Y
A L W B U T O T S P L E A S U R E M S S
O P S C U F T K D P E R S O N V A L E E
P N X O L R I G R E D L O H E B E R V N
H E Y B S N B T J A Q Q H N H D U I U C
A E W Q Y B K U U R E N N I O T T X I U
C R N M M C L C H A R I S M A C F B N A
O U O S M M S W S N E J Q E A U P T A V
N O I X E L P M O C B B F R H E A L T H
C M T M T N C Z S E I O T Q R R C U U F
E A C I R E I C M H L T E C T L U D R P
P L E Z Y Y P Z O F A E E H J O L E E Y
T G F V T O J H A N E P G H M O T R L B
K M R T O C O S G G T T A A T K U I A F
Q K E L R L H P R U A E P W N S R M E S
C R P J C I S S A L C M S A T C E D Y G
P C O L O R R L C I L Q G T I D E A S N
G N I N A E M V E D A Y R D W X N G A D
```

Solution on page 369

Do Your Homework

```
X J X R B Z V R T S E T I R W U T B X H
W K Y W S M T H R R E A D R F Y L D T R
E A H C F I N A L A X Y R O T S I H O D
I N O Q J D T N C H Q E C I T C A R P X
V R X U T T W H U S S N O I T S E U Q F
E X T J T E E T N E M N G I S S A E Z Y
R I P X G R Y H P A R G O E G Q E L O N
E O E B E M E S Z A E N G L I S H C R R
P X N O O T O S D R A E Y O K R F A U F
O Q C O M P U T E R X R W O C A E L E Y
R G I K E D X T Y A A O N H A L E C D A
T A L S T Y E K M S R C H C P R F U O B
U C R C R M G G S K X C H S K V T L E F
T G E B Y G D O E M Z O H S C S W U H F
O P C J E C L E L L A N G U A G E S U Z
R H N M O G A S H O L T Z L B L E D M C
N O E D V R L S H P I O H C P D F P J M
R B I P R E P A R E H B C W A U K G J G
L D C N Y B Z Y D P Z O P R E P A P O E
M G S N Q Q Q O S M S E G A P C S B X V
```

ALGEBRA
ASSIGNMENT
BACKPACK
BIOLOGY
BOOKS
CALCULUS
COLLEGE
COMPUTER
DICTIONARY
ENGLISH
ESSAY
EXAM
FINAL
FLASHCARDS
GEOGRAPHY
GEOMETRY
GLOSSARY
GRADES
HISTORY
LANGUAGES
LEARN
MATH
MIDTERM
PAGES
PAPER
PENCIL
PRACTICE

PREPARE
PROJECT
QUESTIONS
READ
REPORT
RESEARCH
REVIEW
RULER
SCHOOL
SCIENCE
SCORE

STUDY
TEACHER
TEST
TEXT
TUTOR
WORK
WRITE

Solution on page 369

X-Men Films

ACTION
ADAMANTIUM
ANGEL
ANIMATED
BEAST
BLOCKBUSTER
BRYAN SINGER
CHARACTERS
COLOSSUS
COMIC
CYCLOPS
EVIL
FILM
FIRST CLASS
FOX
GAMES
HALLE BERRY
HERO
HUMANITY
ICEMAN
JACKMAN
JEAN GREY
LAST STAND
MAGNETO
MARVEL
MOVIE
MUTANT

MYSTIQUE
POWERS
PROFESSOR
ROGUE
SABRETOOTH
SCHOOL
STAN LEE
STORM
TEAM
THEATER
TOAD

TRILOGY
WAR
WEAPON X
WOLVERINE
XAVIER

```
M R O T S U S U R T M W F X L T E D F D
I U I J Y E I H S J E M O C N O I T C A
S P T C M G S A Q B C V R T P O W E R S
C Z S A B R E T O O T H Z U Z Q P R U Q
B O G T N B W Q T Y R L A S T S T A N D
Z F M M B T H A L L E B E R R Y E S E B
H Y T I N A M U H V L R S T A N L E E W
D I B B C E D M F O R J G M R C U U L G
X X L T I R I A C I Z Q A N E E T H E B
J R O V E O S K M Q R G M F A H I E V B
B A O A T G B R Y A N S I N G E R V R W
D M C S E U M I N E N I T W F R J T A S
Z C O K S E T I T C C T O C C O H R M X
Y J O T M E M O F O K L I Y L E X V P P
H O E T L A F X L I V E C U A A K Q E S
A R U T T K N O V E L L P T M J S V V D
N A M E C I S R R A O M E U Q I T S Y M
G B D A H S B I I P T R I L O G Y X Q E
E P P M U B N X S C H O O L O L I J Q B
L M R S V E O D K U K N Y N I M L H J T
```

Solution on page 369

Attire

BACKLESS
BANDEAU
BIKINI
BLOUSON
BODYSUIT
CAMISOLES
CHIFFON
CLOTH
CONSERVATIVE
COTTON
FABRICS
FLANNEL
GLAMOROUS
GOWNS
HALTER TOP
JACKET
LEOTARD
LYCRA
MAILLOT
NYLON
RUFFLING
SATIN
SHIRT
SILK
SLEEVELESS
SMOOTH
SPEEDO

SPORTSWEAR
STRETCH
SWIM DRESS
SWIMSUIT
TAFFETA
TANK SUIT
TANK TOP
TEXTILES
TUNICS
VELVET
WETSUIT

```
G C F A C B H C A N E F X B V W N A B R
G F J S Q L I T C L Y H O U J C T W A V
B T N Z L D O A A G C L K B M A E J C E
N J O O W S M T A N K T O P A F C H K L
C B S Y D I D S H R K H W N I D N K L V
Q A U S S E R D M I W S G K L B C Z E E
Q N O O U P E O S Y W J U B L H H V S T
P D L M Z O O P J E N D Z I O Y I H S U
A E B K X Z R R S P L V B N T T F A A N
S A Z R O E U O T S O I L O A W F F T I
U U M E V Z F P M S W T T V D P O R I C
W Y A T E F F A T A W S R X Y Y N H U S
C S W T K A L S S E L E V E E L S V S L
K S H I R T I A N S S G A Y T T F U M E
M S T U C S N V L N D K K R C L L W I O
P O A S T O G O O W B S C I R B A F W T
S H S T R E T C H O W I G R R W N H S A
G D J E I N J T G G A R B I K I N I I R
X B F W C N S M O O T H Z A M L E R L D
Y H T Q Q C G K Y N C Y A R C Y L Y K D
```

Solution on page 369

Navigational Sports

ADVENTURE

CANOE

COMPASS

COMPETE

CONTROL POINTS

DIRECTION

EQUIPMENT

EVENT

EXERCISE

FAMILY

FITNESS

FLAGS

FOOT

FUN

GEOGRAPHY

GPS

HIKE

LAND

LOCATION

LOST

MILITARY

MOUNTAIN

NAVIGATE

NORTH

OUTDOORS

PARTICIPANTS

RACE

RELAY

ROGAINING

ROUGH

RULES

RUNNING

SKI

SPEED

SPORT

SPRINT

SURVIVAL

TERRAIN

TIME

TOPOGRAPHICAL

TRAIL

WALKING

WILDERNESS

WINNER

WOODS

```
Q B N S I P Y G F V Y N G N I N N U R T
Y R M P R C G L A V O R Q I T R O P S C
I G J B K P I I M X G V A A I A I R I G
I A E E B S T N A P I C I T R A P M T W
D W Y E Z P E O N A C F U N I I Y X S H
P D X I T N E M P I U Q E U H L P N S L
H N U P M K X S K O H A V O I Y I T E R
J A I I J W E S M E G J U M H A N M N O
S L A V I V R U S T U R A P R I B K R G
E V E N T O C L P E O F A R O L S A E A
L E N O O Z I I E P R R E P D H C N D I
U E O D U E S A E M G T L K H E O V L N
R F T H F G E R D O V O K Q J I E O I I
I U H K P T T T E C R R H A T N C K W N
O W A L K I N G Y T I M E C T A O A I G
O E T A G I V A N A U B E U T S M V L H
X F W S R S D O O W L R R I H P P F Z Z
A C P P O U C Z L S I E O D F L A G S C
B E S W N L P M D D U N R P H Y S N K T
X O X C G F K C C B F I T N E S S Z I F
```

Solution on page 369

Dental Checkup

ANESTHESIA
APPOINTMENT
BRACES
BRIDGE
BRUSH
CALCULUS
CHAIR
CLEAN
DECAY
DENTIST
DENTURES
DRILL
ENAMEL
EXTRACT
FILL
FLOSS
FLUORIDE
GARGLE
GUMS
HYGIENIST
LIGHT
MINT
MIRROR
MOLAR
NEEDLE
NUMB
ORAL

PAIN
PICK
PLAQUE
POLISH
PROBE
RINSE
ROOT CANAL
SCALING
SCRAPE
SEALANT
SPIT

STAIN
STERILE
TARTAR
TEETH
TONGUE
TOOTHPASTE
WATER

```
K Z K T R P Z H G G P N I U L E L L T X
K M W R E I X T U W Q O B M U N L N Q M
A S W L K D A E P X R S A D K N I F V O
J J E F J N H E O A D B B Y P M F A E Q
R Y R K M G Y T L P O R O H Y B X R T S
O Y E E F D E T I D U S E C A R B A Q S
B X G B T G U M S S E N I T C A R T X E
U T N E O A B E H R A E N Q J T O T E W
D O S A W R W S U M M A N R A O D Q P G
T P U I E G P T E Q L I T R T F I L A Y
W E L M N L N L K A A N R H V L C B R D
T L U B G E C I E C E L P R A U Z B C B
D J C D D H I S L M I A P N O O G R S R
E T L R O H Q G T A S P A I N R C I T I
C H A I R W F N Y T C C L T S I T N E D
A G C L X A I S E H T S E N A D K S R G
Y I A L I O R A L O M S I A P E T E I E
C L L K P Q K I O Z S L Y O E S S O L F
D I M P H N V R I G S P I T O N G U E S
U M A O R D H H M M O O D Y E A E U K U
```

Solution on page 369

Watching Cartoons

```
L D L R D M A S E T I M E S O Y E S C P
W O N D E R W O M A N T F W L R R U A E
E N B E S U O M E I N N I M I R E P R B
L A E S U O M Y E K C I M I S E H E T B
K L T P O P E Y E A H O F U A J T R M L
N D T B M Y B G B L A R U F S D N M A E
I D Y O Y F H A L V R T S N I N A A N S
W U B O T O O E R I L S T A M A P N J A
L C O D H O M T A N I A H M P M K L E D
L K O Y G G E O R G E J E T S O N F L B
U K P B I D R Y E R B Y G A O T I E B O
B C Y O M A S O P E R B R B N U P L B B
U U O O I F I C S N O M I U D L K I U E
N D G C O F M E A N W U N G B P U X R G
D Y I S O Y P E C U N G C Z U B B T Y N
E S B N B D S L K R X H H D A Z L H T O
R I E O O U O I D D U F R E M L E E T P
D A A O O C N W F A T A L B E R T C E S
O D R P B K K N N O S P M I S T R A B Q
G I P Y K R O P Y R F S Y L V E S T E R
```

ALVIN

ASTRO

BARNEY RUBBLE

BART SIMPSON

BATMAN

BETTY BOOP

BETTY RUBBLE

BOO BOO

BUGS BUNNY

BULLWINKLE

CARTMAN

CASPER

CHARLIE BROWN

DAFFY DUCK

DAISY DUCK

DONALD DUCK

ELMER FUDD

FAT ALBERT

FELIX THE CAT

GEORGE JETSON

GOOFY

GUMBY

HOMER SIMPSON

LISA SIMPSON

MICKEY MOUSE

MIGHTY MOUSE

MINNIE MOUSE

PEBBLES

PINK PANTHER

PLUTO

POPEYE

PORKY PIG

ROAD RUNNER

SCOOBY DOO

SNOOPY

SPONGEBOB

SUPERMAN

SYLVESTER

THE GRINCH

TOM AND JERRY

UNDERDOG

WILE E COYOTE

WONDER WOMAN

YOGI BEAR

YOSEMITE SAM

Solution on page 370

Remembering Albert Einstein

```
P X Y T I V I T A L E R L A I C E P S M
R O H T U A P L A D E M Y E L P O C L R
O Q U A N T U M U I N I E T S N I E I K
F S J E T M A T H E M A T I C S R A G N
E N E R G Y D I S C O V E R Y O H T H A
S S T N E M I R E P X E T H G U O H T I
S Y R O E H T N O T O H P N U C L E A R
O N I L O I V H D N A L R E Z T I W S A
R E K M S I T E N G A M O R T C E L E T
E C A P S B M O B C I M O T A P J S V I
Q I N O I T A T I V A R G E R M A N Y N
U F Y R O E H T Y T I V I T A L E R V A
A F K Z T C E J O R P N A T T A H N A M
T O S E I R O E H T Y T I S R E V I N U
I T X X O D A R A P R P E Y R O T S I H
O N V E Z I R P L E B O N F A M O U S R
N E H T S I T N E I C S H C R A E S E R
S T N A R G I M M I S R A E L B R A I N
J A C I R E M A J E W I S H R E T T A M
V P R I N C E T O N Z G E N I U S S A M
```

AMERICA
ATOMIC BOMB
AUTHOR
BRAIN
COPLEY MEDAL
DISCOVERY
EINSTEINIUM
ELECTROMAGNETISM
ENERGY
EPR PARADOX
EQUATIONS
FAMOUS
GENIUS
GERMANY
GRAVITATION
HAIR
HISTORY
HUMANITARIAN
IMMIGRANT
ISRAEL
JEWISH
LIGHT
MANHATTAN PROJECT
MASS
MATHEMATICS
MATTER
NOBEL PRIZE
NUCLEAR
PATENT OFFICE
PHOTON THEORY
PRINCETON
PROFESSOR
QUANTUM
RELATIVITY THEORY
RESEARCH
SCIENTIST
SPACE
SPECIAL RELATIVITY
SWITZERLAND
THEORETICAL PHYSICS
THEORIES
THOUGHT EXPERIMENTS
TIME
UNIVERSITY
VIOLIN

Solution on page 370

Pay Your Taxes

```
B M E N C L Z R E Y A P X A T A H U N T
T Y F E T A K N R U T E R N Y P O W E D
X P S I G N A T U R E R Q B U M A J Z K
Q Y I L A O A X P A Y M E N T G N B C K
S T R E S S S T N A D N E P E D O S W Z
T A B M C R X B N L D W C S O O I E R J
Z V R W S E L U S U A N I C K R T I Z R
A O L E N P R R W K O R U K A W P T E N
F I N C O M E E L I A C E F F R M L N J
C D L C I B N A T P T E C D E Z E A O I
J Z A L T X T U S R P H R A E R X N I J
W L I E C E B C D E B U H B I F E E S E
V A C T U I J R R P P K R O W R E P A P
M M N A R Q Z A O A B K S A L A R Y V A
T W A T T K G C C R A K P Q O D T O E Y
F I N S S H S Y E A D E D U C T I O N S
Z O I E N R G J R T D O N A T I O N S T
C R F L I A B I L I T I E S S O R G G U
R E P O R T I N G O V E R N M E N T M B
W V O B C E X T E N S I O N U M B E R S
```

ACCOUNTANT

BOOKKEEPER

BREAKS

BUREAUCRACY

CONTRIBUTION

DEDUCTION

DEPENDANTS

DONATIONS

EVASION

EXEMPTION

EXTENSION

FEDERAL

FINANCIAL

FORMS

GOVERNMENT

GROSS

INCOME

INSTRUCTIONS

IRS

LATE

LIABILITIES

LIEN

MAIL

NET

NUMBERS

OWED

PAPERWORK

PAYMENT

PAYSTUBS

PENALTIES

PERSONAL

PREPARATION

PROPERTY

RECEIPT

RECORDS

REFUND

REPORTING

RETURN

SALARY

SIGNATURE

STATE

STRESS

TAXPAYER

WAGES

WITHHOLDING

Solution on page 370

Mahatma Gandhi

```
M B D P A C I F I S T S A F O U H V N A
P J P P X E Z X C N I A T I R B R Z K M
I M H R C Y T R E V O P R O T E S T B T
Y S D A I R J M O D E E R F Y C E K S A
G U E I E S E Q N E H R U W N I E I B H
O P T D S V O P D C X T A A Q C V N R A
C R A E O O T N R G A L I L N I L D U M
D E N M I T B A O C G R E A T S O U L P
L T I O E Q M E G N A I T C C Q V T H O
X I S C T T D T D T V S A I L K E I S L
U R S R L C Y Y E I I I B G A A L C P I
A W A A T R N G E S E G O O M O D E S T
Z W S C E U E W E P N N N L S U M G B I
C L S Y Y V L R G I M U C O E K S S A C
K Z A Q F R I E N R V K P E U N T L C S
L R J A L P V N L I J H Y D N H T E I R
P S I M P L I C I T Y N O I G I L E R M
H T U R T P C L Z U N Q W I S D O M F D
H E U I S F A Y T A S E R D R Y T R A M
Y A S G W S F E I L E B G P A I P J M T
```

ACTIVIST

AFRICA

ASSASSINATED

BELIEFS

BRITAIN

CIVIL

DEMOCRACY

DISOBEDIENCE

FAITH

FAST

FREEDOM

GENTLE

GREAT SOUL

IDEOLOGICAL

KIND

LAWYER

LEADER

LOVE

MAHATMA

MARTYR

MODEST

MOVEMENT

MUSLIM

NEHRU

NONVIOLENT

PACIFIST

PEACE

PHILOSOPHY

POLITICS

POVERTY

PRAYER

PRISON

PROTEST

RELIGION

RESISTANCE

RIGHTS

SALT MARCH

SATYA

SIMPLICITY

SPINNING

SPIRITUAL

TRUTH

VEGETARIAN

WISDOM

WRITER

Solution on page 370

Competing

F D P Q V S E L A S H F F P S X H K G X
Z Y O R K W W D P C T O Y R O T C I V M
N U Z E O T E O C E U N A Z I R N K S A
B B Z U H F R V J R S E E N T E P I C E
E B G G E T E L H T A O D N P M N O V T
T Q I A S Y R S N I W I L O O O M D P N
A F T E S R O W S F V V C T G P E S L S
B S B L I M C K A I I Y I A E C P Z A Y
E U J S N E S P D C O V T T D O A O Q R
D Z S J G D J U O A A N E C Y N E H U O
C X Z I I A A L W T A E A V S T U S E L
B J V T N L L A E E G N L L X E F E T S
S N R R G E R S W N D K F E W S Y R F X
D Q I L G D S N O I P M A H C T G I T S
R U V I D Y C S D N O B B I R T N E A T
A F A T T N A E G A P P V R I I S L M
W T L E G I T S E R P M E U S O C O E M
E O R D E E C C U S Y M D H J X N M N K
R B Y Z Q Q B J P L A Y E R X A A O T M
C H M H K D B Q O F E W R X K G D M H D

ANTAGONISM
ATHLETE
AWARD
BUSINESS
CANDIDATE
CERTIFICATE
CHAMPION
COLLEGIATE
COMPETE
CONTEST
DANCING
DEBATE
DEFEAT
ELECTION
FAME
FIGHT
FINISH
FRIENDLY
GAME
HONOR
INDIVIDUAL
LEAGUE
LOSE
MEDAL
MOTIVATES
OLYMPICS
OPPONENT

PAGEANT
PLAQUE
PLAYER
PRESTIGE
PROFESSIONAL
REWARDS
RIBBON
RIVALRY
SALES
SCORE
SERIES

SINGING
SPORTS
SUCCEED
TALENT
TEAM
VICTORY
WIN

Solution on page 370

See the Family

```
V X G F A B N B Q W V Q H M Y J N H G L
F D J H U C R L O V E R E W O H S X U Y
P I N R N O X C T D E D E Y Y X G T Q L
D Y F T T S F C N P U D D U R E H T A F
R G Z H M H O E K I F Q R I N A O D Z J
H P E Z M I K M E R E C S I N I M E R K
S R G N T E S V M T M O N K E G O Q N E
K N M N E V I J I S H Z S T D I N N E R
I Z O W M R N Y T I T G A T H E R I N G
V V T I D K A E Y T I R I K N I E C E V
J A H J T D L T T V B I E N C B M J R Z
Y C E P H O P A I E R R J S R D M R D Q
P A R T Y B M N L O E E X J S E K P L S
P T R E D D G E A L N O V K M F V R I G
G I U R N N C I U S E I R O T S U O H F
B O T A H E O D Q B R E R G S Q E L C U
B N R H V P E B H O L I D A Y S V T U X
R G M S L H L A I C E P S R E L A X B P
E I W E C E T E N S K A I J Q L I P T V
K G D S G W Q U Q G E F T X K I N E Z L
```

AUNT

BIRTHDAY

BOND

BROTHER

CELEBRATE

CHILDREN

DINNER

DRIVE

EAT

EMOTIONS

FATHER

FLY

GATHERING

GENERATION

GRANDMA

HOLIDAY

JOY

KIN

LOVE

MEMORIES

MOTHER

NEPHEW

NIECE

OVERNIGHT

PARTY

PASSOVER

PLAN

QUALITY TIME

RELAX

REMINISCE

REUNION

SCHEDULE

SHARE

SHOWER

SIT

SPECIAL

STORIES

STRESSFUL

TALK

THANKSGIVING

TRIP

UNCLE

VACATION

WEDDING

WEEKEND

Solution on page 370

Jungle Trip

ADVENTURE
ANACONDA
ANIMALS
ANTS
ATTRACTION
BOAT
BUGS
CABIN
CANOE
CULTURE
DINING
DISCOVERY
DISNEYLAND
DIVERSITY
EXCURSION
FISH
FLOAT
FOOD
GIRAFFE
GORILLA
HIPPOS
HUMID
JAGUAR
LANDSCAPE
LEECHES
LION
MACAW

MONKEY
NATIVES
NATURE
PARROTS
RAINFOREST
ROCK
SAFARI
SHIP
SHORE
SKIPPER
SNAKES

SPIDERS
TOUR
TRAVEL
TREK
TROPICS
WATER
WILDLIFE

```
D M S K F J C T I A N C C K Y G M L G W
R C E Q Y L H D H S V G Y L F N N W R L
J X V H T Q O V N B C A B I N S T D I H
I B I F W A C A M U U W S O P P I H V T
U N T O B I K H T G L K I I Z S T T D Q
W J A O Z E R O H S T R D L E V A R T C
L A N D S C A P E H U E T E D O Q B E A
D I V E R S I T Y O R S O Y B L X X K K
V R U G T P B W T S E O T R O P I C S T
Y U O D O V C H Y R E V O C S I D F E F
N E X C U R S I O N A D V E N T U R E Y
J F P E K I I F K D P C W F R A U G A J
X F V S F H N L N A Y Z T G V T A N T S
I A E T H I U O L G E Q N I A R I Q C P
R R F O A U C E K A K I S N O M L A H W
A I Z R N A M D I S N E Y L A N D Y A Q
F G P R N A R I I I O Y I L I S Y T J R
A Z L A M Q C F D N M O S E H C E E L N
S K I P P E R Q F Z N B G I L R W X Z M
M J C U X C R X S E K Q P D O B W T X A
```

Solution on page 371

L at End

ANNUAL
BARREL
BRAZIL
CARNIVAL
CHAPEL
CRUEL
DENTAL
DOUBTFUL
EASEL
FAITHFUL
GENERAL
GRADUAL
GRATEFUL
HELPFUL
HOTEL
INTERVAL
JEWEL
MATERIAL
MUSICAL
NOVEL
ORIGINAL
PEACEFUL
POWERFUL
PUPIL
RATIONAL
RURAL
SEAL
SHOVEL
SIGNAL
SOUL
SPELL
SQUIRREL
SYMBOL
TERMINAL
THANKFUL
TOOL
TOTAL
TOWEL
TRIBAL
TUNNEL
TYPICAL
USUAL
VITAL
VOCAL
YELL

```
Y S U H Q T L A C O V N R S J B M J L X
C A P B N E E E Y Q E Z F E X A I X O T
F G O E N S W R V M D A H A A W M B O O
N P E N L U O S M O J D X L V S A W T N
A P U P I L L I A I H E S U S R E W E A
Y T L W J A H V L G N S W G R L L L E Y
F M M A T E R I A L I A Q E E O A I B Q
Z L A O L E L T N U B A L U L N E Z R N
W F T P E A U A G F K U A C I W E A U W
T L F Q C R F L I H F L V G L R M R R T
P U W I O K R Q S T U B I I E L R B A C
L L P Z L V E X B I L R N G P D S E L L
A Y H R B X W U R A O T R E A A A B L A
T S Y L E V O N N F E A A K H A V T A U
Y R Y Y S D P O D R T C C B C N A J C D
W U I M O J I J V E E M X R P N Y O I A
J T W B B T C A F F U H D E N T A L S R
F A F D A O L U U T A L E U R C L P U G
Z K P R U L L L U F K N A H T O P S M Y
C W W Y P A W U S U A L E T O H R Z V F
```

Solution on page 371

Watching *The Beverly Hillbillies*

```
R E K N A B U S H P E V M I C Z G C H T
E L C M U M N E I G H B O R S U M T A F
R X P A E G E A U O O K L O F N I K M G
U D R N L N T T Y Y N A P M O C L I O G
N Q W S A I O O I R W I Y F K D L D B J
S A T I D T F H H H E A F V C B I C N U
K G O O S R F O G S W N O J U V O H L B
L W C N Y U B K R A D D E R R W N I S Z
B E Q L R O F A H N U N N R T B S L B P
Y N Q O D C U T C K I D I A I L C L U O
T I Q O R N A B E K R A D G K A S B D T
I R E P M H O K L Y W Z O R P C L I D I
C H S G E B K P S O M O B E O K A L Y O
O T T N W C C D T L O O O E P G M L E N
U E A I O M A P E N N D R D O O I Y B S
N J T M Y L I M A F E C H Y S L N I S W
T H E M E S O N G B Y M T O S D A K E A
R D N I M O O N S H I N E R U R A L N M
Y P S W E A L T H C I R J C M N V B Z P
E E S S E N N E T P Z K G R A N D M A J
```

ANIMALS

BACKWOODS

BANKER

BLACK AND WHITE

BLACK GOLD

BLOODHOUND

BUDDY EBSEN

CALIFORNIA

CEMENT POND

CITY

COMEDY

COUNTRY

COURTING

DOG

DUKE

ESTATE

FAMILY

GRANDMA

GREEDY

HILLBILLY

IRENE RYAN

JANE HATHAWAY

JETHRINE

JETHRO BODINE

KINFOLK

MANSION

MILBURN DRYSDALE

MILLIONS

MONEY

MOONSHINE

MR DRYSDALE

NEIGHBORS

OIL COMPANY

OPOSSUM

POTIONS

RERUNS

RICH

RURAL

SHOTGUN

SWAMP

SWIMMING POOL

TENNESSEE

THEME SONG

TRUCK

WEALTH

Solution on page 371

Like a Cat

```
T T J S Q G J H L G F W C N F D P D A E
M J N H E Z E O A K Y A R N B M V Q I Y
M S H E X L P E V O K N O I L L S Q B Y
Z Z W D G L I U P L A Z Y F S P H S B I
L V I P O I U G L Y E K W I T G P M U J
M V I N X T L J A H N V K E R F Y A S I
K X H Z Q H Y L Y U S L O R E S U L W N
C Q I F T E A Z E N A W Q C T C U L A F
R E S U O M M M A T J N H E C O N P L J
G S T A I L Y G S R N K R E H P O U C F
D W D H A I J X R P C I W O E M F P O K
S X R T G B D R A P O E L Y B F G O T B
S S I V Z Q U X G U M I B P Y B Q K E A
I E I D T P D G S L P B L E C N U O P L
S L W J N Q S S I H A T E E H C G T R T
B M Y N T H O E D T N L H N D M H E S B
L Q F C I U F W Q U I E T H G U G V M K
R J R W I M T F I F O R A U G A J I N E
B U U U I P E G I S N R D G L A L E R T
F O P L Y Q C J S L E E P E R C U E P M
```

AGILE
ALERT
BENGAL
BOUNCE
CHEETAH
CLAWS
CLIMB
COMPANION
CRAZY
FIERCE
FLUFFY
HIMALAYAN
HISS
HUNT
INTELLIGENT
JAGUAR
JUMP
LAZY
LEOPARD
LION
LITHE
MEOW
MOUSE
MYSTERIOUS
NAP
PET
PLAY

POUNCE
PROUD
PURR
QUIET
REGAL
SHED
SLEEP
SMALL
SNEAKY
SOFT
SPOILED

STALK
STRETCH
STUBBORN
TABBY
TAIL
WISE
YARN

Solution on page 371

Highly Organized

AGENDA
APPOINTMENT
ARRANGE
CABINET
CALENDAR
CATEGORIZE
CHORES
CLASSIFY
CLEAN
CLOSET
CLUTTER
CONTROLLED
DELEGATE
DIVIDERS
DRAWER
EFFICIENCY
ERRANDS
FILE
FOLDER
GOAL
HOUSEWORK
INVENTORY
JUNK
KEEP
LABEL
MANAGE
METHODS

MOTIVATE
NEAT
NOTEBOOK
OFFICE
ORDER
OUTLINE
PACK
PAPERS
PREPARE
SCHEDULE
SEPARATE

SORT
STACKED
STORAGE
SYSTEM
TIDY
TIMER
TRASH

```
E T A V I T O M U J E N I L T U O C O K
X R P A Y P F O E S R A R Q I S H P Y M
F Z P F O Y M O R G R E D R O T G A Y M
K R O W E S U O H R A E S E R O H C D E
E Z I R O G E T A C N N M T M R K K I T
A L N T N P W N O K D R A I F A L N T H
V K T O A W G N Z W S W A M T G V U J O
Z Q M P K E T V L W X B J D V E A J T D
X K E O Q R N K O O B E T O N G U E V S
R R N A O H H C A B I N E T E E S C J C
S R T L V C E C Q A J W O N E O L L K H
R P L Y I F C L E O Z R D E L E G A T E
N E F F I C I E N C Y A Z C E E S S C D
D E D E L I F A M M D I V I D E R S Y U
J K Q L X M F N E R A P E R P E T I U L
U E L A O B O T A D E K C A T S R F P E
S V B B I F S W H F L A R T R R H Y D K
X P L E Q Y E C Z Q Q A U Y A L O C I Z
A Y E L S R G N R I T L O W S M Q S M U
S M D H H M W V W E C J D G H M L O P O
```

Solution on page 371

The Transformers Franchise

```
X V S E M D R E T A E H T U K W V N P S
Z Q D K R M R O F S N A R T N I T O Y E
F E B U C D U X Q M T O F U M O M C S Q
R O M A C H I N E I E E M I R P I I T U
Y F U L T R L S Y M R T C R B G D T K E
P E X R D T T I G K T H A V O N B P C L
Q Y S S A E L Z V U A W W L A I U E M A
C O T M J S T E R E I S Y H Y T M C C U
K R E F E W Y A L M N S C T K H B E Y S
G S E M A G G B M L M R E N K G L D U N
O N L W C I A D H I E A N Z S I E D T O
F Q E B O Y H T I M N F E E E F B X E P
R M L I F P B S R S T A R S C R E A M A
K Z S L L D M E Q O G A D I I Z E C L E
Q K E J H A S B R O N U L H O I C L N W
W K I Q R T S M B T D X I C V B S E D R
H K R V K K T O B O R T H N N P R G E P
F A E I V O M I C I M O C A A G C L M X
C L S T O Z R R T Z F A N R Y Y J V L I
B Y O D K K Y K A Q Q F K F P H Q V E Q
```

ACTION

ALIEN

ALLSPARK

ANIMATED

BATTLE

BUMBLEBEE

CAR

CHILDREN

COMIC

CUBE

CYBERTRON

DECEPTICON

DISGUISE

ENERGY

ENTERTAINMENT

EVIL

FIGHTING

FILM

FRANCHISE

GAMES

HASBRO

MACHINE

MARVEL

MEGATRON

MERCHANDISE

METAL

MICHAEL BAY

MOVIE

POWER

PRIME

ROBOT

SEQUEL

SERIES

SHIA

STARSCREAM

STEEL

THEATER

TOY

TRANSFORM

VOICES

WAR

WEAPONS

Solution on page 371

At the River

```
F J M Z M Y X F Z I P C D Y U B X I K U
G O T A O B M A E T S L E N N A H C E R
N C S E G N A G U W N E A A M Y L O K A
P O I H C N F A A A U O Y A M O C L I P
W N I H I N R T Y P O E R X I N G U X I
O I W T Y K E A H F R R A F V W R M F D
L R Z U A R N R S A E J D G R Q W B N S
L O J N W G A N W V O M U R L E U I Q A
A D S A T T I A I A R A M V A O V A M N
H A Y Z E T L R E W L O A I I K V I M D
S R E S N E E R A R T U P A M H A R B
F O P A D T S L P I B R N Q U F G E O A
C L C M I S S I S S I P P I G D V D Z R
G O V H E A F M U I V U L L A I D N D P
T C W N R L U P I A M B K L R S D A C Z
P S N A O W W O L L E Y E N A S U R P R
S E G W S E Q P A W H N E D H N H G O H
T I I T I E L O E M A E C A M O T O P S
P N H C O N R I V E R B O A T L I I R L
G E P G N K P Q Z G D C P E C H O R A E
```

ALLUVIUM

AMU DARYA

ARAGUAIA

ARKANSAS

BED

BRAHMAPUTRA

CHANNEL

COLORADO

COLUMBIA

DEEP

DELAWARE

EROSION

EUPHRATES

FLOWING

GANGES

GREEN RIVER

IRRIGATION

KOLYMA

LIMPOPO

MAGDALENA

MISSISSIPPI

ORINOCO

PECHORA

PILCOMAYO

POTOMAC

RAPIDS

RIO GRANDE

RIVERBOAT

RIVERFRONT

SAINT LAWRENCE

SALWEEN

SANDBAR

SEINE

SHALLOW

SHORE

STEAMBOAT

TENNESSEE

TOCANTINS

VOLGA

WATERWAY

WHITE RIVER

XINGU

YANGTZE

YELLOW

Solution on page 372

Talent Contest

```
J S O L J S C H O O L O L J H C T A W M
E N N I A M H W U D H K X I J N U T A P
G O E H N S O K Z T E E C A G D W G Y Y
H N N I Q T R O E G D U J Y I Q I U L Y
M S I A A A E A Q L W I G E Q C K B Q T
L X T M I D O R E G K U N O H A K P C C
L E U L I P G Y M H Y C Y E L U Q L Q A
I C O V R M R D D I E M E T Z O O A H B
N N R U E T A M A E S R N O E W N Y E I
H A A J I A P C H W M S F A N I P O Y L
U D C V B G H K I S N O I S S E R P M I
M Y Q T R W Y L K S N A C O S T K A M T
A U D H I R T N E M U R T S N I I Z V I
A G Z N T N E T Z D X M W P O C D C A E
M J N E A R G N I L G G U J I E S K S S
A E O V V B N T R I C K S S S R Q O E V
R P S O X S I Y P T T H R E U X N L K L
D S U O Y O S G N I T H G I L G W Q O F
H S Y N N Q H E A K R K B A L L E T J C
V R Y S I U F E Z S Q D Z H I C P I F L
```

ABILITIES

ACTING

AMATEUR

AUDIENCE

AUDITIONS

BALLET

BAND

CHEER

CHOREOGRAPHY

CLOWNS

COMEDY

DANCE

DRAMA

GYMNASTICS

ILLUSIONS

IMPRESSIONS

INSTRUMENT

INTERMISSION

JOKES

JUDGE

JUGGLING

KIDS

LIGHTING

MAGIC

MIMING

MONOLOGUE

MUSIC

NERVOUS

PIANO

PLAY

POETRY

PRIZE

RECITE

REHEARSAL

ROUTINE

SCHOOL

SING

SKIT

SONG

TAP

TRICKS

VARIETY

VIDEO

WATCH

WINNER

Solution on page 372

Yearbook Memories

```
U E I P L Y L G J M T Y F R M J M O D F
O I F M S N O I T C I D E R P M L I I U
N S L H O R G A N I Z A T I O N S R C W
F E N Z J S P P C E M A S C O T H E M E
M R A S U B T O E H N E C S I N I M E R
O U M I N U Y L S O I I C I M E D A C A
I T H G I L H G I H P E L A W A R D S E
H C S N O C V T K K E L V E P E I U G K
K I E I R T A Z M A E Q E E M S W E E A
W P R N P U S S F R N L D O M I U Q W S
G Y F G D S E K O J P E Y S G E T L I P
X I T A A G J M H O M E C O M I N G E E
Z D R L A O O R R E Q N A D R I N T A E
H G C P U H E T S U S L X I O A L M Y K
T O T R P C R S O Z S E P J T T B E B W
U F N O O A A T E Q Y S N U R I E U W G
O E S R I G E F F A V O R I T E S S Y K
Y Q D T E S E I R O M E M I O E V I Q E
D P S S T R O P S W S K O O B R A O Z C
L E O V J W V H R G H N A M E S B X C N
```

ACADEMIC

ACHIEVEMENT

AMBITION

ANECDOTES

AWARDS

BOOK

CLASS

CLUBS

COVER

FACULTY

FAVORITES

FRESHMAN

GOALS

GRADUATION

HIGHLIGHT

HOMECOMING

JOKES

JOURNEY

JUNIOR

KEEPSAKE

MASCOT

MEMORIES

MESSAGES

MOST LIKELY

NAMES

ORGANIZATIONS

PAGES

PEOPLE

PICTURES

PORTRAITS

PREDICTIONS

QUOTES

RECORD

REMINISCE

SENIOR

SIGNATURES

SIGNING

SMILE

SOPHOMORE

SPIRIT

SPORTS

THEME

TIME CAPSULE

TIMELINE

YOUTH

Solution on page 372

Wear It

BADGE
BANDANA
BELT
BLAZER
BLOUSE
BOW
CAP
CLOTHES
COAT
DRESS
GLASSES
GOWN
HAT
JACKET
JEANS
JERSEY
JEWELRY
LEGGINGS
MITTENS
NECKLACE
PAJAMAS
PANTS
PIN
RING
ROBE
SANDALS
SHIRT

SHOES
SKIRT
SLACKS
SLIPPERS
SMOCK
SNEAKERS
SOCKS
SUIT
SWEATER
TIE
UNDERWEAR

UNIFORM
VEST
WATCH

```
H O V S K C S E N H L E K B V H F P L M
Q G T U Q H F I Q D F P N E E B K F K T
X D S S H I R T Z D Y R C H O S K C O S
F P I G L J P U E O G S S W E A T E R U
U T F Z P A N T S O H O H B L A Z E R E
M J P R A Q C T A O C S W G P T K G C S
M K R O V R M K E S F N X W L A R A U U
M C A J D R E S S G L A S S E S L S I O
U Q V N S C K C A L J E V N S K N P D L
Z N K U P T E H N E A J S O C E I K R B
M M I C M B Q S W R M D G E T D P B V J
L S K F O U A E L F I J N T F Y J A G J
D C F R O M L H S I D N I A E E Y N I C
Z M S V A R S T Y I P M G U S S Z D T X
W J W J Y P M O R K J P G U B R K A Y V
Z V A C Q T A L O I R A E W R E D N U H
F P T C O U N C W R K G L R F J L A B F
P N C S K Y H V L P D S O N S U I T S V
G V H Y E E A T T A W M Y W K F S L Z C
Y F Z E F V T D B U S H W B N Q D P D P
```

Solution on page 372

Kung Fu Panda in Theaters

```
G Y F V S J R I T A S W A W M G F U A K
W N R D P O Z D D M N W R O U S V F A B
W P I G U X T N E M N I A T R E T N E O
F K D T G N F F C K K Q H J G P G R I U
Y Y G R H C U I L Y C U L C A E A L E F
N A N Y A G R E G I T M M R L C V N A I
P G U S P G I S T R A L A I T R A M K H
I J L M H N O F A N E M N Z B H I U G S
X N I U A I U N U Z O A D L C L N E N I
A E A L I N S L A U J R A E Y G M V K T
R L T C W I F E N O E C I F F O X O B N
N E L L I A I T L A K K R U S D R A W A
Z U T U F R V I M L C P Y E N S I D E M
E Q U C E T E W G A N D W O T I Q K L R
I E Y P A C O M J U D A O T R S A X L O
C S I E S R V I A X E T M A D N A P E U
B V E S K A A W L B R O H F S C O M I C
X X O S N N T H E A T E R E F I L M V K
V R M L B E O A C T I O N Y R O T S O I
Z B K Q W J R M W Z L M C F U O H Z M B
```

ACTION

AMERICAN

ANGELINA JOLIE

AWARDS

AWESOME

BEAR

BLACK

BOX OFFICE

CARTOON

CHARACTER

CHINA

CLUMSY

COMIC

CRANE

DISNEY

DRAGON

DREAMWORKS

ENTERTAINMENT

FAMILY

FIGHTING

FILM

FURIOUS FIVE

HERO

HOFFMAN

JACKIE CHAN

KIDS

KUNG FU

LUCY LIU

MANTIS

MARTIAL ARTS

MASTER

MONKEY

MOVIE

PANDA

PARAMOUNT

PIXAR

SEQUEL

SHIFU

SNAKE

STORY

TAI LUNG

THEATER

TIGER

TRAINING

VIPER

Solution on page 372

Somewhat Unusual

```
E G N A R T S P E C I A L A H W R A N S
I Q R S E X T A N T Q M A B A C U S H P
P L A T Y P U S V U A O R L W R V E H E
A D R E X A L B I N O S A E O M B V C H
K S E L O H K C A L B N E R R A Z I B S
O I R P J Q K T A A O X A L S L O T H W
P T U U H S E K C I T S G N I K L A W J
B N O T A E H J T R D I F F E R E N T O
V A S N I W T P A S E C C E N T R I C Q
F M D I Z U E O C U N C O M M O N G U L
P G C U W C R O X O L A C I P Y T A N J
O N M Q X D I S T I N C T I V E D M T B
F I U E I W A T E R S P O U T R O I L Q
B Y T N Z H M E H E H I L L U S I O N S
V A A A M A E L S T R O M P Z G B A D X
H R T L I G T P I S Z M L V G F O V D D
Y P I I R F E I F Y M E L L I B E O H S
Z R O E A I O R X M T H E S P I L C E L
N T N N G S R T O S C V H E R I F X O F
W T S S E H S Z B R E I S R A T S N O P
```

ABACUS
ALBINOS
ALIENS
ATYPICAL
AURORAS
BIZARRE
BLACK HOLES
BLOBFISH
BOXFISH
DIFFERENT
DISTINCTIVE
ECCENTRIC
ECLIPSE
EXCEPTIONAL
EXTRAORDINARY
FOXFIRE
HAGFISH
ILLUSIONS
IMAGINATIVE
MAELSTROM
MANATEE
METEORS
MIRAGE
MUTATIONS
MYSTERIOUS
NARWHAL
ODD

OKAPI
PLATYPUS
PRAYING MANTIS
QUADRUPLETS
QUICKSAND
QUINTUPLETS
RARE
SEXTANT
SHOEBILL
SLOTH
SPECIAL

STRANGE
TARSIER
TRIPLETS
TWINS
UNCOMMON
WALKING STICK
WATERSPOUT

Solution on page 372

Machismo

ARROGANCE
ATHLETICISM
ATTRACTIVE
BEARD
BOAST
BOLD
BRAG
BUFF
CHALLENGE
COCKY
COURAGEOUS
DARING
EGO
EMBELLISH
ENDURANCE
EXAGGERATE
FEARLESS
FIGHT
FITNESS
FLEX
FORCE
GYM
HEROIC
MALE
MANLY
MASCULINE
MIGHT

MUSCLE
MUSTACHE
POSE
POTENT
POWER
PRIDE
PROTECTOR
PROVIDER
SMUG
SOLID
SPORTS

STAMINA
STRUT
TESTOSTERONE
TOUGH
VALIANT
VIGOROUS
VIRILE

```
K F Y I B J G T Q G H F F U B F E V T G
G I B S D G U M S O L I D W O H M W N A
H G U O T T T S P O R T S R C P O S E W
A A L N T H Q C M J H N C A V F P G T S
W N E O S W G N B J I E T S W X C N O R
R I U N A E N I L U C S A M E S M I P D
O M E E O O M G F O U S J H T G H R R U
H A E C B R M B C M R K M R N I O A Q E
D T N N P S E K E E A I U F A V E D E P
V S D A R U Y T W L G T T E I B M J X P
C M U G O O Y O S H L N V D L O B B A A
I Y R O T R P S T O I I E J A E F C G W
O H A R E O J S J M T R S L V P D L G V
M U N R C G K E E C N S R H L P N I E X
Y O C A T I A L A L J I E E L A M Y R X
O A E O O V G R M S I C I T E L H T A P
L C P T R X T A U Y S R H E R O I C T J
V D M N E T N E R O S F I M U S C L E N
H R U P A L E F B B C X R V M P K E O T
H U I M Y G E V T X R B Q Y C Z U U X H
```

Solution on page 373

Saddle Up

```
E D H H K S Y L C L M X Q B A A R J D F
A Y M I S R K E X G Z O N X J R O D E O
H I J E A S F S B P I F O K E W H X N A
O B J H H R Q T A J W R I H B Q B J G E
D U C F K S H O P E M O T O R C Y C L E
W G I B C N S O L I A A A H O S S C I F
L Y Q J A Q B B F B E T C T W D T N S B
T Q M F T G A F L L V A I Y N W Y R H M
P U R R I T S A D D L E T R E E L E A F
U X U H S V N B D R E S S A G E E T W P
O W Y L C K P A D C B F E N D E R S Q E
W U P P E O L C R U N P M C E O H E I Q
X H D T M H A A C S G R O S P O Q W O T
V A N M O M N K M H U M D P E U X O T Y
D Z E A E C L Q J I F A U S I J L R B L
I L D L H E H O G O N S T N U O M F F P
U J I T T C H C R N C A E L A I M Q G F
V F R U G N I T N U H K F D U L A F M A
A X V I S P A H C I N I E R H F B I P W
G H Y O B W O C B A C K U Y H W K H G Q
```

ANIMAL
BACK
BAGS
BLANKET
BOOTS
BROWN
BUCKLE
CAMEL
CANTLE
CHAPS
CINCH
COMFORT
COWBOY
CUSHION
DOMESTICATION
DRESSAGE
ENGLISH
EQUINE
FENDERS
GIRTH
HUNTING
JOCKEY
LEATHER
LOAD
MOTORCYCLE
MOUNT
OIL

PAD
POMMEL
RANCH
REIN
RIDE
RODEO
SADDLE TREE
SEAT
SHOES
SIT
SOAP

STABLE
STIRRUP
STRAP
STYLE
SUPPORT
TACK
WESTERN

Solution on page 373

Capitals of the United States

```
V Y O V A X I N E O H P P P H E Y T A K A
M X T N R I C H M O N D K N T K A L A N
C G N I S N A L N R S C N I M C S B Z A
L A E T C Y R O E L R E C O I P L A N S
H K M S S N L V I A Y N N L R C U N Y H
A E A U A U O N M E O T K I Y E A Y B V
R P R A L D C S H S G E N T O P P A O I
R O C U T O I C R O U G Q T O M T X I L
I T A T L B L E M A F U S L H O S S S L
S W S N A O F E E I C N I E N F U E E E
B A A N K F R N E M O S L R B R B C D M
U S N D E Y U L S T G E O O H A M N R N
R H T J C J D U S A N U P C J N U E O O
G I A A I S N O A A G H A K A K L D C T
D N F U T G B A H E O O N C C F O I N N
E G E G Y T I C A M O H A L K O C V O E
N T E U C D S O L Y M P I A S R Z O C R
V O A S H G I E L A R E D I O T G R Z T
E N O T S E L R A H C H N H N L C P U R
R X R A D R O F T R A H I W B T O S S Y
```

ALBANY

ANNAPOLIS

AUGUSTA

AUSTIN

BATON ROUGE

BISMARCK

BOISE

BOSTON

CARSON CITY

CHARLESTON

CHEYENNE

COLUMBUS

CONCORD

DENVER

DES MOINES

DOVER

FRANKFORT

HARRISBURG

HARTFORD

HELENA

HONOLULU

INDIANAPOLIS

JACKSON

JEFFERSON CITY

JUNEAU

LANSING

LINCOLN

LITTLE ROCK

MONTGOMERY

NASHVILLE

OKLAHOMA CITY

OLYMPIA

PHOENIX

PROVIDENCE

RALEIGH

RICHMOND

SACRAMENTO

SALT LAKE CITY

SANTA FE

SPRINGFIELD

ST PAUL

TALLAHASSEE

TOPEKA

TRENTON

WASHINGTON

Solution on page 373

History Books

```
J M Y I G M H Y Q B Y B I C I V I L R Y
J T T V U Q Y H P A R G O I B W G F A B
Q W A Q E M J V F A I L U R E T U N N J
V E E X R S L A D S A F Y O C Q D O F K
G W R Y I X E L C S L N Y T A E I I I H
J S T K P Y A I L T E R C S E H Y T G C
A T M N M V M I R E A G P I P L E A H R
D N U C E O E K N T U D A H E M F R T U
X E U I N M A A I P N R V E R N O G I H
A V D O C O P L R N R U O R L N T I N C
X E C U K V I O A M G E O P I D H M G E
M E Y G A M G T L W Y E V C E Z D D M C
A T O T P R O E N E X P L O R A T I O N
P N C F E Z E X B E V E K P L X I L M F
S A O S L I C T O R V E I A R U O S L I
E E S I T S C B A U T N D S J N T W A U
D O M F T W V O T P O L I T I C S I Y V
W A D A A A B O S Z R O R E L I G I O N
L W T D B R N K H O Z O S T U D Y V A N
G E K E N N V W W A B N C I W H Y V U Q
```

ANCIENT
ARMY
ASIA
BATTLE
BIOGRAPHY
BOATS
CHRONICLE
CHURCH
CIVIL
COLONIES
COUNTRIES
DATE
DEVELOPMENT
ECONOMICS
EMPIRE
ERA
EUROPE
EVENTS
EXPLORATION
FAILURE
FIGHTING
INVENTION
KING
LAW
MAPS
MEDIEVAL
MIDDLE AGES

MIGRATION
MILITARY
NATION
NAVY
PAST
PEACE
POLITICS
PREHISTORIC
PROGRESS
RELIGION
REVOLUTION

SOCIETY
STATE
STUDY
TEXTBOOK
TREATY
WAR
WORLD

Solution on page 373

IS Words

ANALYSIS
BRUISED
DAISIES
DECISION
DEVISED
DISAGREE
DISASTER
DISGRACE
DISGUISE
DISLIKE
DISPUTE
DISSOLVE
DISTANT
DISTINCT
DISTRESS
DISTRICT
DRUGGIST
EMPHASIS
ENGLISH
FOOLISH
LEISURE
MINISTER
NOISIER
NOISIEST
NUISANCE
PISTOL
POISON

PRECISE
PRISON
PROMISE
PUNISH
RAISING
REGISTER
RESIST
RISING
RUBBISH
SATISFY
SISTER

TENNIS
VANISH
VARNISH
VISIBLE
VISION
VISUAL
WISDOM

```
W O S Y G N I S I R E T S I S E A D Z A
D R I M O D S I W F A D I S V N D T K X
S E E S X R S T I G D C E L M O Y X Q U
N I I T X E U H D F S D O H D S F S X E
E O N V S G T C I R T S I D A I S I E S
P S I N D I S G U I S E D V D R I B G I
B C I S E S N N C I H E A I D P T R T C
U D O M I T U I D J T R S I S N A U B E
H D O T O E E I M T N G S S O T S I T R
S J E G N R S B X I R A T I H X R S S P
I C T S O T P T S A S S S S S T P E I N
N O I S I E R H C T E I P Y I A J D S P
A L A N S V D E E L C D P L N G H E E S
V O C H I G E R B E N T M A U X G P R Y
I T K S V N K D D I A L N N P B C U M R
S S S I G I I G Y S S F H A Y K U K R E
U I V L E S L C B U I H J E T U P S I D
A P I O B I S B J R U N D V I S I B L E
L S J O P A I T G E N G R U B B I S H I
H U S F Z R D G R U P Q Y C U W K D W B
```

Solution on page 373

It Has Legs

ALLIGATORS
ANTS
BEARS
BENCH
BIRD
BUGS
CAT
CENTIPEDE
CHAIR
CHICKEN
CHILDREN
COW
CRAB
DANCERS
DEER
DESK
DINOSAURS
DOG
DUCKS
FROGS
GIRAFFE
HAMSTERS
HORSE
INSECT
JOURNEY
LIONS
LIZARDS

MAN
MILLIPEDE
MONKEYS
MOOSE
PEOPLE
PIG
ROACHES
SHEEP
SOFA
STAND
STOOL

TABLE
TIGERS
TRIPOD
ZEBRA

```
C L I K S R O H R K P B D C Z Y K Q F K
G G P P T D Q D H I G O J G S V V Q P I
L K D C A X A L L I G A T O R S K B R H
A Z J J N M L V J X E R F I U V I C S P
U O H T R A B X J I Q A Q H O R S E Z B
Y W I B U G S U E S O O M T D A N T S V
Q B N J R K M Y N F T S M E L P O E P B
W O S F Y H J C E A F A O X P Z Z C Y N
D O E R B S N A N K N A N E E U T A A K
Z N C D U P V Z I T N E R D L I H C R E
D J T C O A R D A W R O E I G P J S B P
H O H N B B S N G I O P M E G S H E E P
I V O A E L L O A S I F R P C D Z L Z W
Y R R A M K D H N L E S D Q A R O B F N
H C R L B S C K L I N H U N T A A A R D
W S E C E N T I P E D E C I O Z E T O W
K S E D N Y M E H V B E K A Q I M P G F
C R D T C P Q T R C R V S I O L I N S C
L W J H H L I O N S B M M J L R P Z J U
V C I Z D U W G H H T L O O T S N M D U
```

Solution on page 373

All about Waves

```
R S C G R E E T I N G U O P T I C S S Y
H E P M U I D A T S O K C O H S I N E O
N T T I M O T I O N C I N G R Y A K A N
I E S Q T B G R R K F R S V Y I S N O K
I W O J H P N M J E P P E R I O D I D M
I Y C R G D I I I A C A D S E K T E C P
I O G C I R T U Q R N T R F T P R E O S
N Y V I L E A E G B I O I T R P S O C O
L T D J O I R V D V H D I O I D L I B B
G P L C R O B A I N B D S T N C U A D T
V N E A I I I W N T E B K A C A L W K N
D A I D F N V O J O A V H D Y A T E Y E
N U A D I L P R E E I T H T J Z R Z G N
I R G C N T U C E D U T I L P M A F R A
W H E Q U A T I O N G C C O T O V S E M
Q E C T P R T M D N O Y R E N A I G N R
Z I Z K T O L S E L Q Q L G L A O T E E
B P U X S A U L E Y B D O O G F L B S P
G B B P N R P V W K C F R E Q U E N C Y
O Y S G F J J E R J M L V G W L T R Q L
```

ABSORPTION
AIR
AMPLITUDE
BOAT
CREST
CURL
DIRECTION
DISPERSION
ENERGY
EQUATION
FLUID
FREQUENCY
GOODBYE
GRAVITATIONAL
GREETING
HAND
LAKE
LENGTH
LIGHT
MICROWAVE
MOTION
OCEAN
OPTICS
PARTICLE
PATTERN
PERIOD
PERMANENT

PHYSICS
POOL
RADIO
REFLECTION
REFRACTION
RIDE
SAND
SEA
SHOCK
SINE
STADIUM

STANDING
SURF
TIDE
ULTRAVIOLET
VELOCITY
VIBRATING
WIND

Solution on page 374

Amazing Apes

AFRICA

ANCESTOR

ARMS

ASIA

BANANA

BIOLOGY

BLACK

BONOBO

CAGE

CHARLES DARWIN

CHEST

CHIMP

CLIMBING

DANGEROUS

EVOLUTION

EXHIBIT

FOREST

FRUIT

FUR

GIBBON

GORILLA

GREAT APE

HAIR

HOMINOID

HUNTING

HYLOBATIDAE

INTELLIGENT

JANE

JUNGLE

KING KONG

LARGE

ORANGUTAN

PRIMITIVE

RELATIVE

SIMIAN

SPECIES

SWING

TAIL

TARZAN

TREE

TROOP

WILD

ZOO

```
Y U H F U B O N O B O G W U C S G E G K
J N N I N G A V Z I N A T H Z A X T Q C
B S K A A K V N E S M R A A Z H G K B L
L B I S F T U T A G X R E N I I U E S H
F P W I R A P R W N L N U B N L N U T U
S Q J M I R J E X E A D I T A B O L Y H
E H T I C Z L E S J L T E F U R I Z J O
O K U A A A H D P I K L Y Z E M T I R M
S Q T N R N A M W A L I C G C B U W J I
Y Q H G T R C T E I T S N Q Q I L I K N
Q F E W W I U E G C H A W G B O O J Y O
H Z G I P L N E S E D E E I K L V H Z I
R A N O R A N G U T A N V R N O E X L D
O A I M I T G I B B O N I P G G N A Z G
J R B R M S R A D J P R T B M Y Z G O Y
R Y M A I E F R U I T S A L L I R O G T
C L I U T H V N W L E F L A B N H I O G
T S L Y I C G O R R S P E C I E S C S Y
A K C C V L P O O R T A R K Q C V M C K
X Q F P E R J F J G V Y E U O Q E T C D
```

Solution on page 374

American Civil War

```
V I C K S B U R G R U B S Y T T E G N J
N S T E M A N C I P A T I O N T R L O X
O I M S I N O I T I L O B A T U O H I S
T S R E E L E T R E B O R E B C N B T T
T T E D E C E S D N R G K S N C A X C H
O O T A K X J A O O S C R I A T N J U G
C N S K N T E R T S I E L L T H T N R I
S E U C A M T I E P T M D L T G I T T R
F W C O Y H N S E E A W E U X O E Q S S
O A E L J O S E P H E J O H N S T O N E
R L G B M Y G F A L G S R E H T A F O T
T L R F L R O R L J O H N A D A M S C A
S J O U O E B R A X T O N B R A G G E T
U A E E G A Z V S T A R S A N D B A R S
M C G E L L I V S R O L L E C N A H C R
T K I N O N N A C H I C K A M A U G A E
E S L A V E R Y H O U S E D I V I D E D
R O A I T I L I M U Z Z L E L O A D E R
J N C O N F E D E R A C Y R L A V A C O
Z S D A E H R E P P O C W N U R L L U B
```

ABOLITIONISM

ABRAHAM LINCOLN

ANTIETAM

BATTLE

BLOCKADE

BORDER STATES

BRAXTON BRAGG

BULL RUN

CANNON

CAVALRY

CHANCELLORSVILLE

CHICKAMAUGA

CONFEDERACY

COPPERHEADS

COTTON

EMANCIPATION

FATHERS

FORT SUMTER

GEORGE CUSTER

GEORGE E PICKETT

GETTYSBURG

HOUSE DIVIDED

JOHN ADAMS

JOHN CALDWELL

JOSEPH E JOHNSTON

MEADE

MILITIA

MONITOR

MUZZLE LOADER

NORTH

RECONSTRUCTION

ROBERT E LEE

SECEDE

SIEGE OF PETERSBURG

SLAVERY

SOUTH

STARS AND BARS

STATES RIGHTS

STONEWALL JACKSON

ULYSSES S GRANT

UNION

VICKSBURG

YANKEE

Solution on page 374

Must-See

APPEALING
ATTRACTIVE
BOLD
BRIGHT
CHARISMATIC
CLOTHES
COLORFUL
COMMANDING
CONSPICUOUS
DECORATION
DESIGN
DYNAMIC
ELECTRIC
ELEGANT
ENERGETIC
ENGAGING
ENTHRALLING
FANCY
FLAMBOYANT
FLUORESCENT
GLAMOROUS
GLITZY
GLOWING
GORGEOUS
HANDSOME
ILLUMINATED
INVITING

JEWELRY
MAGNETIZING
NOTICEABLE
OBVIOUS
PLEASANT
POPULAR
PRETTY
SCINTILLATING
SHINY
SPARKLE
SPECTACULAR

STRIKING
STUNNING
STYLE
TANTALIZING
UNIQUE
VIBRANT
VIVID

```
D E S I G N D X G Y E C R M R A C I P C
G N I T A L L I T N I C S D B O L D L O
E E X V F T V Y F D S H O U N I Q U E M
L R A L U P O P E E X A D S Q U V W A M
B G P T P X J C H F T R P R E T T Y S A
A E P G T E O T I N V I T I N G I W A N
E T E L I R O T N E C S E R O U L F N D
C I A I A L A B W U T M V I B R A N T I
I C L T C B L C O G L A M O R O U S A N
T Y I Z A E G U T E N T H R A L L I N G
O O N Y C L S A M I C I M A N Y D E T T
N Q G I O Y A B G I V C E M O S D N A H
H S C W H T A M A G N E T I Z I N G L G
K T I O Y S S P E C T A C U L A R A I I
L N D F L A M B O Y A N T Y Y B Y G Z R
G A U D G O R G E O U S W E L G F I I B
V G N I K I R T S K V I V I D O A N N V
J E W E L R Y F I G S T U N N I N G G S
G L G O B V I O U S P A R K L E C J K Z
H E C C I R T C E L E J I R J L Y W M N
```

Solution on page 374

Solving Rubik's Cube

```
C K L R T C I G O L M E S I M R C J Z T
F P R R E O H U N G A R Y E O E P G G V
R I N Z W L Y A N W R T T T Q I A C Z T
D E F I U O E D L U A S A F V D I E V C
U L D E P R O P B L Y T V O Y T H S C N
F A T Q B S L B X S E I T H G I E I E U
A G I S N U A O O G F N B X E T S D A F
H D P W Z T C V Y P C Y G Y T S E E E Y
J A E K T K I B U R O N R E A E V S L P
S J R E I R N G C K M S V L R T O D Z L
L K M D Q E A P N Y P H C X T N M I Z R
C A U S G L H M T I E I T R S O A F U U
G X T N D M C W S R T L A I I C T F P N
S J A U T T E J W E I A B T R M H I O O
S R T W R Z M O Z A T R R M B O L C P L
O U I E O N L D G Q I I M T A J G U U B
L S O R V L N Q E Q O R H L S R E L L W
T I N T E L L I G E N C E W W U C T A R
C Q S Y U D O C Y B P L A Y L J R S R M
E E O F J E D S H Y L S E B M Y G F M S
```

ALGORITHM

BLUE

CHALLENGE

CLASSIC

COLORS

COMPETITION

CONTEST

CUBE

DIFFICULT

EIGHTIES

ERNO RUBIK

FAD

FRUSTRATING

FUN

GAME

HARD

HUNGARY

INTELLIGENCE

LOGIC

MATH

MECHANICAL

MOVES

ORANGE

PERMUTATIONS

PIVOT

PLAY

POPULAR

PUZZLE

RED

ROTATE

SCRAMBLE

SIDES

SMART

SOLVE

SPEED

SPIN

STRATEGY

SYSTEM

TOY

TURN

TWIST

WHITE

YELLOW

Solution on page 374

Antenna Technology

ADJUST
ALUMINUM
AMPLITUDE
ANALOG
BANDWIDTH
CAR
CHANNEL
CONDUCTOR
CURRENT
DEVICE
ELECTRIC
ELEMENTS
EQUIPMENT
EXTEND
FOLDING
FREQUENCY
HERTZ
IMPEDANCE
INTERFERENCE
LONG
MAGNETIC
NOISE
PARABOLIC
POLE
PORTABLE

POWER
RADAR
RECEIVE
RECEPTION
RESONANCE
RETRACTABLE
SATELLITE
SIGNAL
SOUND
STATIC

TALK
TELESCOPING
TELEVISION
TERMINALS
TRANSMIT
TUNE
VEHICLE
VOLTAGE
WAVE
WIRE

```
A S P J Z G T H G B S J D K D Y P V R K
R K G S T N E M E L E X T E N D I W E A
T T W T R O O N E F C Y I I V C M X L X
R E U D E L D I M S I G N A L I P E C K
Z N R Z G L R E T R A C T A B L E E I Y
E Z O M N C E Q V P G W E T A O D C H J
O V Q K I O L S M I E K R N N B A Y E A
N D A P D N I E C J C C F E D A N C V R
R I H W L D A S N O G E E R W R C G S U
W G E B O U O L I N P D R R I A E O W P
L U F E F C Z S S V A I E U D P T L L U
F C I T A T S Z E D E H N C T K I A C I
R A D A R O W D L Q D L C G H N L N I Q
D L B E C R Y C N E U Q E R F U L A R T
T N H T I M S N A R T I P T M P E A T Z
L P U X C O O Q F R I O P I B W T D C U
R E W O P O R T A B L E N M P Y A J E I
L D E Z S T W I R E P U J I E H S U L S
U Z W C I T E N G A M E C N A N O S E R
N O J J N O I S E G A T L O V Z T T U K
```

Solution on page 374

Have Some Champagne

```
H B F D W L L Z B U X G L A B E L E A A
M T C R D H V J L M J U H T N O C Y H N
E Z R H V A X S L C P R O D U C T I O N
X P N H K Y V E Q Y H L A W C Q A T V I
X I V G D A C P V U Z E T I H W X C L V
X G H T T N H A Y I A C E L E B R A T E
Y X S O A I H R C H T L L R O I B V V R
N I G O J Y U G H T J S I A S O M I M S
U F N U F X G L A S S E E T J I S N Q A
P G S Y U A B S R A V R A F Y N F E P R
Y J A L G W Y A D O M L N C E C I P O Y
L H D A J N W T O T S B U P E R E C P O
G B F T E G I D N O K N X N I L M L W G
W U E I C X Q Y N K R E T U L F L E W N
E I D G N O I T A N O B R A C E D A N I
F J Y V A X R E Y R C F T F U D N R R T
F W Y T R A P E T G P I A L I Q U I D S
H K U I F I K W D A O S O N J T B L F A
R R O D N Q E S L N D V G U C Y S P I T
B Y H K B B R U H H E N I W E Y G S Z F
```

AGE

ANNIVERSARY

APPELLATION

BOTTLE

BRUT

CARBONATION

CELEBRATE

CELLAR

CHARDONNAY

CHEERS

CLEAR

CORK

CRISTAL

DATE

EXPENSIVE

FANCY

FERMENT

FESTIVE

FINE

FLUTE

FRANCE

GLASS

GRAPES

ICE

ITALY

LABEL

LIQUID

LOVE

LUXURY

MIMOSA

PARTY

PINK

POP

PRODUCTION

QUALITY

RED

SPRAYING

SWEET

TASTING

TIPSY

TOAST

VINE

WEDDING

WHITE

WINE

Solution on page 375

Astrological

```
G E R Z N S P I T F Y B P R O P H E C Y
U B S D L U D R Y H O R X A H G C H M Y
H H T X O R T C I D E R P D Z N R T F G
C I E L U U A R C H A R T W E O Q I U X
K A L G C A I D O Z W E R U T U F A V N
V W L T A T N E M N G I L A N Y T O F U
K D A K G W N O T S I F C F W E E B M O
M T R I C E E E J I N I M E G M Y S O H
F D J I A I R N O I T A N I V I D E O T
O U F R P P P I H S N O I T A L E R N D
W W T S R S Z K O O F Z E J G I O V F R
L H I E I J R N I O E S N S U S Y A O A
B H T F C Z G A R T A S E G C E M T P G
I N S Y O O B E T H I C E O K I A I L O
I W U U R A C A P S N D P N L C S O A N
Q A P P N A B R Q A O E O Y I C H N N M
E K A N S E F B N Y I M L D E H C N U H
H V M T F D V I W E J E N S R P C G S O
K X O P E D F L A R O I P R O C S I F K
Y V B L Z N K I Y V A H H I L O S S L V
```

ALIGNMENT
CAPRICORN
CHART
CHINESE
DIVINATION
DRAGON
EARTH
FAMILY
FINANCES
FORECAST
FORTUNE
FUTURE
GEMINI
HOROSCOPE
HUNCH
INDICATOR
INFLUENCE
INTERPRET
LEO
LIBRA
LOVE
MAP
MONKEY
MOON
NEW AGE
OBSERVATION
PHASE

PISCES
PLAN
PREDICT
PROGNOSTICATOR
PROPHECY
RELATIONSHIP
SCORPIO
SIGN
SNAKE
SOOTHSAYER
STARS

STELLAR
SUN
TAURUS
TIPS
VENUS
VIRGO
ZODIAC

Solution on page 375

Information Overload

```
C S E L U D E H C S J Z Y Y Y E S K N U
X N V I E F Y V Q E P D Y R C T R I S T
L I B N N M R V N A A R E N A Q A F O G
B C H U C T O K T S F G E T U S O P N E
G Z X M R U M I E E D I I A C L T D T T
F U E B Y P E B V E C S N I D E I A S A
E E T E P N M I L S T T I E S S L S M L
P W Y R T I D S Y I I D R T K U H L T L
Z E B S U E L E C T R O N I C S S E O O
Y G A B N K V S A E I U C L L C O D E C
R K R C S P K T T O O C A I T W Q T T T
A Z E T I Q I S Q C T C A W T J Y T U A
N N T O Z V L W C A J T S P U B O S P M
I R A X E L O A B S E T Y B A G I G M R
B F E L O W B S C D E C I G M C N W O O
D N A P Y V Y D A O L R E V O Q D Z C F
L Z R C O Z T O E A B M U F W U E X D I
D T Y U T R E T E S T I N G X Y X G I L
V U S S Y S T E M S D A T Z I R F F S E
E G Y E V R U S T V B E D S I F O E U S
```

ACCOUNTS
ANALYZE
ASCII
BINARY
BITS
CALCULATE
CAPACITY
CODE
COLLATE
COLLECTED
COMPUTE
DATA
DETAILS
DISK
ELECTRONIC
ENCRYPT
EVIDENCE
FACTS
FIGURES
FILE
FOLDER
FORMAT
GIGABYTE
INDEX
INPUT

KILOBYTE
LEDGER
LIST
MEGABYTE
MEMORY
NUMBERS
OVERLOAD
PATIENTS
POLLSTER
QUANTITATIVE

REPORTS
SCHEDULES
SCIENCE
SIZE
SPREADSHEET
STATISTICS
SURVEY
SYSTEM
TERABYTE
TESTING

Solution on page 375

Pilgrims

ADVENTURE

AMERICA

CHURCH

COLONY

CONGREGATION

CORN

CROPS

CULTURE

DISEASE

ENGLISH

FARMING

FEAST

FOREFATHERS

FREEDOM

GROUP

HAT

HISTORY

IMMIGRANTS

INDIANS

JAMESTOWN

LAND

MASSACHUSETTS

MASSASOIT

MAYFLOWER

MIGRATION

MYLES STANDISH

NEW WORLD

OCEAN

PILGRIM

PLYMOUTH

PURITAN

RELIGION

RIVER

ROCK

SAIL

SCURVY

SEPARATIST

SETTLERS

SHIP

SPEEDWELL

SURVIVORS

TURKEY

UNITED STATES

VIRGINIA

WINTER

```
H S L F U V F T H P C H U R C H O J C L
A E M E B R P M B U H N R F M P E Z Z O
P S L A C M W U L C A X U R U K I T A R
J P N S Y L U T O B P L Y M O U T H M E
D E W T G F U F O R E F A T H E R S S T
N E W W O R L D L O G N R E L I G I O N
S D H C E I P O N W O T S E M A J D X I
R W J J X I F H W I S K H S I L G N E W
D E W K L D S T T E S U H C A S S A M G
W L V G N I V A P R R Y O F E N C T M S
V L R I B S G A E E V H A T A I P S Q E
R I A O R E R E R R I R A I R B M S E T
M F R Z R A C F U S M T D E A A A E N T
M Y L G T S R C T I S N M A S I I L A L
R P N I I E S O N D I A B S L P J Y T E
O O S O E N R G E S T N A R G I M M I R
C T C D L Y I T V R D S U R V I V O R S
K R O E W O I A D N O I T A R G I M U N
I M E Q A N C H A I V G N R O C R O P S
U N S B U N B L T U R K E Y J V J F T Z
```

Solution on page 375

Everest Challenge

```
M N H F Y F H Z K J V A S Y E X A J E H
R O A Q Z T A E R G K I R A G I T C K D
T M F R O S T B I T E A X G N H S K L E
B N Q D H K B S V G L H N R E H I K E A
D R E T S A S I D L H I C O L M R O M T
X O B C I E Q N I U B T D N L T U U Z H
N C O A S P C H O M O W L G A L O C G Z
D K T H D A D H I I O L O N H L T U S O
N S T T S N T L I G T R C I C L A E A N
V A L A U G C H B N H I M Z D W L V Y E
Z D E M E R T X E A A A D N W R L R A C
F V D R I A N I H T S S L E K A E S L I
H E O A H S E D I U G E R T P S S E A N
N N X G Y C O S O R J D C E I X T P M R
P T Y A E L H R K E N S N A B T E O I N
D U G S R E E N I A T N U O M M U R H H
D R E Y R G W G L M C Y F M A P I D C U
A E N P N O I T A V E L E V M H G L E Z
B I A A N W I V M L T G M I A I S A C M
T S D S K I M Q O K F Q T I B E T O O S
```

ADVENTURE

ANDREW WAUGH

ASCENT

ASIA

AVALANCHE

BASE CAMP

BOTTLED OXYGEN

CHALLENGE

CHINA

CLIMBERS

CLIMBING

CLOUDS

COLD

DANGEROUS

DEATH ZONE

DISASTER

EDMUND HILLARY

ELEVATION

EXPEDITIONS

EXTREME

FLAG

FROSTBITE

GREAT

GUIDES

HEIGHT

HIGH ALTITUDE

HIKE

HIMALAYAS

ICE

MOUNTAINEERS

NATURE

NEPAL

PEAKS

ROCKS

ROPES

SAGARMATHA

SHERPAS

SKI

SNOW

SUMMIT

TALLEST

TENZING NORGAY

THIN AIR

TIBET

TOURIST

Solution on page 375

Debates

ACADEMIC
ANSWERS
ARGUE
ASSERTION
BICKER
CASE
CONCEDE
CONTENTION
CONTROVERSY
DELIBERATE
DISAGREEMENT
DISCUSS
DISPUTE
ELECTION
FACTS
FALLACY
ISSUE
JUDGE
LOGIC
MONITOR
NEGOTIATE
NOTES
OPINIONS
OPPONENT
ORDER
PARTICIPANTS
PERSPECTIVE

PODIUM
POINT
POLITICAL
POSITION
PROOF
QUESTION
RATIONALIZE
REBUTTAL
RHETORIC
RULES
SCORING

SIDE
STRATEGY
STRUCTURE
SUBSTANCE
TEAM
THOUGHTS
WINNER

```
P W V Z W X O W K T G J L K R N Z M S N
H D I S C U S S D E L I B E R A T E Z O
A P X U T A S P C A Z D S I D E U S S I
B I C K E R O T J M E I E D E C N O C T
E H S U E G A Z N T T Y L Y G J W I S S
S O F W V U T T A E G S U A B C R E N E
T I S C N E N I E I M R R J N O T O N U
C N C O G E T B C G T E P L T O I L L Q
A S V D N O P N I B Y V E E N N I O S S
F R U O G U O B M B G O H R I L T T T S
F J P E V I T C E P S R E P G A N H A T
O P N N T E E A D L R T O B E A G G I R
O F O I N C T J A Y E N U S P U S N N U
R M S L O N U U C T D O A I O C R I Z C
P O P G I A P F A D R C C H T D E R D T
P N O S T T S D E N O I T N E T N O C U
K I D N C S I N O I T R E S S A N C I R
F T I M E B D C X R N D H L P F I S G E
S O U W L U T F A L L A C Y Z K W E O J
P R M L E S H P O L A T T U B E R W L P
```

Solution on page 375

Computer Spreadsheets

```
O V A N S C I T S I T A T S K B H B P E
B K Z N N A M T V F C M L V O D U I M Y
V D W R O N W D B C R O N L U X E O B Q
B X P E I I R H O B T E M N E U I A Y C
K A U F T H T U Q U A N C P R C C W T T
X W H E A Z N I S L B S C O U T W O S N
W J O R C T I C D F L S M F R T R R I O
G F I E I B K U A D E E U U T D E K L F
B S E N L S I S Y L A N A T A D S R I P
D U G C P F T N F K C I P F A O E N X C
O W N E P R O W D T X S Z E F U A X C P
T A A E A B A O I Y D U H T L N R T G V
H C R H E L U O T H N B W A C T C E H J
S M C P F C N D T E E A V E W R H X G J
G D K L Q H U A G Z R N M U L O C T H N
F R J L I Y M I I E Q S Y I F P E V G G
B J Q H N N B C T O T A L F C E N T R Y
K Z I B F L E D O M C S I R H R L A I R
G Z B B N R R S O C Y C K S U M P I D E
W E T Q C L H T L X E N P N L H L H F Z
```

ACCOUNTING
ADDITION
ANALYSIS
APPLICATION
BUDGET
BUSINESS
CALC
CELL
CHART
COLUMN
COMPUTER
DATA
DYNAMIC
ENTRY
FILE
FINANCE
FONT
FOOTERS
FUNCTION
GRAPH
GRID
HEADERS
LINES
LIST
LOTUS

MATH
MODEL
NUMBER
OFFICE
RANGE
RECORDS
REFERENCE
REPORT
RESEARCH
ROW

SHEET
SOFTWARE
STATISTICS
SUM
TABLE
TEXT
TOOL
TOTAL
VALUE
WORK

Solution on page 376

Our Amazing Brains

```
I D E A S N O I T C E S C I E N C E U X
D L L U K S V V L A C I D E M A I G Y C
S X S S N Y E V I T I N G O C A M T R A
R A E R P O S N S S I V L N M E G H U C
B D B Q E I I E S M I D B E W B Z I J I
R O O L C T N T S U F O B R Y O M N N J
A C L E O O T A C P O N N V M L M K I G
I A B A M A E I L N A I A O O L U R Z G
N R H R P X L G M C U N C U T A I I F M
S W O N L K L L A S O F Y S A T N D P Z
T H A V E B I W U M N R U S N N A E R F
E W O V X O G U D D A A D Y A O R V E E
M U L L E B E R E C E D R S J R C E S X
S E R O T O N I N L C M Z T P F T L E I
S E O P S Y C H O L O G Y E O S N O A B
N R N D N H E A R I N G E M A R Q P R T
T I S S U E L M E N T A L T X N U M C D
I G C Z O J L R S E R E H P S I M E H E
R H Y W Q R S M E M O R Y R Q D Q N N H
G T P U U M Y V W D L T H O U G H T S I
```

ANATOMY
BRAINSTEM
CELLS
CEREBELLUM
COGNITIVE
COMPLEX
CONSCIOUSNESS
CONTROL
CRANIUM
DAMAGE
DEVELOPMENT
FRONTAL LOBE
FUNCTION
HEARING
HEMISPHERES
HORMONES
IDEAS
IMAGING
INJURY
INTELLIGENCE
LEARN
LOBES
MEDICAL
MEDULLA
MEMORY
MENTAL
MIND

NERVOUS SYSTEM
NEUROTRANSMITTERS
PSYCHOLOGY
RESEARCH
RIGHT
SCIENCE
SECTIONS
SENSORY
SEROTONIN
SKULL
SPINAL CORD

SYNAPSES
TASTE
THINK
THOUGHTS
TISSUE
VISION
WAVE

Solution on page 376

Gymnastic Competition

```
P I V O T U M B L I N G W A L K O V E R
N O I T U C E X E D U T I T T A D M B V
V R A N D Y Y C O M P O S I T I O N J K
S H U E L C R I C G E L E E H W T R A C
P O L T S R A B N E V E N U Z R M U A H
I S M H D I A G O N A L P L A N E T V X
R E M E A R C H P O S I T I O N L E T P
G I T I R S A R C A B R I O L E N S I A
R R D L P S U W E V R P B V A A I R P E
E O O L C I A T N X G A A P L W O E O L
M S U U S S K U A I E U L P T U T V M G
M L B S P S C E L R L R L L E Q D E M A
A U L I O R E A P T A A O T E I F R E T
H P E O T O O V L O R P T O S L G K L S
Z M S N T S K U A E S E P M L O B C H C
L O T T E S U S T W S I O A Y F R A O R
U C A U R I S A N I Y U T L U R F S R O
N F G R S C L L O S N D A I R O R S S S
G B H N B S U T R T Y E O L O K R O E S
E L E M E N T O F Z H G K B A N E C K M
```

APPARATUS
ARCH POSITION
ATTITUDE
BODY WAVE
CABRIOLE
CARTWHEEL
CAT LEAP
COMPOSITION
COMPULSORIES
COSSACK
CROSS
DIAGONAL PLANE
DISMOUNT
DOUBLE STAG
ELEMENT
EXECUTION
FLOOR EXERCISE
FRONTAL PLANE
GROUP ROUTINE
HAMMER GRIP
HEALY
ILLUSION TURN
INWARD TURN
LATERAL PLANE
LEG CIRCLE

LUNGE
NECK
PARALLEL BARS
PIKE POSITION
PIROUETTES
PIVOT
POMMEL HORSE
RANDY
REVERSE TURN
SALTO

SCALE
SCISSORS
SOMERSAULT
SPOTTERS
STAG LEAP
TUMBLING
TWIST
UNEVEN BARS
VAULT
WALKOVER

Solution on page 376

Watching *Toy Story*

```
M K C W P L N L X S P J J G B I H E Y E
N Z S M S L X B K P R J C R R Y R C T R
W L Z F K S A F I L M E X Y E N S I D U
P W M U A R V Y P O A E A K Y T H D G W
Q I L W B R Z H I T Y B D R E U A J E U
I Q T I J V M X Z D O N R I C K L E S I
U C E N L S Q Y L S N E L L A M I T H M
R R G F V A P U M X T L G W L T F M O T
U T J I X S E Q U E L U G A S M Q V O Y
P D W N W C S N S O N E D K M R I Y D B
B K E I R D P S D L G V O I C E S I O Q
E O K T W X A N R A I O W O O X S L G S
H H P Y A L C E Z V B N T Y X S T S D E
V A D E N M E K H P K L K E G L T R R I
B N C H E C I F F O X O B Y U O A A O R
A B O T Y P N N O O T R A C R W L X Y E
C J X D I N O S A U R A H Y A U I I A S
T R U V H O G V Z G K R T D P K E P R K
W R C L P F N N M K X Y D O O W N W R T
G M N A T H N B K Y R R P P P T S D I K
```

ACTION
ALIENS
ANDY
ANIMATED
ARMY MEN
AWARDS
BARBIE
BO PEEP
BOOKS
BOX OFFICE
BUZZ
CARTOON
CGI
DINOSAUR
DISNEY
DOLL
DON RICKLES
FILM
GAMES
HIT
INFINITY
JOHN LASSETER
KEN
KIDS
MEDIA
MOVIE
PIXAR

PLAY
PLOT
POPULAR
POTATO HEAD
REX
SEQUEL
SERIES
SID
SLINKY
SPACE
STORY

STUDIOS
THEATER
TIM ALLEN
TOYS
TRILOGY
VOICES
WOODY

Solution on page 376

Irrigated

```
C L Y C J K R A I N L Y J R O D H K C S
T M Z F W F U U Q Y R D I T C H Q Z T Z
Q V Z K X R Y F Q U R E V I R Z P K R E
C I I C F E F S P R A Y T D M P M U X D
B O O Q Q X N S R U A A R F Q D U W M X
M C S I M I V M P N M A O B A J P E C S
U W R O E Y S R P O Y M U M E R T R B C
C Q I D I M Z K T F X W G L O S M D O S
U T H L C L I U E F H L H D Y C A R H E
T H Z X O H A T W C F L U S H I N G C V
Q I A A N W C I T T I C W A T E R N A L
N Y K O T W C N C E E R N C Q O E P N A
A N S U R F A C E R R N I H W I G D A V
L S W N O I T A V R E S N O C K A C L P
H D N A L H F Y A L T M U S V C R N F B
U D G B L X X Y S M X A M P R R D I G K
B V E G E T A B L E S E R O P F E F R B
P O F E R U S S E R P B P I C L N S E M
A J T T F X H D F I G F O O D O Y I E P
K R U G A D N P P A R M G P H W W N N R
```

AQUA
ARID
AUTOMATIC
CANAL
CHANNELS
COMMERCIAL
CONSERVATION
CONTROLLER
CORN
CROP
DAM
DITCH
DRY
EMITTERS
FARM
FIELD

FLOW
FLUSHING
FOOD
GARDEN
GREEN
GROW
LAND
LAWN
PIPE
PRESSURE
PRODUCE

PUMP
RAIN
RESERVOIR
RICE
RIVER
RUNOFF
SCIENCE
SOIL
SPRAY
SUPPLY
SURFACE

SYSTEM
TRENCH
TROUGH
VALVES
VEGETABLES
WATER
YARD

Solution on page 376

Create a Blog

ARTICLES

BLOGOSPHERE

COMMENTS

COMMUNICATION

COMPUTER

CONTENT

DAILY

ENTERTAINMENT

EXPERIENCES

FORUM

GOSSIP

IMAGES

INTERNET

JOURNALISM

KEYBOARD

LIFE

LINKS

MEDIA

NEWS

OPINIONS

PEOPLE

PERSONAL

PHOTOS

PICTURES

PODCAST

POLITICS

POSTS

PUBLISHING

RANT

READERS

SEARCH

SHORT

STORY

SUBJECT

TALK

THOUGHTS

TOPICS

TWITTER

TYPE

UPDATE

VENT

VIDEOS

WEBLOG

WEBSITE

WRITING

```
U W G F C G S S Z O T C C O M M E N T S
Z E E M O C Y X E A Z L S T O R Y N R V
S B S S Z P B L O G O S P H E R E R R B
S S S E C M F U P D A T E A A M A E H L
G I T G C G L R T E X M D A N J T N I S
P T Z H N N C R G M G E I I O T T N T V
D E S A G I E M F M R D A U I R K Y W I
G R E S J U H I U S E T R W T S P H P V
M V A N S X O S R M R N T T A C S P O E
Q F R O I Q E H I E A L B O C I U I S N
P G C I B N J J T L P X Q K I T B C T T
L E H N C Y E N I C B X C T N I J T S Y
S W O I W D E S G O G U E O U L E U A M
S C I P O T M K N N S N P U M O C R C O
P Z U O L X W P I T R F K U M P T E D O
U D Z C T E X T I E Y L R D O I U S O S
C L O P B E I J T N H O B D C B W T P Z
D A I L Y R R N Z T F M K L A T S W E N
F Q O F W V I D E O S P E R S O N A L R
U G P V E V F T R O H S O T O H P I Y J
```

Solution on page 376

Harry Potter Fan

```
I H R A L U T N A M O R C A B T L R B S
L X S E V E E P H Y A C I H D M R T W X
K I P H C I P S B O G G A R T S H O O G
S N I H O N R R K E G J I Z Z E F P L X
E E X Q E H N O E C N W Q Z S G S Q Y L
K O I M J I I T E C R S A T O W E J D I
W H E R F I X N H E H W R R U O V X N D
A P S F I L T E K E Z A I Q T A L G I O
F S I W E A E M U Y L N U N S S O O R B
I R N E U L F E U S P V E N K G W B G B
G E U R E E O D S O V U E R S Y E L N Y
Y D S O L E U F Z U B R N S I Z R I O O
T I P L P V X S T S O H G K L F E N M C
F P H K O E L W N C M H F X I C W S E C
G S I L E D I I I R F B A N S H E E S A
G Q N O P S K T Q Q O F F L A C N O O M
I V X F R H N C M G S C A B B E R S G Y
Z Z C V E A U H X S E R I P M A V B S H
Y G Y N M G A E D R A G O N I F F L E R
T Q Z I S S D S T N A I G W U C T N B G
```

ACROMANTULA

BANSHEES

BASILISKS

BOGGARTS

CENTAURS

DEMENTORS

DOBBY

DRAGON

ELVES

FAIRIES

FAWKES

FIRENZE

FOLKLORE

GHOSTS

GIANTS

GNOMES

GOBLINS

GRIFFIN

GRINDYLOW

HAGS

HINKYPUNK

HOGWARTS

HOUSE ELF

LEPRECHAUNS

MAGIZOOLOGY

MANTICORE

MERPEOPLE

MOONCALF

NIFFLER

OCCAMY

PEEVES

PHOENIX

PIXIES

SCABBERS

SPHINX

SPIDERS

THESTRALS

TROLL

UNICORNS

VAMPIRES

VEELA

WEREWOLVES

WINKY

WITCHES

Solution on page 377

Seeing Pink

BALLOON

BLOSSOM

BLUSH

CANDY

CARD

CHEEKS

CORAL

CREAM SODA

CUPCAKES

DRESS

ERASERS

FLAMINGO

GERANIUM

GRAPEFRUIT

GUM

HAM

HEART

KATYDID

LEMONADE

LIPS

MAKEUP

NOSE

PAINT

PANTHER

PETAL

PIG

POLISH

RIBBON

ROSES

SAPPHIRE

SEASHELLS

SHOES

SHRIMP

SUNRISE

SUNSET

UNDERWEAR

WALLPAPER

WATERMELON

```
R I E M O S S O L B L H T Z R I X I L G
Z N A D W H N L H D F R M U I N A R E G
D V W D X D I M L R A V R N B A A E M P
I Y L N O L E M R E T A W D B P W H O W
D F B U N S U F H S H Q K E O O E T N V
Y P L K D Y M L F S L S X R N L J N A D
T I U R F E P A R G S T A W S I C A D E
A G S E R D S M E E R A S E R S N P E T
K N H P R N U I L R E M K A S H P M R H
M C D A J Q D N R V C A N R C S S I I U
U B C P Z V A G Y N C A B L U R Y R H C
B A L L O O N O U P U L R N W I P H P C
J M I L A Q A V U M U S S R O S E S P P
O P P A R T X C W A P E T A L C O R A L
S G F W L G P J R H T N K C X W X I S B
U B U K G B A P A D G B D A A X N E K U
E L H Y M N Y F M Q Z B F N M T O S E S
I Q O A T O J W S A C S O D C H H E E N
Q E M S G F U F B B I S D Y S K M Q H H
W P Y K X B O F G B E V N O I J V X C U
```

Solution on page 377

Love the Opera

```
V O C O N T R A L T O H I W Q J F F K M
S L N Y F C Y K S N I V A R T S A I R A
J O Y A V I D S R E S O P M O C T F X W
A S R L R H S G P M I O X U W L M O A O
M D E P C P M T E N P L S Y C M Y G R L
Q S N N I Y O Z R I I V I T D C N M R Y
T E E B T Y Z S A A T N N B H E I M D G
B M C S A O O B U T U T I S R E G N I S
D U S N M L D B Q R A S O S I E M A I Q
P T R Y A E L D K E A I S R S N T E R D
X S O P R M Z E O T S C V U A O G T T T
Z O N T D O R T T N H C O A I V R I O K
M C E Y H V N O A E G H O C R D A Q N F
K G T G R A D I F M A I T R I T R P R G
F R U I C S C R E R N R O I E R A E Y V
W R C L T I B W E I E K I V A L N L V U
E M E A S D L P L C W P Q G A C T E L H
Z B G U U L O L N E M R A C H N S H Z J
D E M S A Y E O T R A D I T I O N O Y T
H T H H F B C E X M Z N A I L A T I T T
```

ARIAS

BALLET

BEL CANTO

BELLINI

CARMEN

COMPOSERS

CONCERT

CONTRALTO

COSTUMES

DIVA

DON GIOVANNI

DRAMATIC

ENRICO CARUSO

ENTERTAINMENT

FAUST

FRENCH

HALL

ITALIAN

LA TRAVIATA

LIBRETTO

MEZZO

MUSICIANS

OPERA HOUSE

PAVAROTTI

PERFORMANCE

PLAY

PUCCINI

ROSSINI

SCENERY

SCORE

SINGERS

SINGING

SOLO

SOPRANO

STAGE

STORY

STRAUSS

STRAVINSKY

TENORS

THE MET

TOSCA

TRADITION

TRAGEDY

VERDI

WAGNER

Solution on page 380

Go to a Movie

```
A M Z G L D X Y T B H K K J Y Q P C K Z
F M B Q G V F U A V E R U T A E F X H Z
D Z L A U G H T E R Y Q O N S R O H B Z
G O O A D G W V S I V V P N I D L M L P
J C C O A D V E N T U R E E S L E Z I C
W A K U D P P L F V E P N P E A E C D W
E C B A M R O I M V S D P C U N R U R L
O K U V I E L N I U S L A D T I I M A Y
U A S P S M N E S K E N I H M M Q T M D
R D T L S I W T X H D T E E B A S D A E
G O E W I E F Q A Y O A E X I T Z P H M
G S R O O R S T A R T L N G I E R O F O
U O E T N E W A I E Y Y L D V D K P B C
N U L I S P N U R T N U E Y S N A C K S
C N L C V H M C A S A R F S W C T O Q E
T D I K V O O E V Y C E E A R O R R O H
P A R E Y Y M W N M T Y Z T M A O N F T
Q S H T U I I E I A O I Y N S I T D K O
Y G T S T D N E D N R F S A T E L E P O
M C Z A Q O I J O G G K J F F U W Y D B
```

ACTOR

ADMISSIONS

ADVENTURE

ANIMATED

AUDITORIUM

BLOCKBUSTER

BOOTH

CANDY

COMEDY

CREDITS

CRIME

DATE

DOCUMENTARY

DRAMA

EXIT

FAMILY

FANTASY

FEATURE

FILM

FOREIGN

FRIENDS

HOLLYWOOD

HORROR

LAUGHTER

LINE

MATINEE

MOVIES

MYSTERY

POPCORN

PREMIERE

PREVIEW

RATED

REEL

SEAT

SHOWING

SNACKS

SODA

SOUND

STAR

SUSPENSE

THEATER

THRILLER

TICKET

TIME

WESTERN

Solution on page 380

Poetic Words

ABSTRACT
ACCENT
BALLAD
CHORAL
COMMUNICATION
CONSONANCE
COUPLET
DACTYL
DECASYLLABLE
DOGGEREL
ELEGY
EMOTION
EPIGRAM
EPOS
EXPRESSIVE
GENRE
HAIKU
HEPTAMETER
HEROIC
HEXAMETER
HYMN
IAMBIC
JINGLE
LANGUAGE
LIMERICK
LITERARY
LYRIC

METAPHOR
NARRATIVE
ODE
PENTAMETER
POESY
REFRAIN
SIMILE
SONNET
STANZA
STYLE
TETRAMETER

VERSE
WRITING

```
G K D R B M C Q U K I A H O Q T K X L T
H C V G R Q O Q C S L E G A U G N A L B
D T T E C D U K T J X I S U B A S O G C
L G E A R C P Y J A B S T R A C T C I L
D S T N K S L G M H Z H Z E C L Y B C Z
Q X R A N E E E N C E N U I R M M A H P
A R A W Q O T Y V I J R A N D A L L A B
K M M M Y E S V M I T I O T I R R R F Z
A E E U R Q W J X S S I N I S G L Y O O
W M T C R P O X H V T S R G C I Y G Q F
M D E C A S Y L L A B L E W L P G P S S
L E R E G G O D C N G D S R V E E U O O
G F T Y R F L I W E V L K G P N L P L Z
S K H A E C N A N O S N O C T X E X V N
M T Y B P U O R R E T E M A T P E H I L
W N S P M H E K C I R E M I L J S A Y R
M E E M Z N O I T O M E V I T A R R A N
U C O Q J Q B R W D T E T U U F I G M V
O C P O S I M I L E J E P W E C L Y K X
D A C T Y L L A R O H C K R P W H V W F
```

Solution on page 380

U.S. Tour

ADVENTURE
AIRPLANE
ALAMO
ARIZONA
ATLANTIC
BOARDWALK
BOSTON
CAR
CITY
COASTS
CULTURE
DISNEYLAND
DRIVE
FLY
FOOD
GOVERNORS
GREAT LAKES
GREYHOUND
HITCHHIKING
HOLLYWOOD
JOURNEY
LADY LIBERTY
LOS ANGELES
MIAMI
MINNESOTA
MISSISSIPPI
MOUNTAINS

NEBRASKA
NEW YORK
ORLANDO
PEOPLE
PHILADELPHIA
PHOENIX
ROCKIES
SAN FRANCISCO
SEAWORLD
STATES
TEXAS

TRAIN
VEGAS
VIRGINIA
VISITING
WYOMING
YELLOWSTONE
YOSEMITE

```
P V A T J Z P E E U L A X P B N E W I Y
N I N N E F H H I U T O C S O W L Y L E
V S A Z O A I R P L A N E I U O W Y B U
P I E K R Z T G H U F S R O N R E V O G
H T N S S E I M I S T E R U T L U C A D
O I O O X A N R L G F S T A T E S C R L
E N T A T E R V A G A M I A M I C L D R
N G S C W S E B D E R T I D C H V Q W O
I V W Y H G O X E E N E L N O M A L A W
X I O O A H U B L N T I A A N O N I L A
F R L S N Z I P P F P R D T N E F O K E
K G L E Z F O K H P F I Y H L T S J B S
Q I E M U E D O I N S E L M I A I O H N
K N Y I P V L S A N N C I S N C K C T I
R I H T I L S S E R G N B G F Y M E J A
E A O E Y I T Y U A D V E N T U R E S T
V O C W S S L O T G F L R O C K I E S N
I E O S A A J U Z I E L T R A I N B C U
R O I O N J Q L V S C A Y O R L A N D O
D M C D N U O H Y E R G N I M O Y W S M
```

Solution on page 381

Christmas Break

```
V M H G Z R E U N I O N J I Y C S S D H
P I T V A W T R O A D S I R V D L R O T
L K S U J T O A I R P O R T D E I L M R
M Y R I F U H D T C Q A L B I V L Z L Y
C G E E T V T E A E C I G G E Y D N A C
A L P E E O V E R N I G H T O A Z Z I O
Y O O C M D B C B I Q X L Z I G C X C L
Z S V S T O N O E S N D E I R R U H E D
S O R X U I H I L V L G B J W R R M P L
Z I P E F R B R E S E R V A T I O N S Q
E G Y B P E E D C R B R Z I S M N E T U
N X U X E P S S E N R E H T E G O T E K
K S C B C E O T S L J L M Y L Y I L K C
Y O T I L A J H I E G A G G U L T X N H
R E L A T I V E S V S X R D D I A V A C
D N S N R E Z Q T T I A B I E M C X L F
M S A G W S M Z R K W T G N H A A Y B S
H S X U A I P E A C E I I N C F V X N N
L R E H T A E W N R F O U E S B P O V U
Z Z D H A M X X J T D N H R S D W O R C
```

AIRPORT
BEACH
BLANKETS
BLIZZARD
BUSY
CANDY
CARRY
CELEBRATION
CHRISTMAS TREE
CLOSURES
COLD
CROWDS
DINNER
DRIVE
EXCITEMENT
FAMILY
FESTIVITIES
GATHERING
GIFT
HOLLY
HOME
HURRIED
ICE
LUGGAGE
OVERNIGHT
PEACE
REINDEER

RELATIVES
RELAXATION
RESERVATIONS
REUNION
ROADS
ROUTE
SALE
SANTA
SCHEDULE
SHOPPERS
SLEIGH

SNOW
SPECIAL
STARS
TOGETHERNESS
VACATION
VISIT
WEATHER

Solution on page 381

Culinary Skill

APPETIZER

BASTE

BLANCH

BOIL

BURNER

CHEF

CHOP

CLARIFY

COAT

CODDLE

COMPOTE

COOL

CREAM

CUT IN

DISH

DREDGE

FILLET

FLAKE

FLUTE

FORK

GRATE

JULIENNE

KNIFE

MINCE

OVEN

PARE

PEPPER

POACH

PUREE

RECIPE

REDUCE

SALT

SCALD

SCORE

SEAR

SIMMER

SLIVER

STIR

TASTE

TEASPOON

TOAST

ZEST

```
D M K K X G V G H V M L P I P U P N H E
A D C S K Q S K N F N S I M M E R E H F
O C X V X J N X B J X B R G G T P P F I
J L X Q E E X O M A O V K N I F E P E W
C P F K V E P C I Y F Z C O M P O T E N
D T N O N H G P N J F S C O R E L F Q R
S S T I R E F D C T U I O P X S I S A F
A E G E H K P Q E Y Z L R S C L R K F X
V B Q M L A L I K R X W I A L I E D S L
I Y T A K L T M C O D D L E L R Z Q G Y
J P O V S F J M U E V D T T N C I U A N
L U A E L J X N J P R E T K J N T R C T
E R S U T H J D G E C T B U R N E R O S
X E T C O A S L V H C A O P B D P A R E
Z E E R A E S I C V S R S W U L P L Q Z
V U Y M P O L T D T L G Z C R E A M H J
N D U E D S F I E O G A E C U T I N X R
M T G A K I C H O P O G O H O M O C C Y
T M E T C S F C A B K B D E R A U S X H
F Q N S G H C R I N B W Y F P K T L A S
```

Solution on page 381

Good Teachers

ACCOMMODATE
ACCREDITED
ADVOCATE
ANIMATED
APPROACHABLE
ATTENTIVE
BRIGHT
CARING
COMMITTED
COMPASSION
CONCERNED
CREATIVE
DEDICATED
DISCIPLINED
EDUCATED
ENCOURAGING
ENGAGING
ENTHUSIASTIC
EXPERIENCED
FAIR
FLEXIBLE
FUN
GENEROUS
GENTLE
HONEST
HUMOR
INSPIRATION

INTERESTING
LEADER
MENTOR
MOTIVATING
NURTURING
ORGANIZED
PATIENT
PREPARED
PROFESSIONAL
RESPECT
RESPONSIBLE

SMART
SUPPORTING
TALENTED
TRUST
VERBOSE
WARM
WISE

```
R E V C I T S A I S U H T N E N U F A D
A T N M I Y O D X P U G K L M U Z L Q D
Y A I G T Q E B K M N D B V E R B O S E
C C F Y A T U F O I K A X T N T R D S T
J O N E N G L R T S H A A Y T U E L T A
E V N E X E I R I C Z D H R O R S I A C
V D L C X P O N A N O I T A R I P S N I
I A E I E P E O G M S U O R E N E G D D
T N B T P R R R M R A W H L N G C E E E
A L T U A P N O I S S A P M O C T L T D
E A S E P C C E F E D I T H G I R B I E
R T T A R C U Y D E N I L P I C S I D R
C T N R A E N D T R S C K H N W I S E A
Z E E A Z D S T E W T S E N O H S N R P
G N I T A V I T O M A H I D D O G O C E
N T T S X M G N I G A R U O C N E P C R
I I A U M D E Z I N A G R O N R N S A P
R V P O F A I R X V G A N I M A T E D X
A E C T S U R T V U H L L U X N L R U P
C T B V E A O T P H V T L E A D E R I H
```

Solution on page 381

Wear a Badge

```
C U S G T O X R Y X R C I R C L E U N D
Q X M G W L I E Y F J G V O V H V O N C
B I U M E L B M E L J P N D L E I H S S
T H V R A I K A T S A M C T K T T D H T
R S A U R K P R I Z E D T I A N A E T A
W L P I B S I S E S Z E E C E A R U O R
R T D H N B I H L B B E I M D I O K L A
Z M L F U G M A T Q K F T V F C C Y C E
E O E T A R I L I N I R E F S V E T Y C
E K E R E C E S T T A R C T S C D I R I
H D A W I Q C B N P T N R F E D E R A L
J M A F Y T E E E I Z D E P U T Y U T O
J R F T N O D D S G R A D E N J T C I P
D O A N Q I T I E S Y Z E L W H I E L A
D F E E L O N P R U O O N L O F Y S I V
S I E M D G A A V F H R T R O N O H M S
K N M R E T H G I F E R I F E G T I U Y
K U A A C T L Y C I P T A E R W O V N L
L W N H G C A J E Q Y O L N S F O I H Q
A G R D O H W L C X R U G D K D N P V O
```

ACCESSORIES
ADVERTISING
AUTHORITY
AWARD
CIRCLE
CLOTH
CREDENTIAL
DECORATIVE
DEPARTMENT
DEPUTY
EMBLEM
FAKE
FEDERAL
FIREFIGHTER
GRADE
HONOR
IDENTIFICATION
INSIGNIA
LAW
LOGO
MARSHAL
MEDAL
MERIT
METAL
MILITARY
NAME
OFFICIALS

PATCH
POLICE
POWER
PRIZE
RANK
REWARD
SCOUT
SECURITY
SERVICE
SHERIFF
SHIELD

SKILL
STAR
TITLE
TOY
TRIBUTE
UNIFORM
WEAR

Solution on page 381

Amorous

ANNIVERSARY
BOOK
BUBBLE BATH
CARD
CHARMING
CHOCOLATE
COUPLE
CRUISE
CUDDLE
DANCE
DATE
DIAMOND
DINNER
DREAMY
FIREPLACE
FLOWERS
GIFT
HEARTS
HOLDING HANDS
JEWELRY
KISS
LIMO
LOVE
MASSAGE
MOOD
MUSIC
NOTE

NOVEL
NUPTIALS
PAMPERING
POEM
PROPOSE
RESTAURANT
ROSES
SERENADE
SNUGGLE
STARLIGHT
STORY

SUNRISE
SUNSET
SURPRISE
SWEET
THOUGHTFUL
VALENTINE
WORDS

```
Y N G V L U L M B N E R I K Q L X D Q N
R R U A M L P L U F T H G U O H T I A S
T E O B A P P P B O O K H C E H J N U D
I D C T S F T P B R N W W A A H I N S L
S Z S N S I V I L V D C R H O D R E C Z
C D R E A M Y C E P S T H L P I S R I I
P I C L G D W E B T S X D A S O V C V R
P C S R E V C O A N N I V E R S A R Y U
U Q V U E F Z R T B N Z D I A M O N D H
F C L S M S L A H G I F T E W S I R G F
J D V C S I T L H D A T E L G G U N S P
N K P P G A P A M P E R I N G O N Q G O
C E G H Y S N L U S R E W O L F L O V E
Z U T G U D G F I R E P L A C E V A S M
U M D N S S E R E N A D E E L P U O C D
K U S D L X P E N I T N E L A V P Z O X
J E W E L R Y C S W E E T A L O C O H C
T B V I U E A D M S E S I U R C M I H T
M O M S D R O W L I I S X P R V R D Z U
N O K J D O B N V C E K H K V F E C I Y
```

Solution on page 381

Teleconference

```
I G L O C O T O R P T S G L J H F G R X
L P E E O E D I V C G R O T C E J O R P
K B Q T L E C I F F O C T U P N I E A Y
Q G U O L P A E M J W N E L V G N R F I
G L I M A A O Y G O L O N H C E T A F M
S U P E B C U E A A N A V E F I E W O U
S S M R O O O S P L M I D D C G R P R W
V T E V R V M M I O T I T I Q T A U D H
A T N A A F Y N M V R L P O S L C O A N
A L T E T E E K S U A A N N R C T R B O
Z A A S I M U L T A N E O U S Z U G L I
D N B L O C L A A T S I P Y Z H S S E T
Z O L I N A I T T Y M S C O D E C O S A
Y S E V C R F F I M I E T A R O P R O C
H R V E R A W T F O S L A U T R I V S O
J E V I S N E P X E S P E A K E R D X L
F P L Y P N E G O T I A T I O N J B U D
I A R T O Z Z L B C O N F E R E N C E A
Z N C H A T B U S I N E S S C R E E N T
K X P E U Q K S G Q G D A T L S B K F A
```

AFFORDABLE
AUDIO
BUSINESS
CALLS
CHAT
CODEC
COLLABORATION
COMMUNICATE
CONFERENCE
CONNECT
CORPORATE
DATA
DISCUSS
EFFICIENT
EQUIPMENT
EXPENSIVE
FACE
GROUPWARE
IMAGE
INPUT
INTERACT
LIVE
LOCATION
MONITOR
NEGOTIATION
OFFICE
ONLINE

PARTICIPANT
PEOPLE
PERSONAL
PHONE
PROJECTOR
PROTOCOL
REMOTE
SCREEN
SIMULTANEOUS
SOFTWARE
SPEAKER

TABLE
TALK
TECHNOLOGY
TRANSMISSION
VIDEO
VIRTUAL
VISUAL

Solution on page 382

In Kansas

ATCHISON

BEAMER BARN

CARRIE NATION

CASTLE ROCK

CHISHOLM TRAIL

CIMARRON HOTEL

COFFEYVILLE

DALTON GANG

DICKINSON

DODGE CITY

DONIPHAN

EISENHOWER

FORT AUBREY

GARDEN CITY

GHOST TOWNS

GREAT BEND

HAYS

HUTCHINSON

JAYHAWKS

JOHN BROWN

JUNCTION CITY

KANSAS CITY

LAWRENCE

LEAVENWORTH

LEAWOOD

LENEXA

MARION

MEDICINE LODGE

MONTGOMERY

MONUMENT ROCKS

OLATHE

OSAWATOMIE

OVERLAND PARK

OXLEY BARN

OZ MUSEUM

SALINA

SEDGWICK

SHAWNEE

SHOCKERS

THE BIG WELL

TOPEKA

WICHITA

WILDCATS

WYANDOTTE

```
W L I A R T M L O H S I H C O L A T H E
G R E A T B E N D T H E B I G W E L L N
T O P E K A D M O N T G O M E R Y M A O
D O D G E C I T Y D O O W A E L A Y W S
K A N S A S C I T Y V P D R V R T E R N
R H U T C H I N S O N X D R I I S R E I
H B D N M O N U M E N T R O C K S B N K
Q C A R R I E N A T I O N N A C N U C C
D O L A W S L R K D E E O H S I W A E I
R F T B I H O M J A T I V O T W O T K D
Y F O R L A D U O T T S E T L G T R S O
N E N E D W G E H C O E R E E D T O H N
R Y G M C N E S N H D N L L R E S F O I
A V A A A E V U B I N H A H O S O W C P
B I N E T E J M R S A O N A C A H I K H
Y L G B S X K Z O O Y W D Y K L G C E A
E L E N E X A O W N W E P S T I R H R N
L E C G Y T I C N E D R A G E N P I S N
X T Z T L E A V E N W O R T H A D T M E
O S A W A T O M I E Y S K W A H Y A J H
```

Solution on page 382

Malware

```
N A O G K Q K A E R I S K A H W R B O U
V S O N L S E R T C N N X D A M A G E D
Y T M K W L A E F E V O Z X A S Y M J Z
D R Y O N W A J Z K A T W R X F A M R P
E J H T T S R T C C D R G D P L K Y P Y
D R C F I P P M S Y E O C M W H C L H H
G E O I M L M R A N R N C A A A S T H A
N S D L I T I Y E P I T R U V C S B T E
A T U E A N F B S A S E S I M K J A L G
J O I R T H T H A R D D R I V E D H A M
O R G Y I E A E B R Q P L O G R N C E E
R E F D R V C R R F E D O U Y E O T T L
T R D D N E I T M N O N B X F M R P S B
I E X E R A V T I W E N L N P M E P G O
N S R L P Q B O N O I T C U D O R P E R
F I R E W A L L C A N U T N V I A A D P
E D R T O T O O B E R E M O V E W P H N
C E J E M A M I U P R O T E C T Y S A Z
T N P M D L O A G M A H O H O M P C F S
V T U Z L G E S M A P E R C R A S H L D
```

ANTIVIRUS

BUG

COMPUTER

CRASH

DAMAGE

DATA

DELETE

DETECTION

DOCUMENTS

DOWNLOAD

FILE

FIREWALL

HACKER

HARD DRIVE

HARMFUL

HIDDEN

INFECT

INTERNET

INVADE

MALWARE

NORTON

PRIVACY

PROBLEM

PROGRAM

PROTECT

REBOOT

RECOVERY

REGISTRY

REINSTALL

REMOVE

REPAIR

REPRODUCTION

RESIDENT

RESTORE

RISK

SCAN

SOFTWARE

SPAM

SPREAD

SPYWARE

STEALTH

SYMPTOMS

TARGET

TROJAN

VULNERABILITY

Solution on page 382

Pet Activities

BALL
BATHE
BEG
BITE
CATCH
CHASE
CHEW
CLIMB
COMFORT
COMPANIONSHIP
CUDDLE
DIG
DRINK
EAT
EXERCISE
FEED
FETCH
GROOM
GUARD
HUNT
JUMP
LICK
NAP
NURTURE
OBSERVE
OBSTACLES
PET

PLAY
PROTECT
RACE
RUN
SCRATCH
SHED
SIT
SLEEP
SNUGGLE
SWIM
TASTE

TOY
TRAVEL
TRICKS
TROT
WALK

```
Y Z W G V B M X W I O I C N O V Z S U B
I Z D I M R I L Q Z F F R Z G M Z L F O
F G Y G P O T O R T T F Y M J J J E B S
H U F H W N Q C B M I L C A Z I E O N F
B O R V H N U O J S B I T E L D D U C M
O Q E L C G Z M T C E T O R P P G N S V
I M X K S D Q P Y B S R F O O G S U Y G
C O I A V K L A W I R K V L L G J K H H
S O Y H T Y C N U R T U R E M S G P D Y
A R M N D O P I C D R R N V H U L M E O
S G E F Z R J O R O V D D A A T B E A T
N W S W O F S N B T E C A R C H A S E D
C P I R E R G S D H Z M D T I O L B Q P
S M C M P H T H S I Z Y I D I N L I G R
V L R L C A C I B E G S V M Q L K O C Z
A S E C C T N P T Y S B F G K H D V G K
Q V X L A E P S T S Y C Q E B O A O F E
T O E R P T A M L M J W I G T Z A R X U
D S C F E T C H U N T F G M K L U O W F
J S K D I Q F H X J Q U O D J T V J J S
```

Solution on page 382

ANSWERS

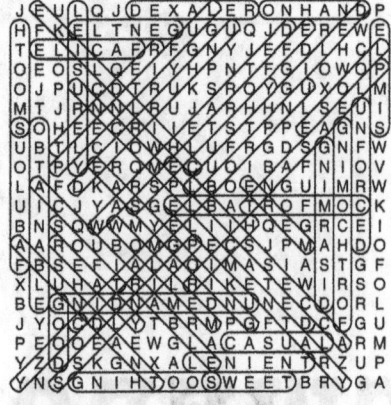

Carefree

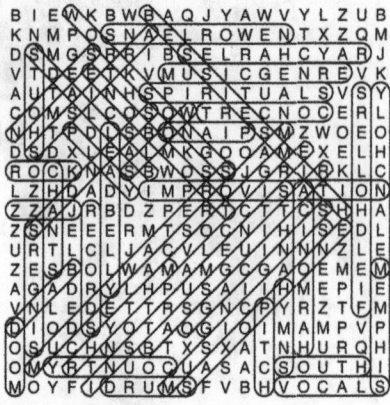

Blues Singers

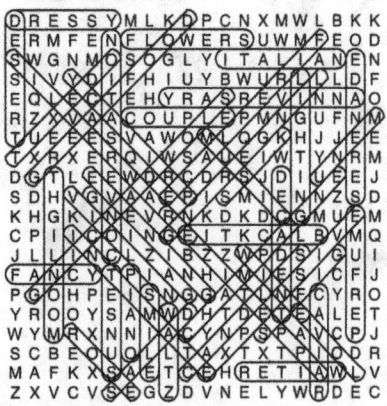

Romantic Dinners

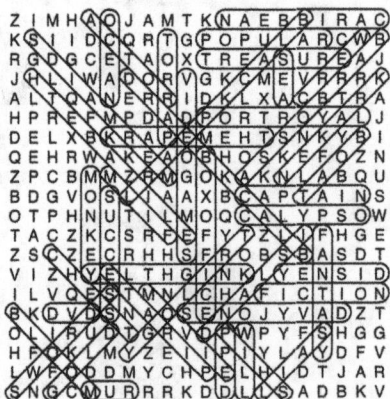

Watching *Pirates of the Caribbean*

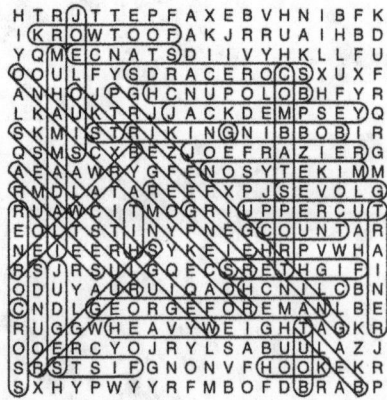

Prizefighter

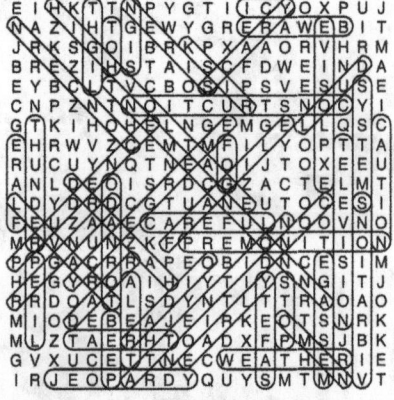

Alert!

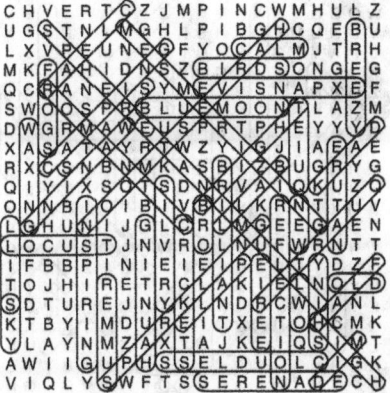

Light of the Moon

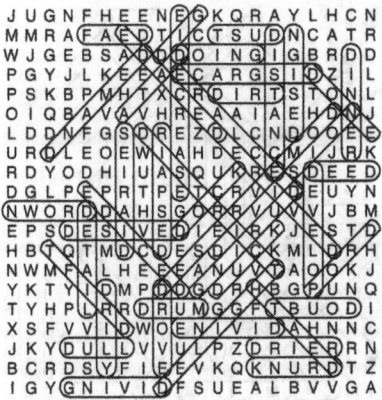

D at Start

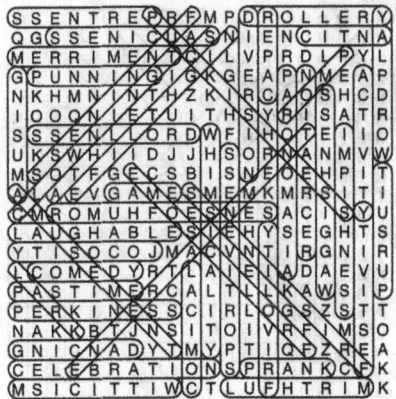

Have Fun!

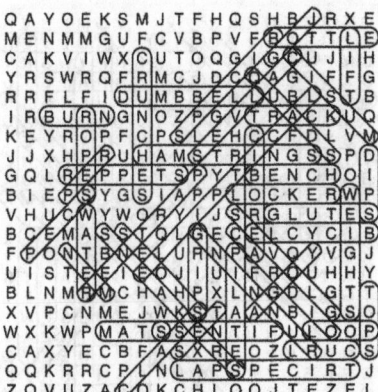

Going to the Gym

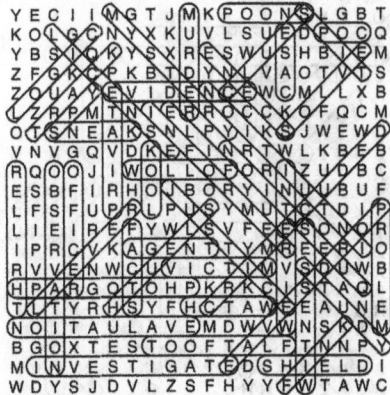

Detective Work

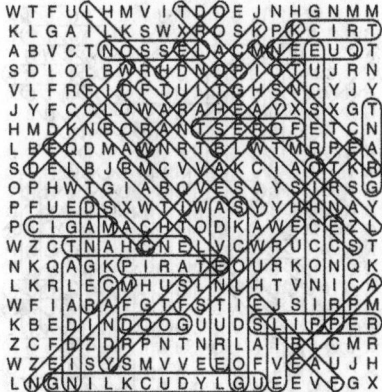

Fairy Tales

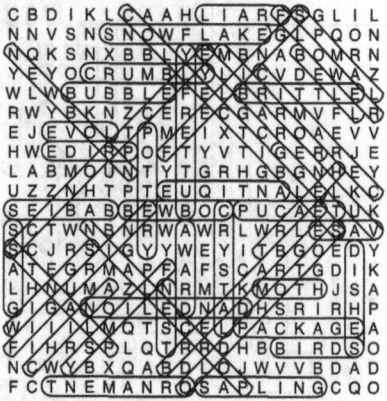

Delicate Things

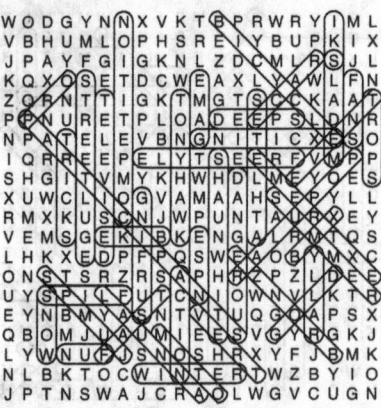

X Games Fan

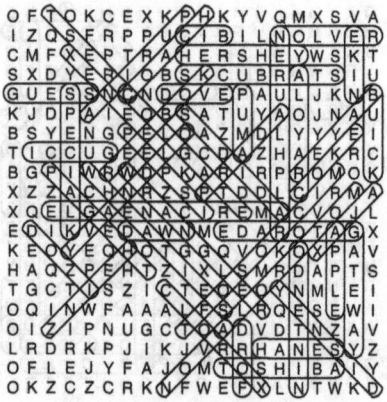

Recognizable Brands

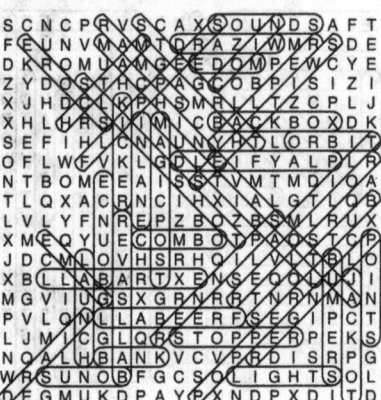

Pinball Fun

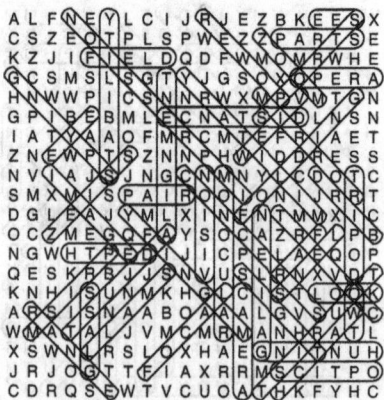

Using Binoculars

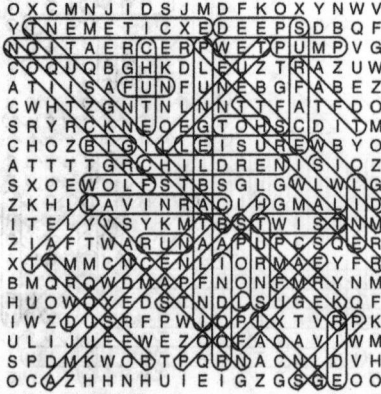

Water Slide Fun

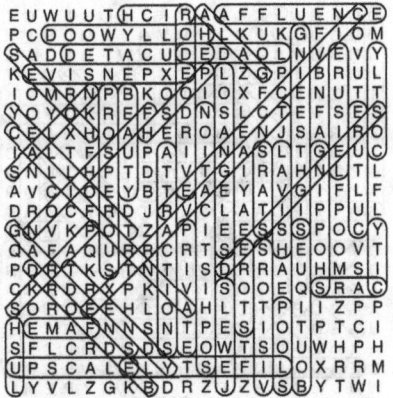

Fabulous Beverly Hills

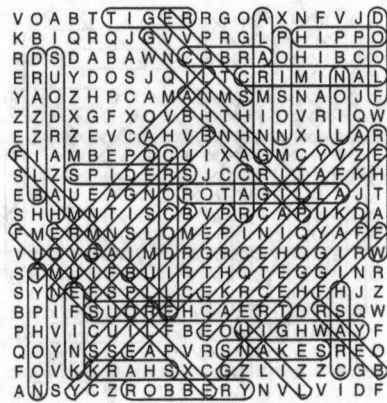

Dangerous

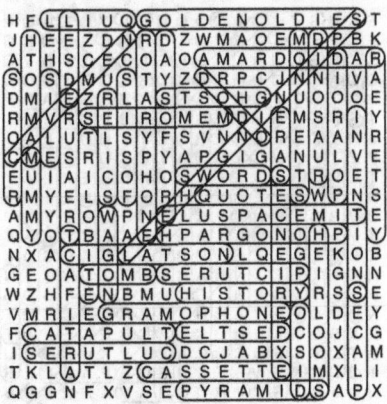

Back to the Past

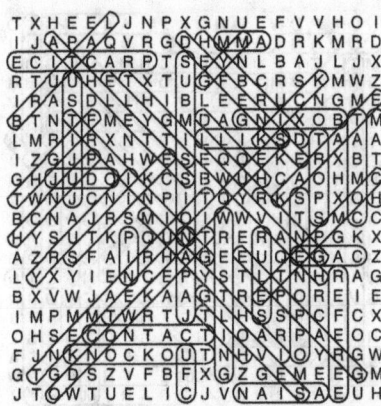

Mixed Martial Arts Competition

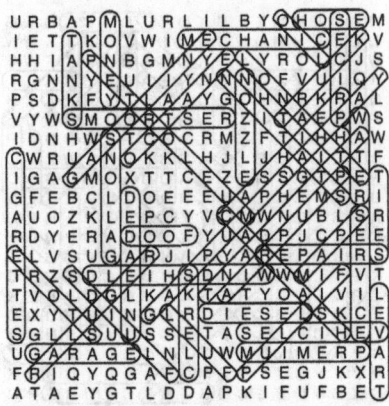

Filling Station

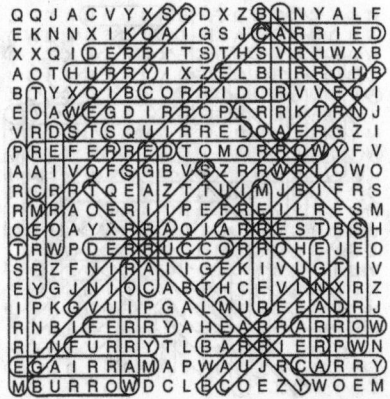

Look for *RR*

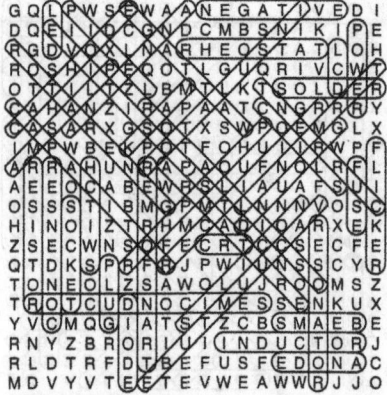

Electronic

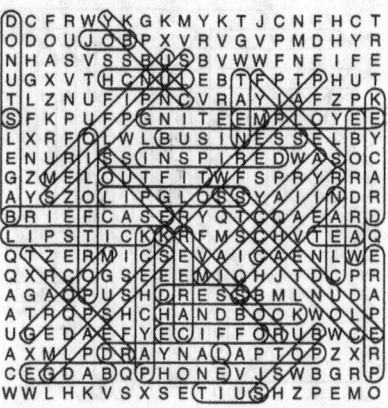

Going to Work

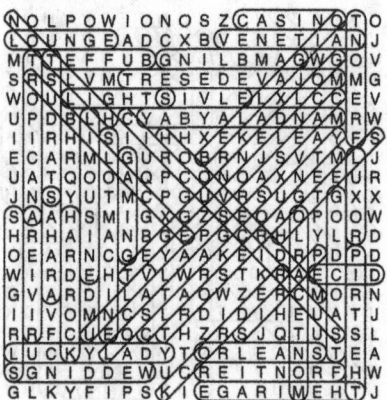

Vegas

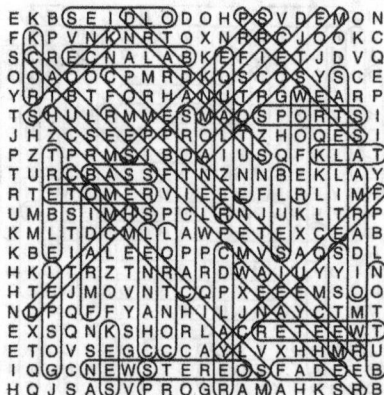

Listen in the Car

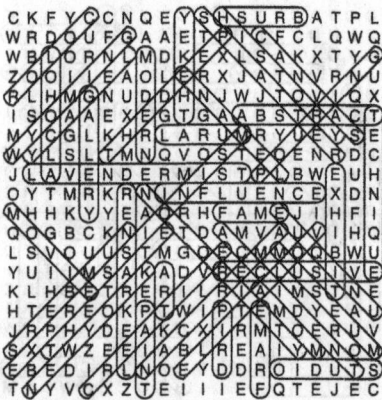

Artist Jackson Pollock

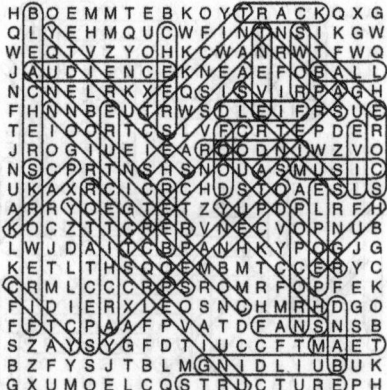

At a Stadium

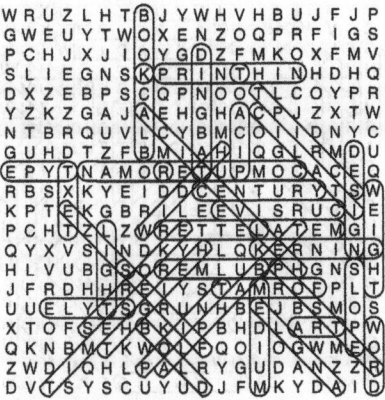

Font Design

Flying a Plane

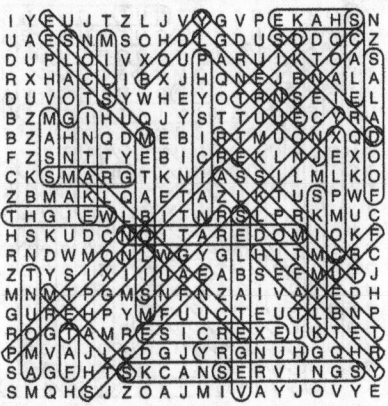

Diets

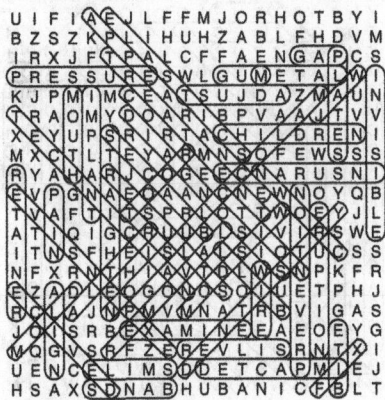

Orthodontics

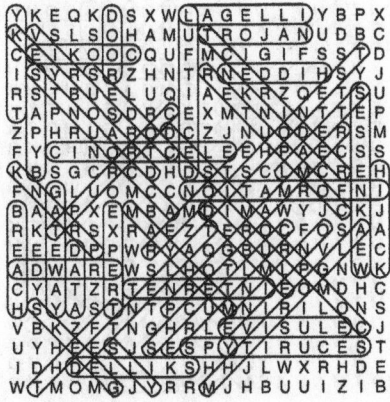

Hacking

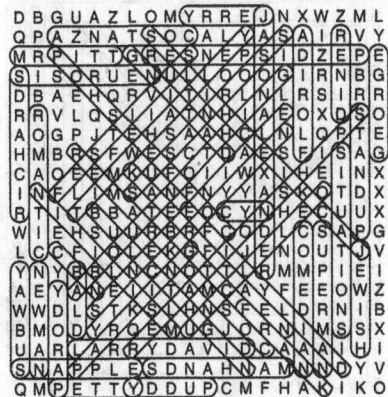

Seinfeld Reruns

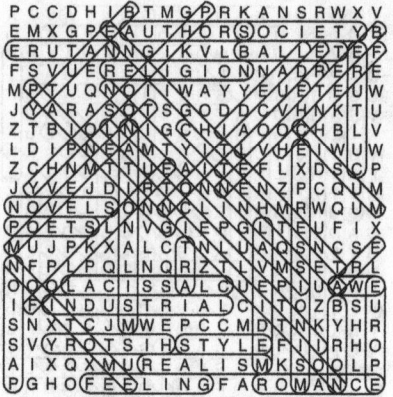

The Romantic Era

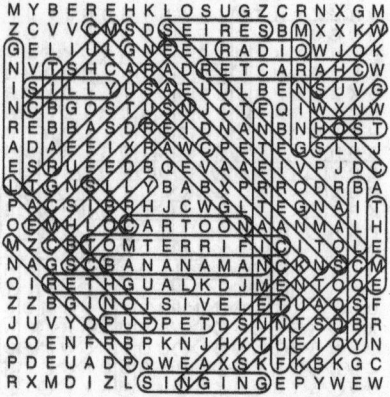

Watching *Captain Kangaroo*

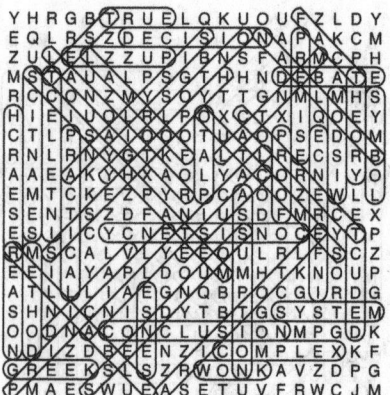

Reasoning

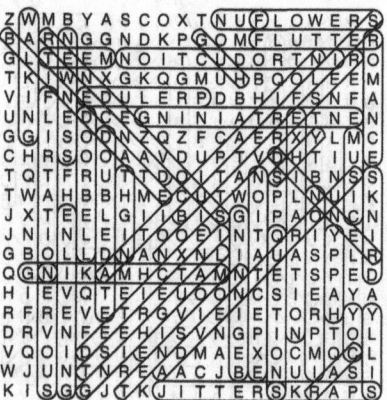

Dates

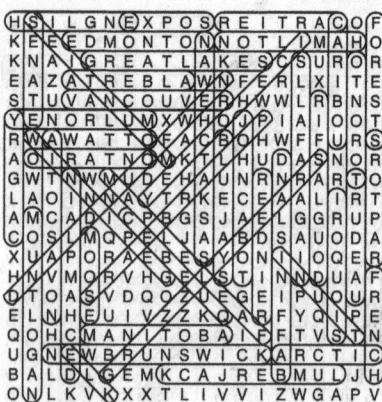

Canadian

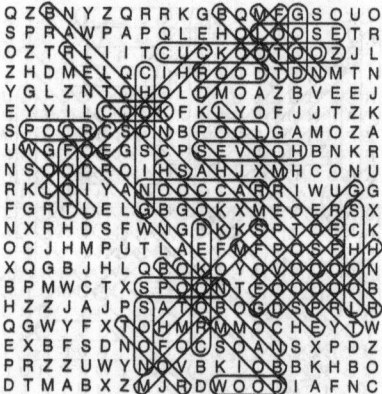

Double-*O* Words

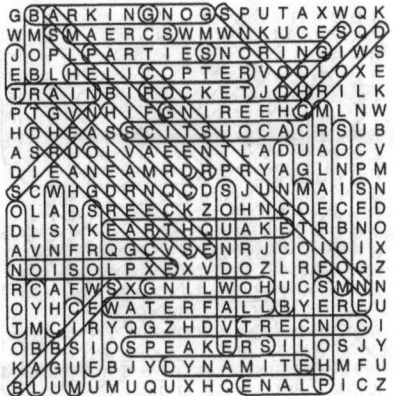

Too Loud!

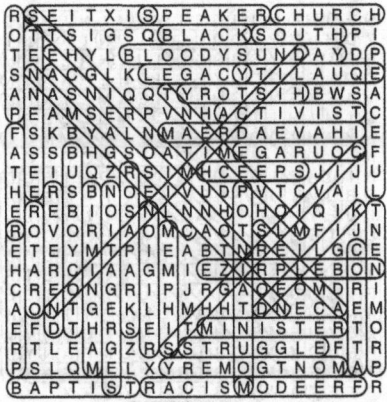

Martin Luther King, Jr.

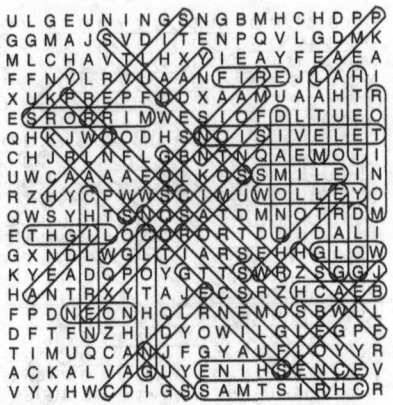

Very Bright

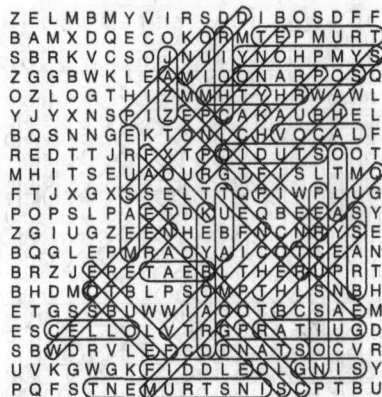

Let's Make Music

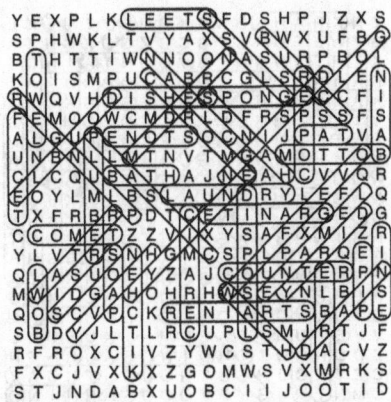

Sinks

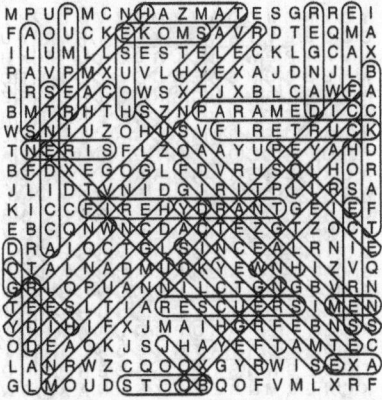

Firefighter

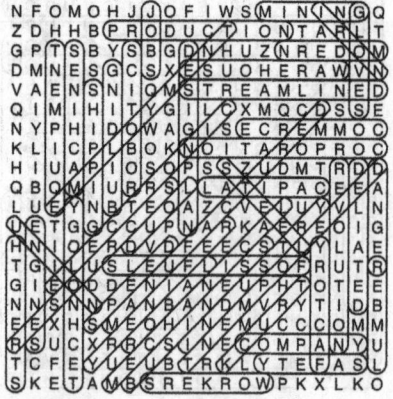

Industry

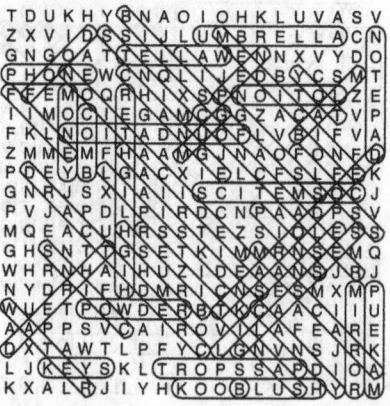

Items in a Purse

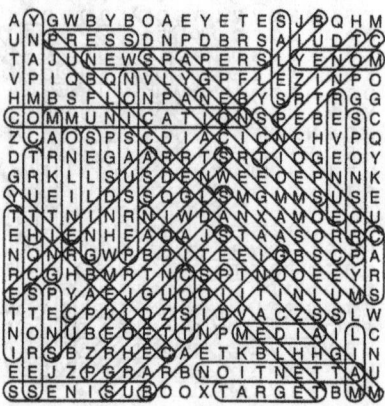

Ads

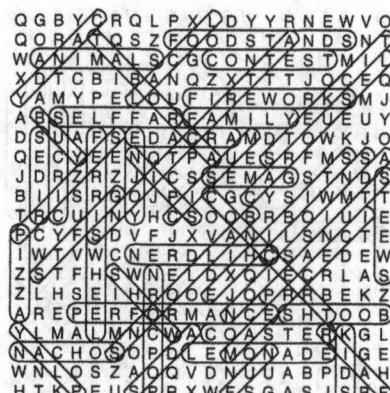

Carnival Enjoyment

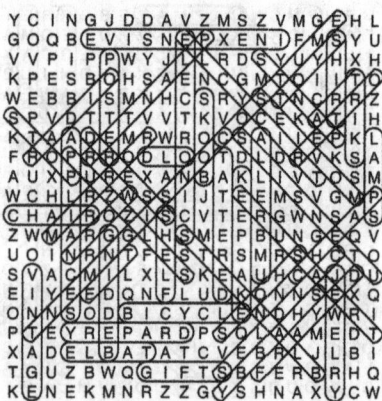

Thrift Store Finds

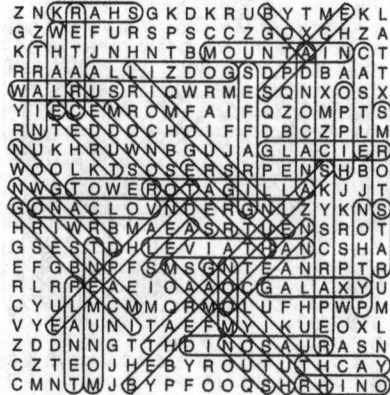

Giant Things

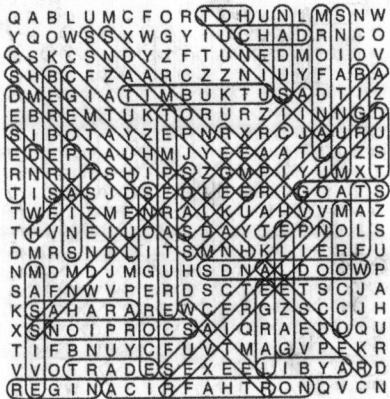

See the Sahara

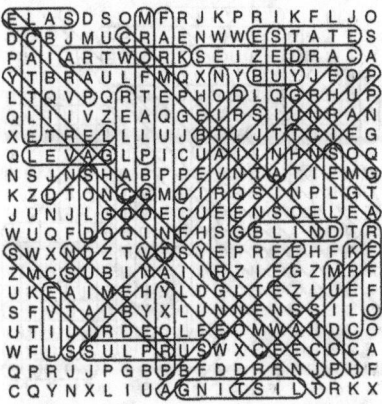

Auction Off

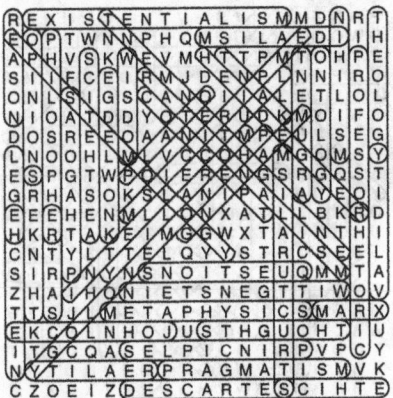

Philosopher

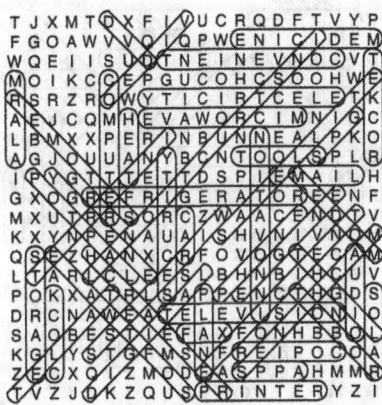

Useful Technology

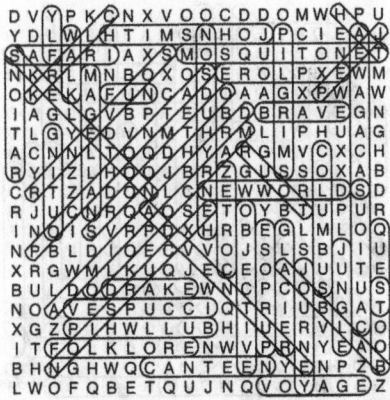

Adventures

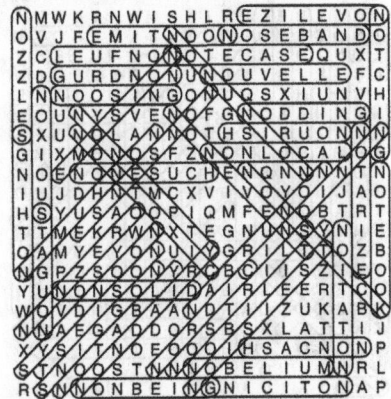

Look for *NO*

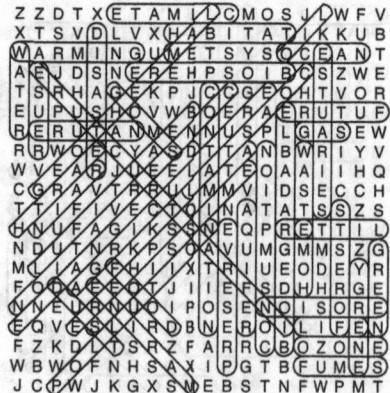

Our Environment

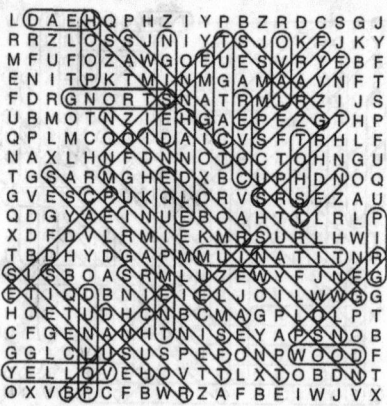

What a Racquet!

Dance Moves

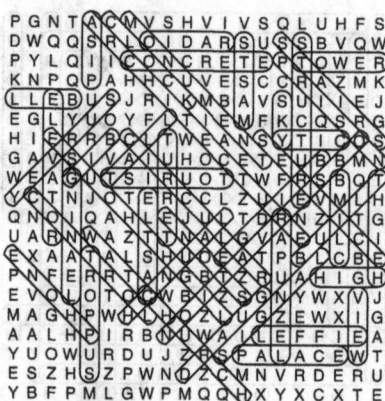

Towers

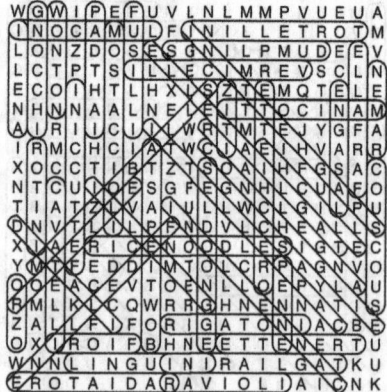

Lots of Pasta

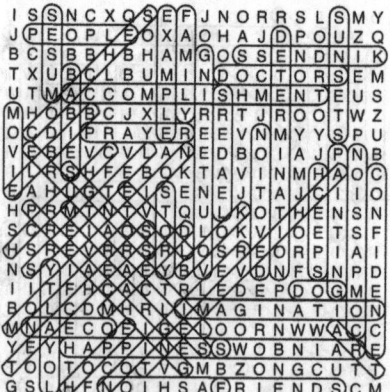

It Can Be Uplifting

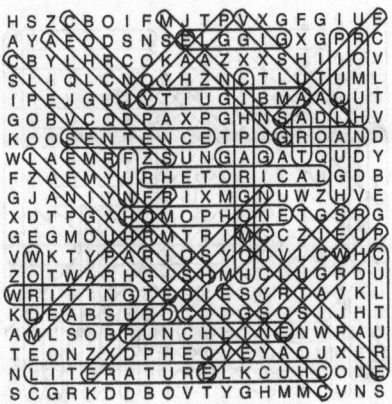

Very Punny

Horseshoes

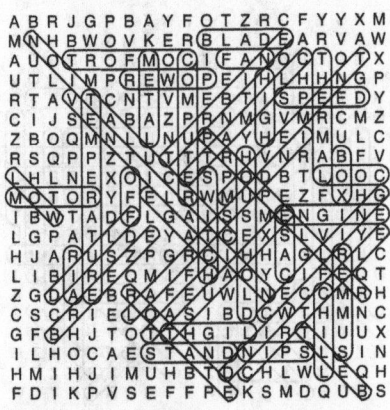

Spinning Fans

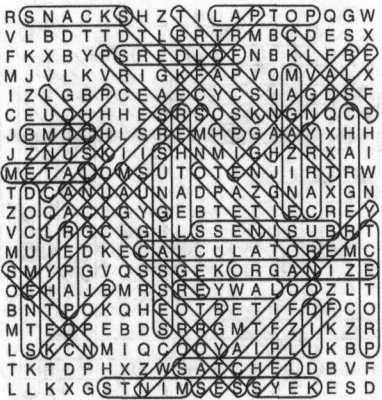

Carry a Briefcase

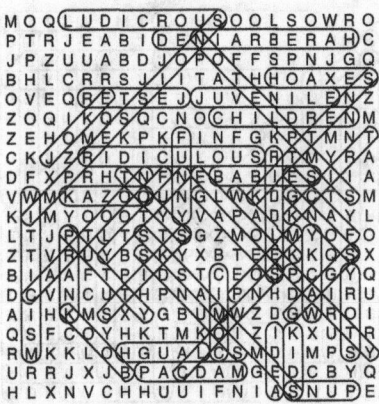

Sometimes Silly

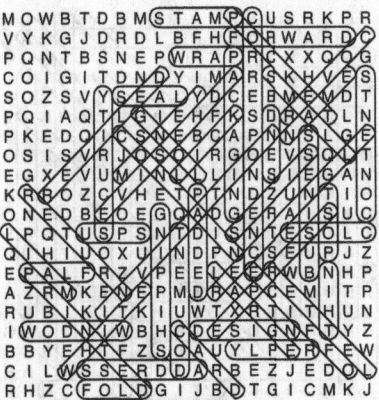

The Envelope, Please

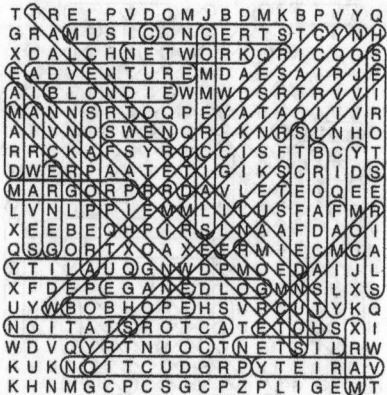

Radio from the Past

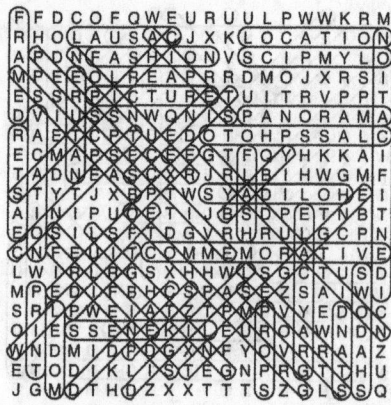

Photographs

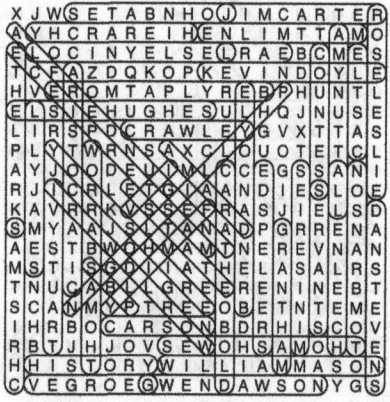

Watching *Downton Abbey*

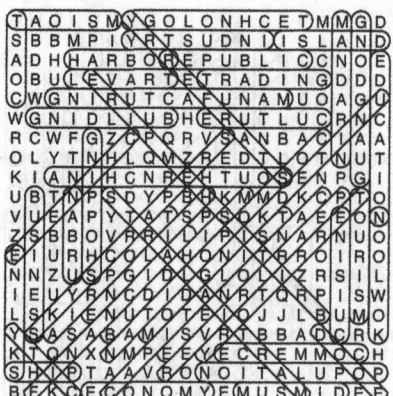

Around Hong Kong

Face the Music

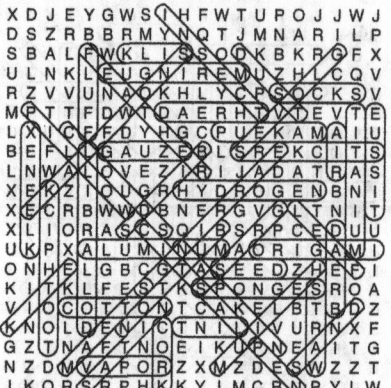

Nothing Heavy

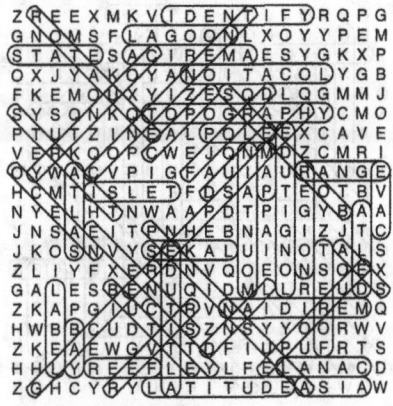

Geography Quiz

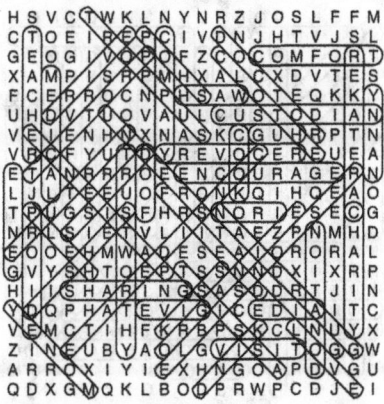

Helping Others

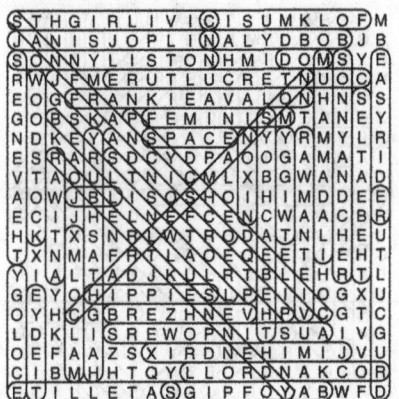

Back to the 60s

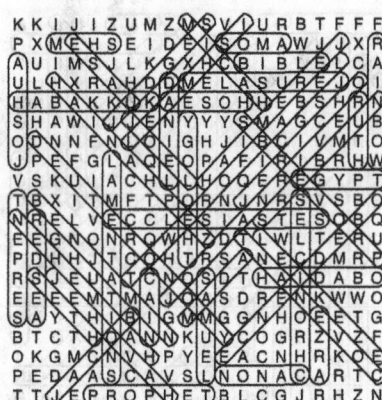

Found in the Old Testament

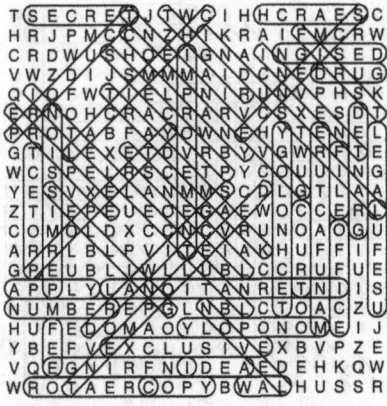

Patents

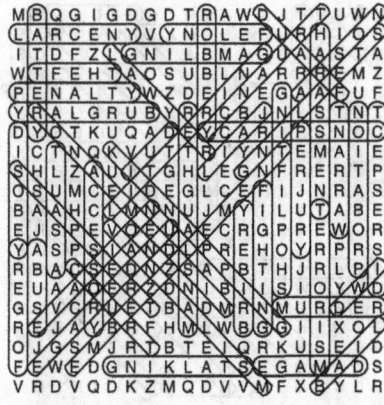

Crimes

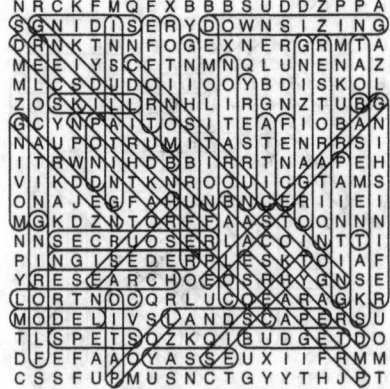

Projects

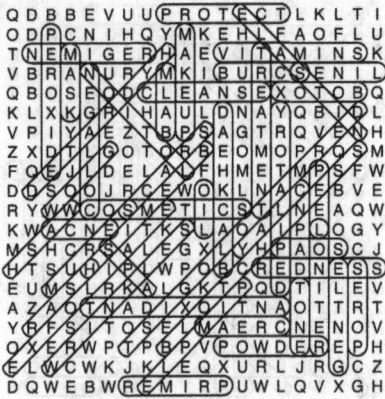

Skin Treatment

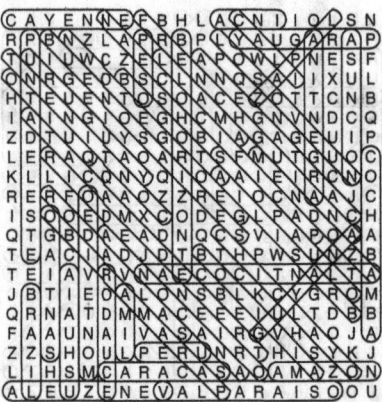

See South America

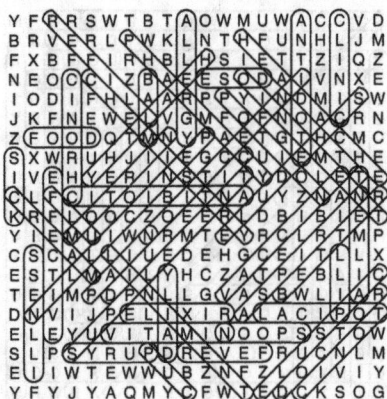

Meds

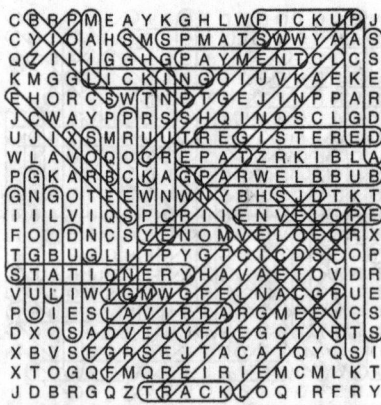

Mailing

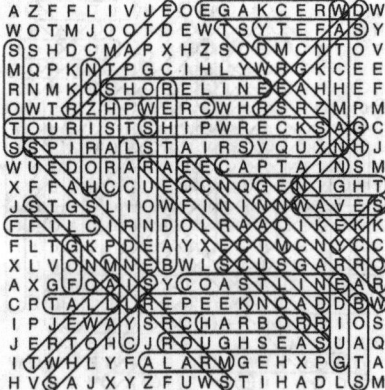

Around the Lighthouse

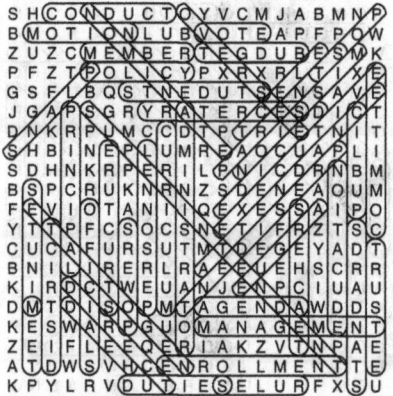

School Boards

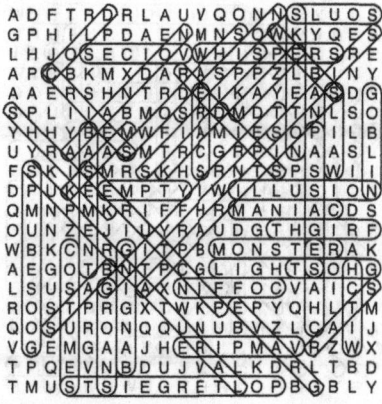

Haunted Houses

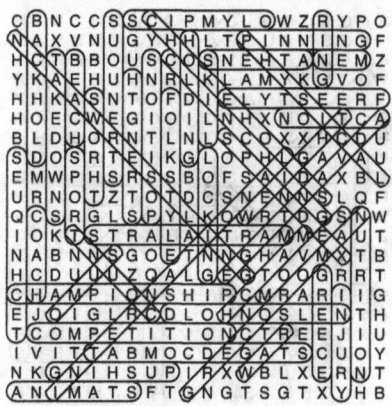

Wrestling Match

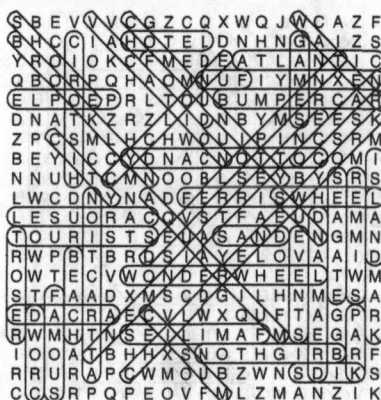

Coney Island Fun

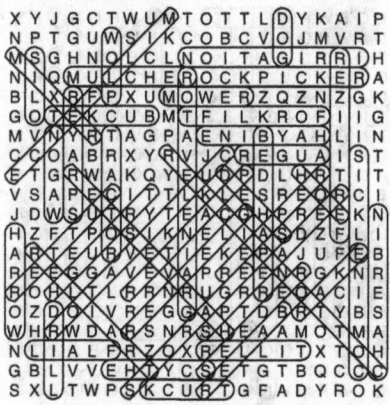

Farm Help

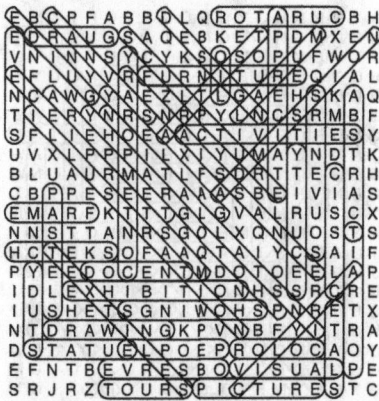

At the Art Museum

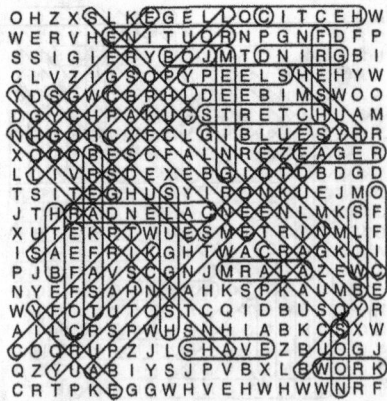

Monday Morning

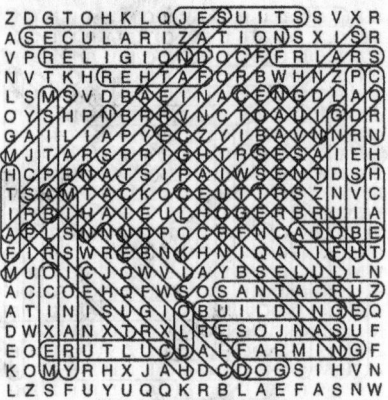

Historic California Missions

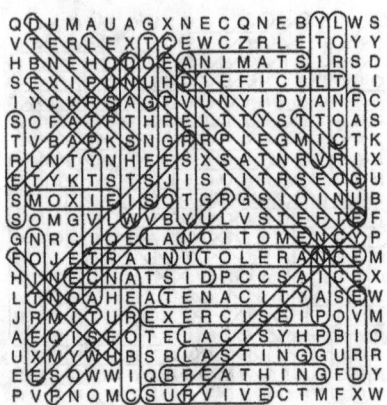

Stamina

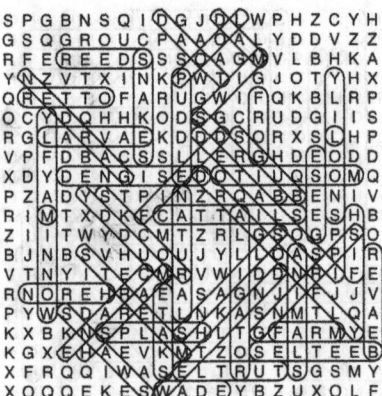

Around the Pond

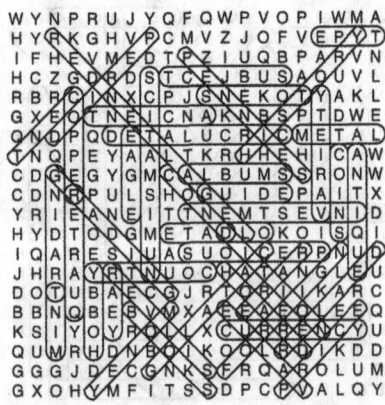

Coin Collections

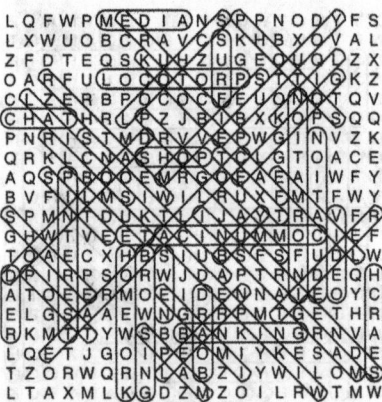

On the Internet

Parachutes

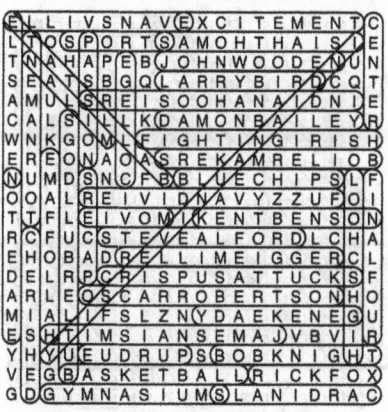

Hoosier Basketball

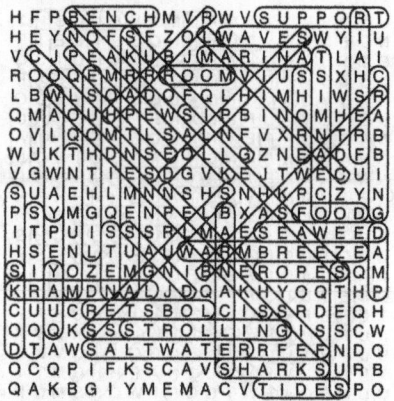

Ocean Boardwalk

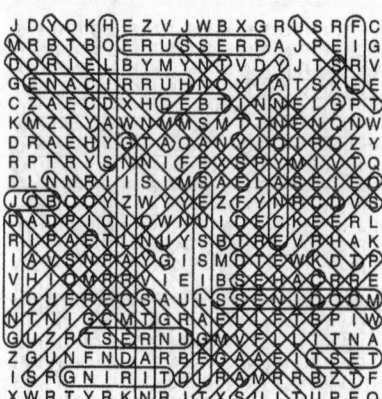

Feeling Stressed

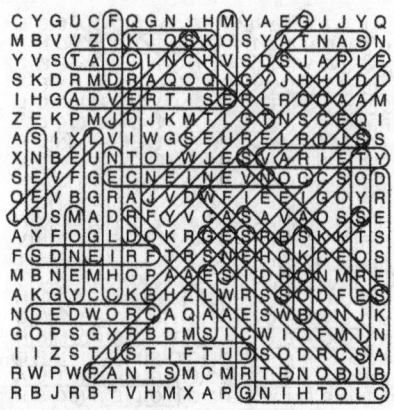

Shopping at the Mall

Bedtime

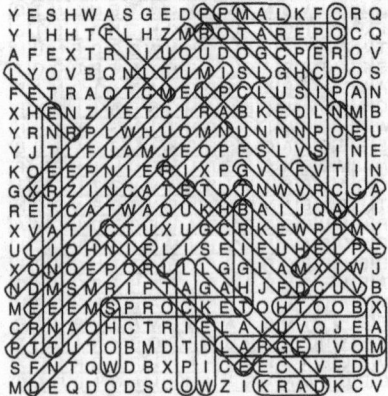

Film Projector

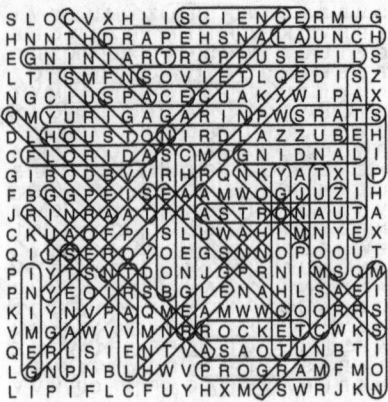

Into Space

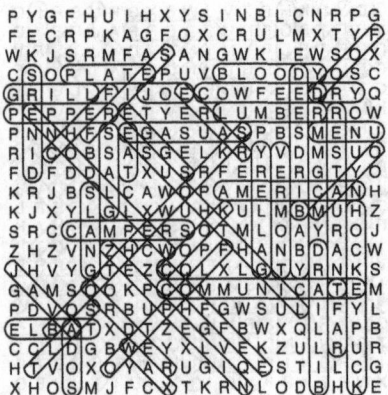

Heard at the Diner

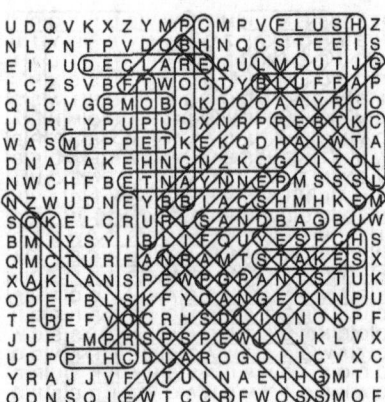

Poker Talk

Radio-Controlled Airplanes

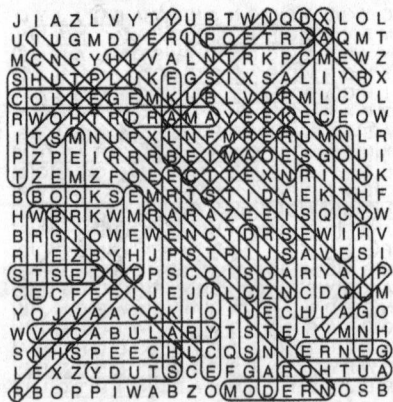

Literature Class

348

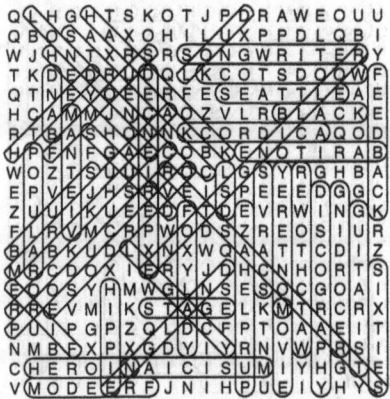

Remembering Jimi Hendrix

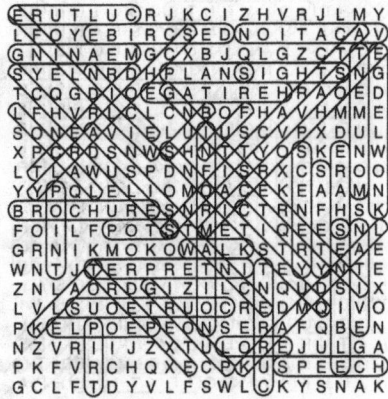

Your Tour Guide

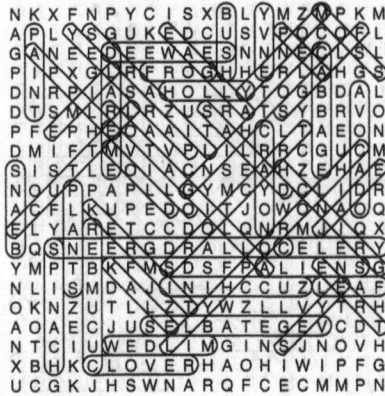

Green

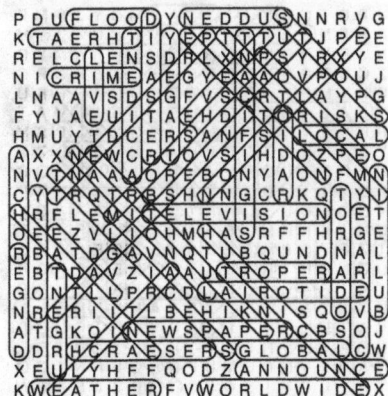

Breaking News

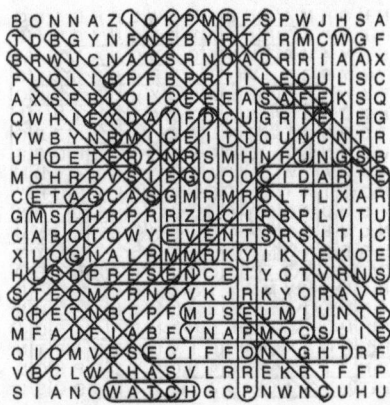

Professional Security

Around My Town

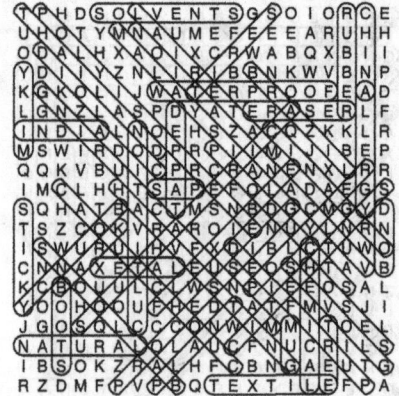

Useful Rubber

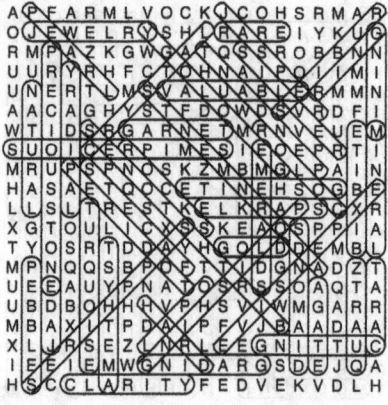

Stones

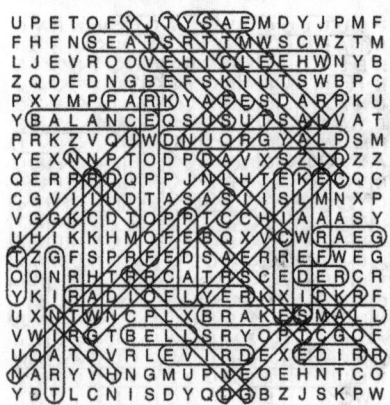

Ride a Trike

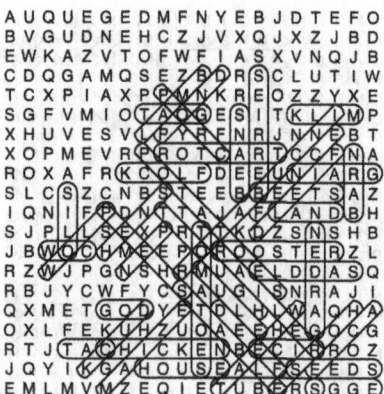

On a Farm

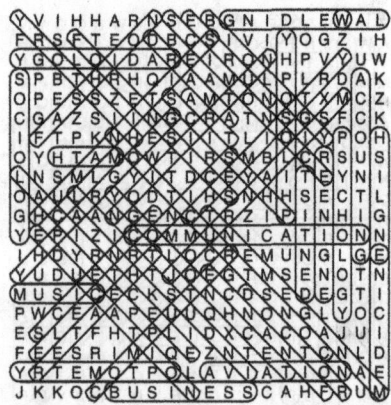

College Majors

Popular Culture

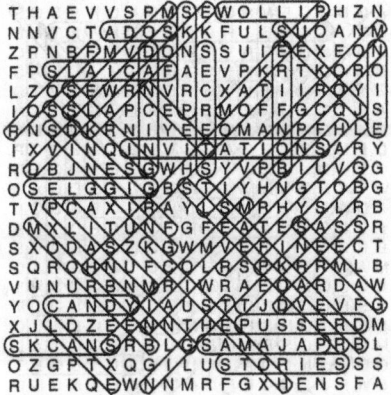

Sleepovers

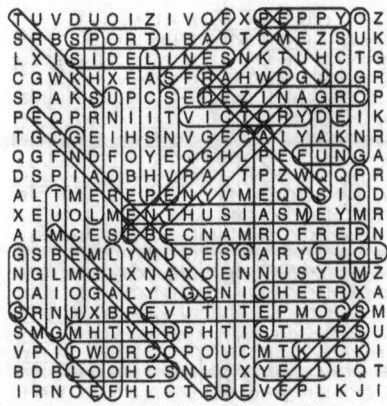

Cheerleader

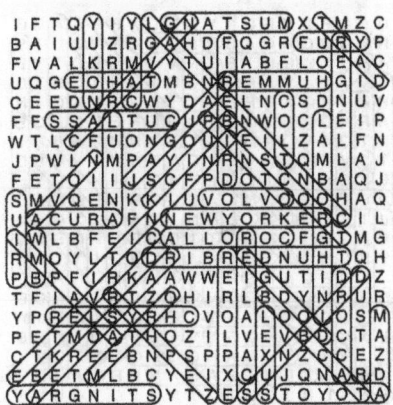

Pick a Car

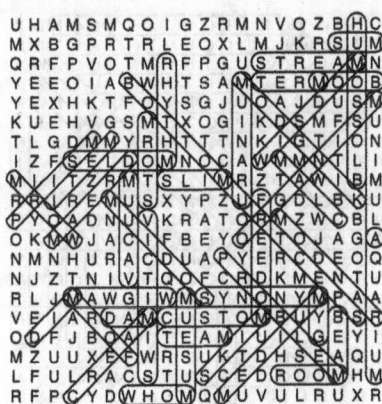

M at End

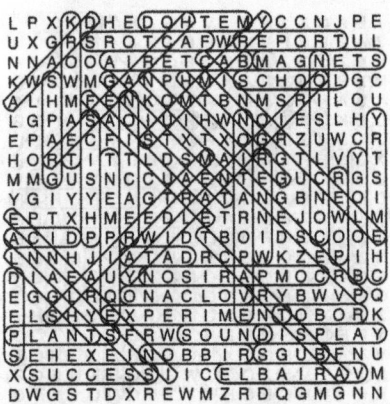

Science Fair Projects

Very Strong

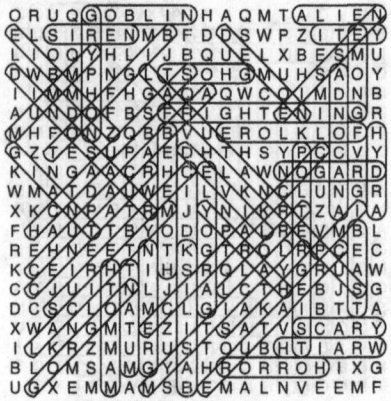

Mysterious Monsters

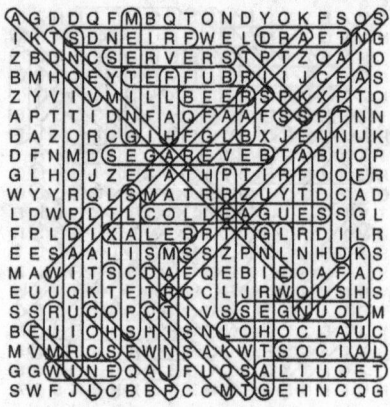

Cocktail Time

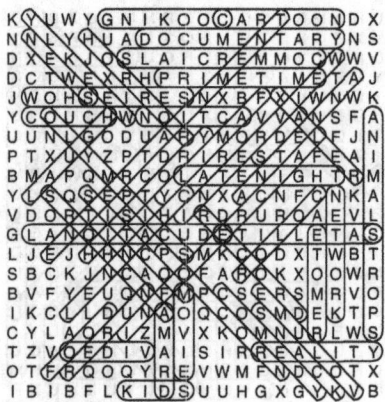

Watching TV

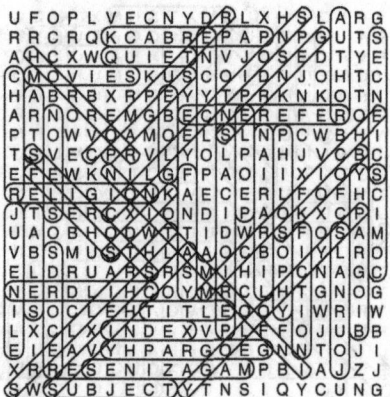

Libraries

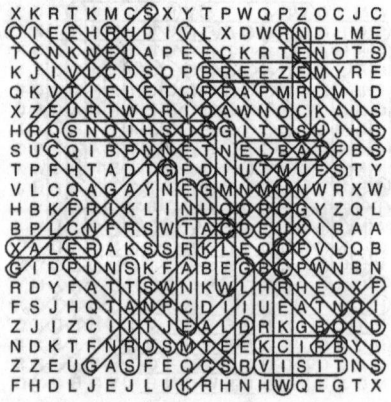

The Porch

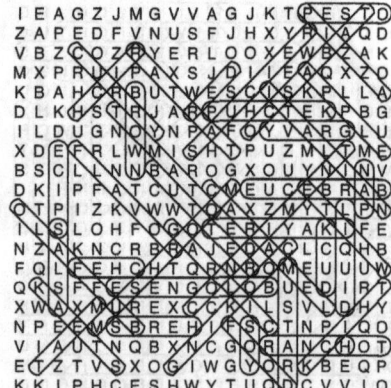

Pass the Sauce

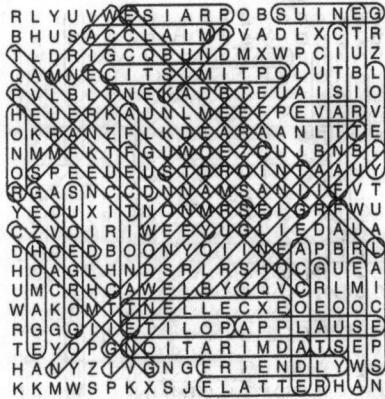

Compliments

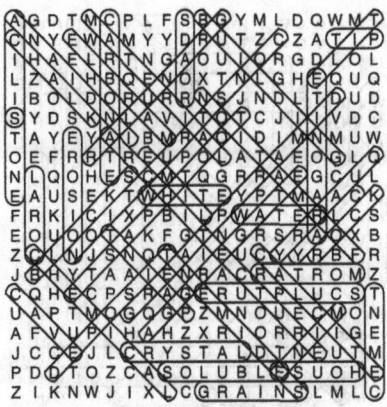

Useful Limestone

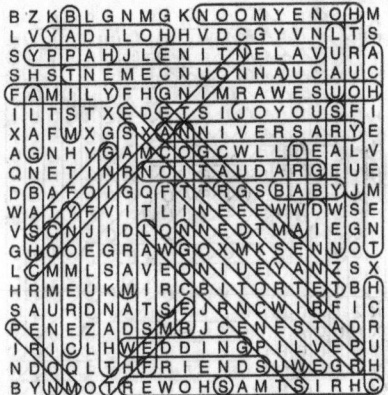

Time to Celebrate

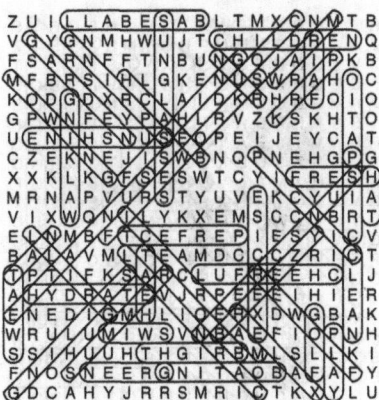

A Sunny Day

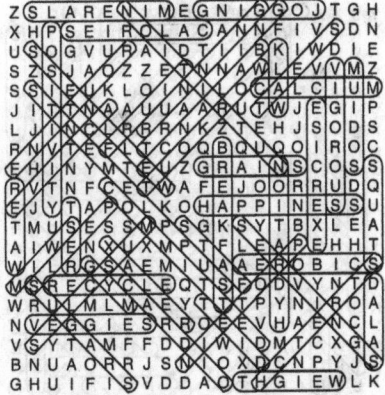

Healthy Living

AM Words

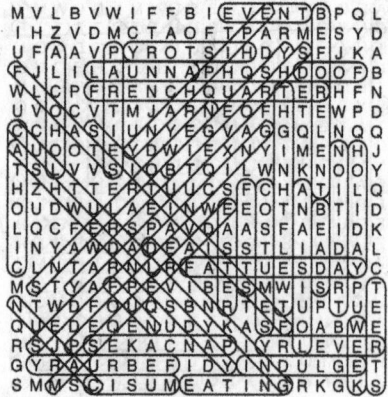

Observing Mardi Gras

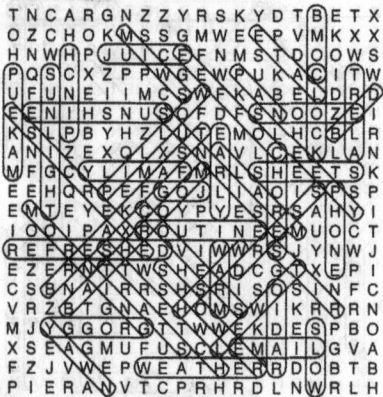

Waking Up

Snow Removal

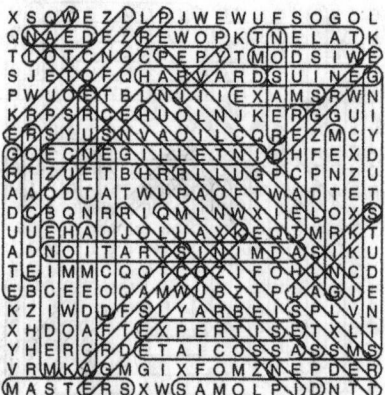

College Education

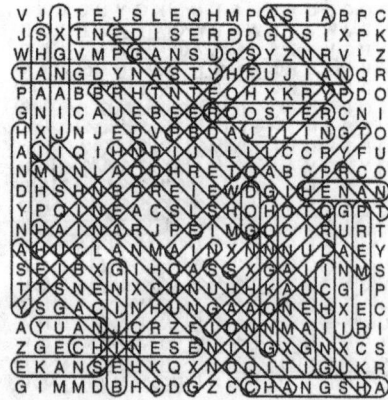

Visiting China

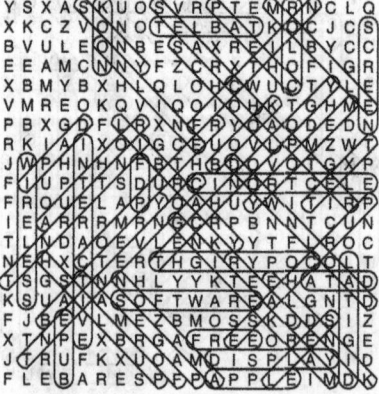

Electronic Books

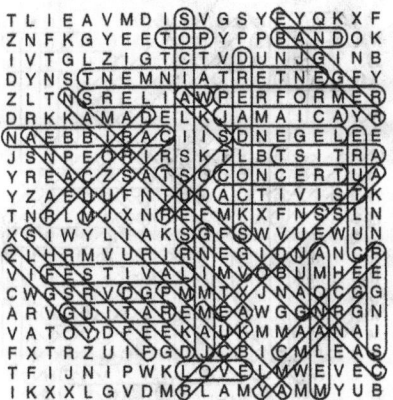

The Life of Bob Marley

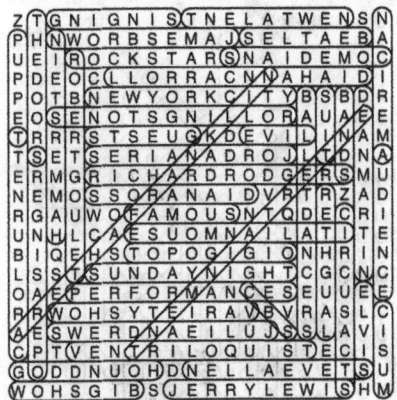

Watching Ed Sullivan

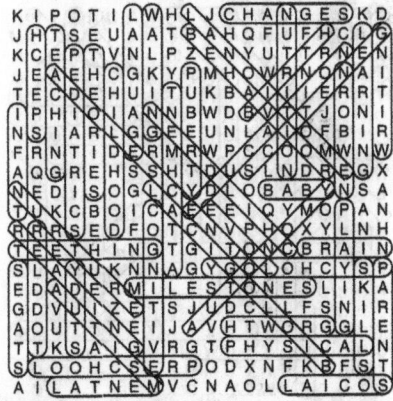

Childhood Development

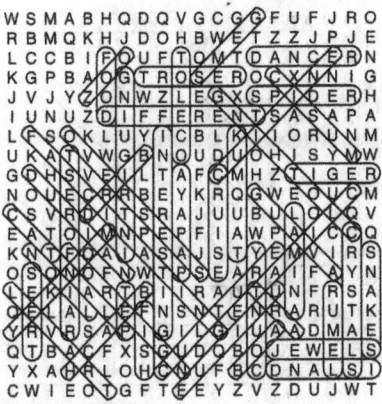

Exotic

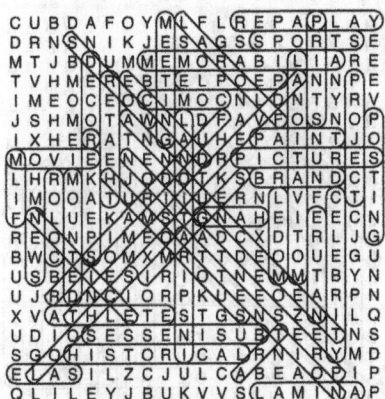

Posters Everywhere

Nicknames

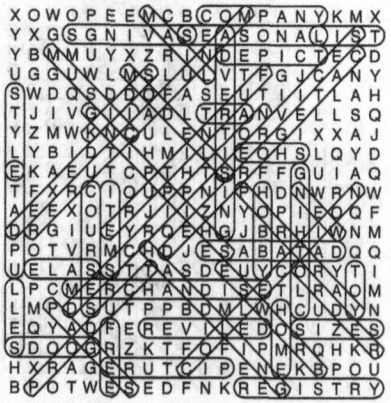

Catalog Shopping

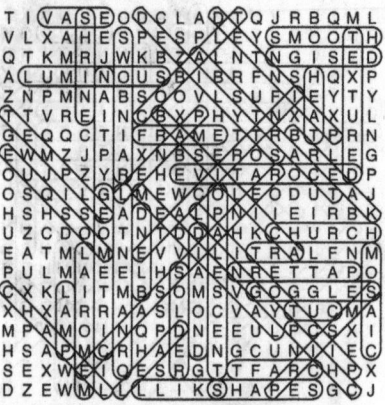

Stained Glass Windows

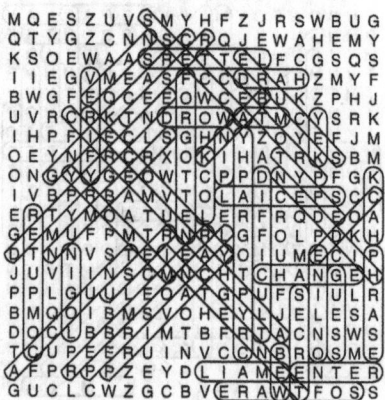

Passwords

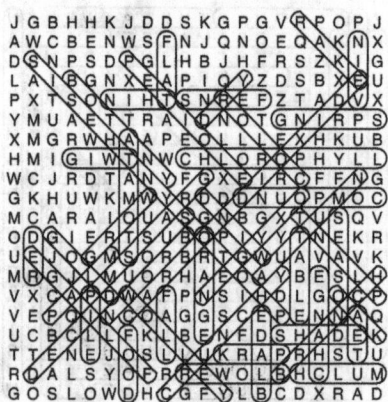

Leafy

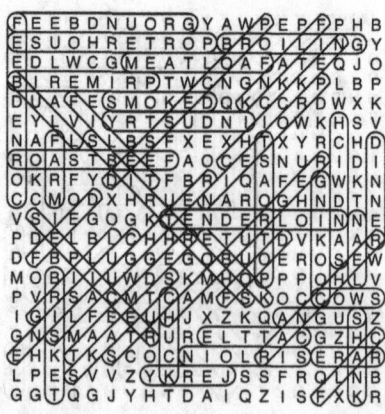

All Beef

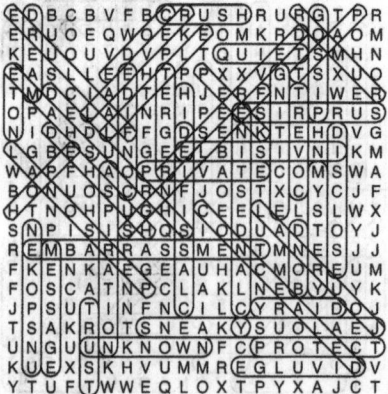

Our Secrets

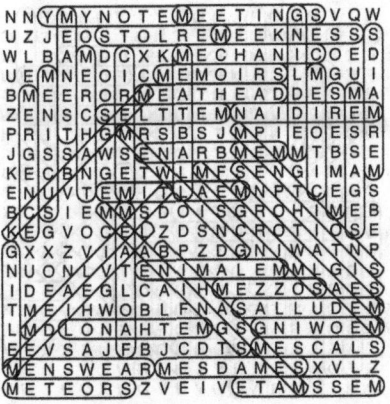

Words with *ME*

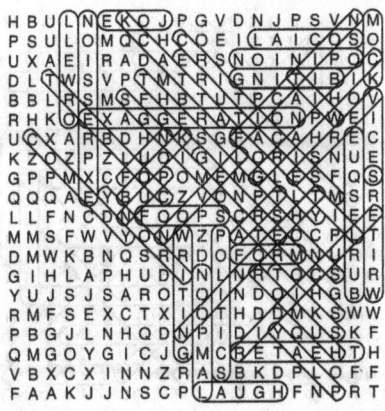

Humor

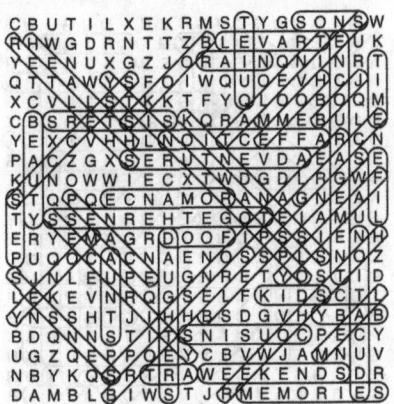

Things to Appreciate

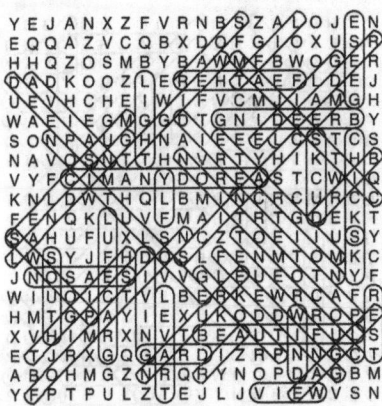

Fly Like a Bird

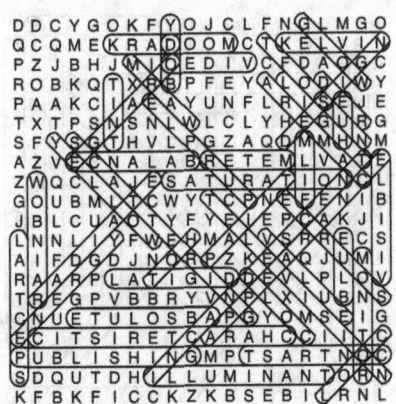

Color Characteristics

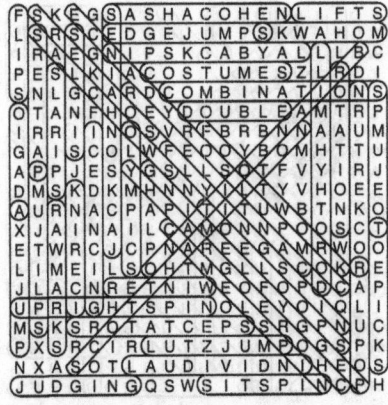

Competitive Skating

Paperbacks

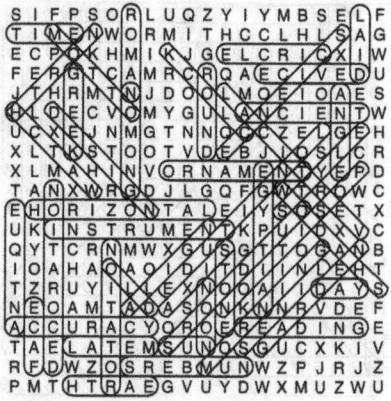

Sundial Time

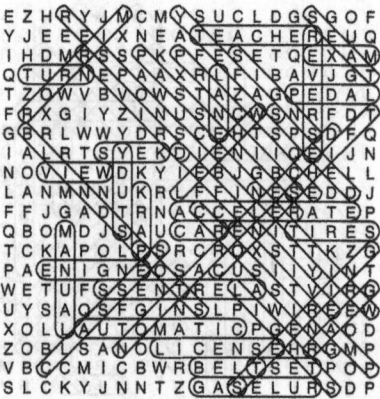

Driver's Education

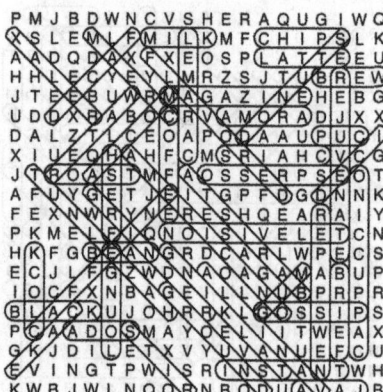

Coffee Break

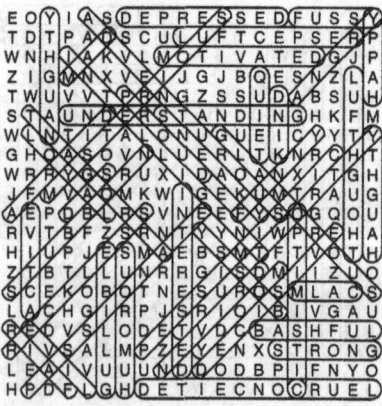

Personal Qualities

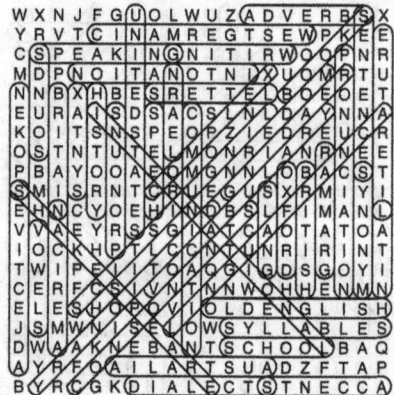

English

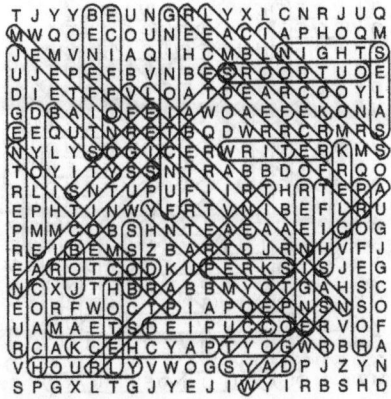

Making a Living

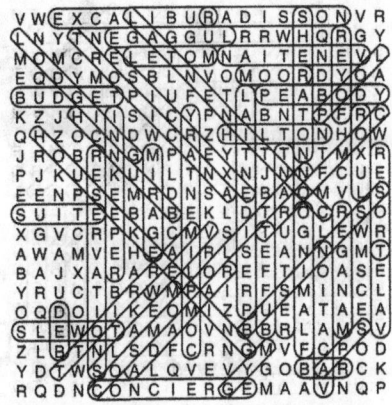

Luxury Hotels

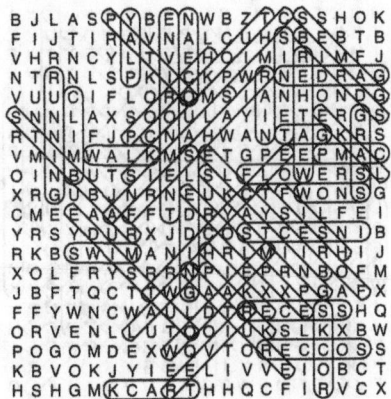

Outdoors

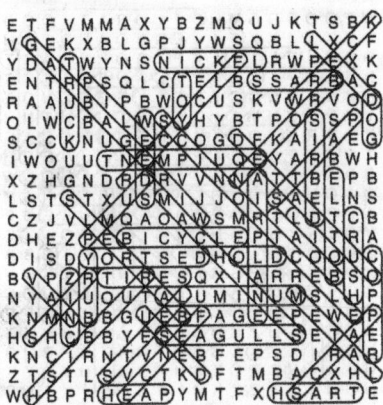

Junkyard

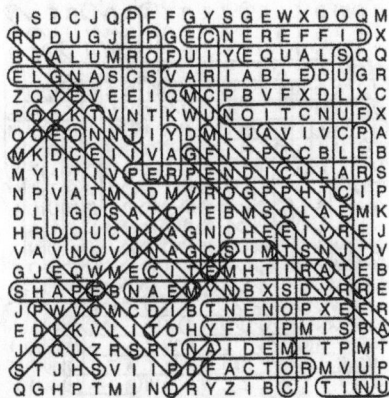

Math Is Fun

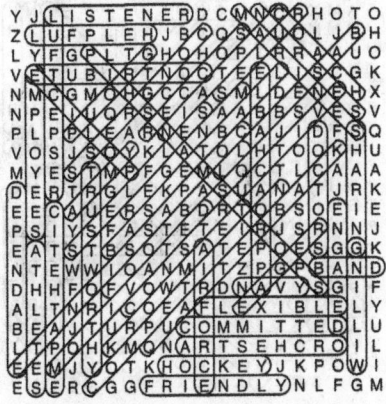

Cooperating with Others

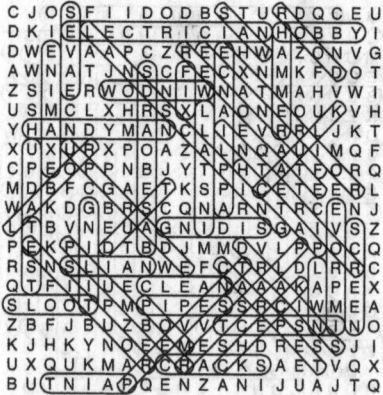

Home Projects

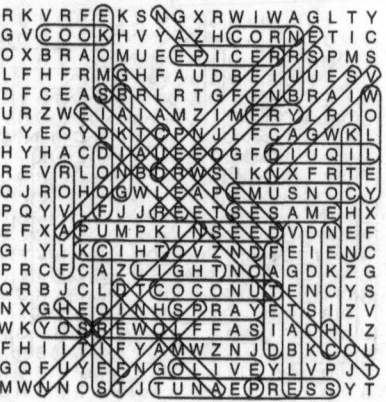

Cooking Oils

Box It Up

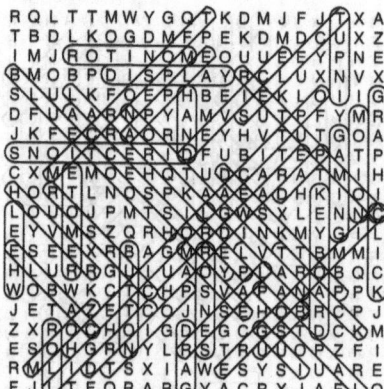

Move the Mouse

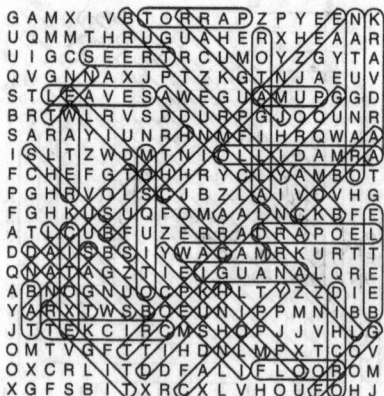

Rainforest Life

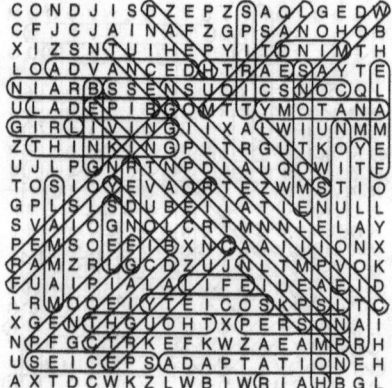

Mankind

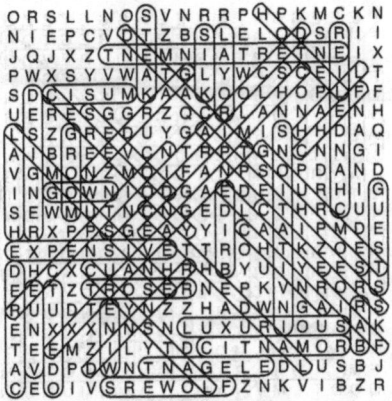

Dream Weddings

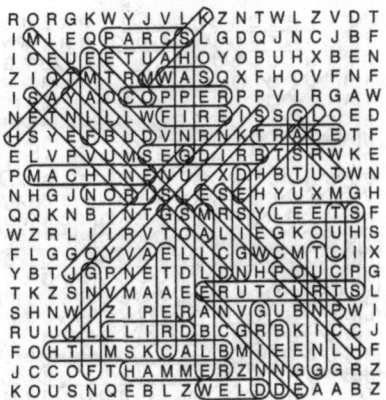

Metalwork

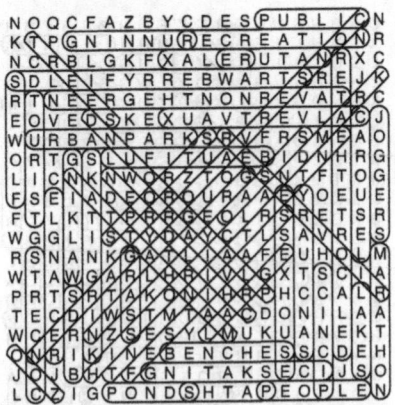

Central Park NYC

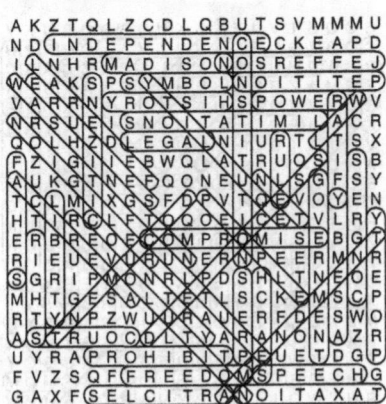

Bill of Rights

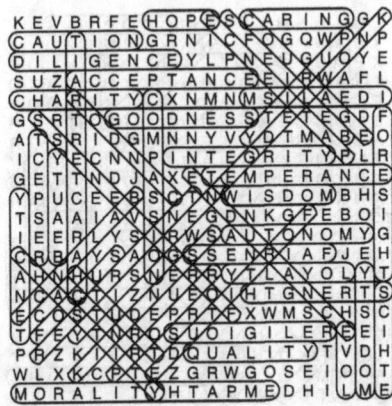

Personal Attributes

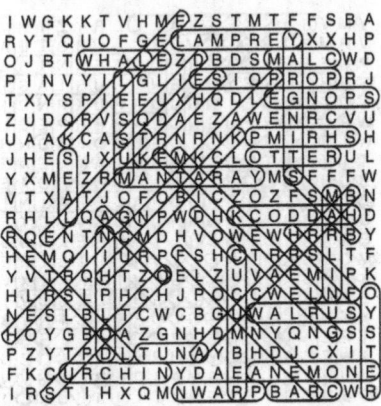

Ocean Animals

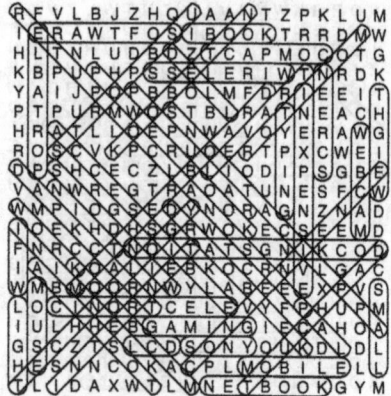

Small Computers

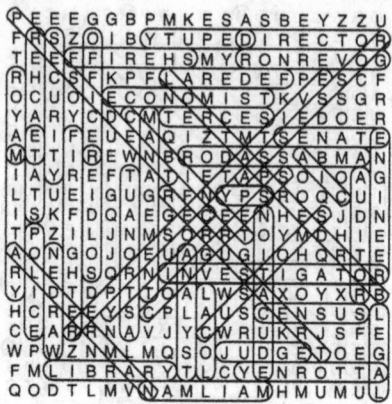

Government Jobs

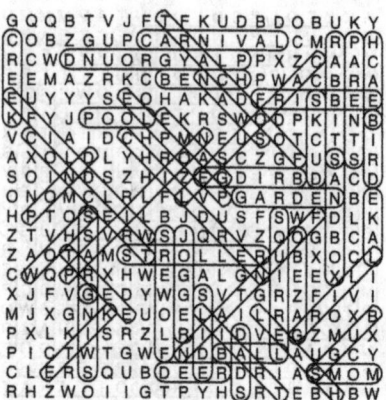

Seen at the Park

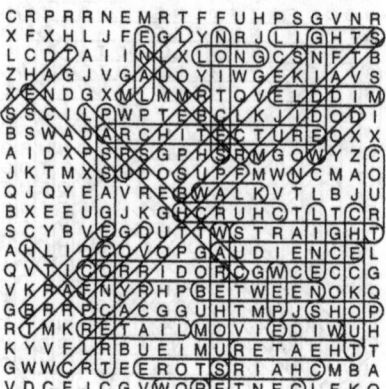

Aisles

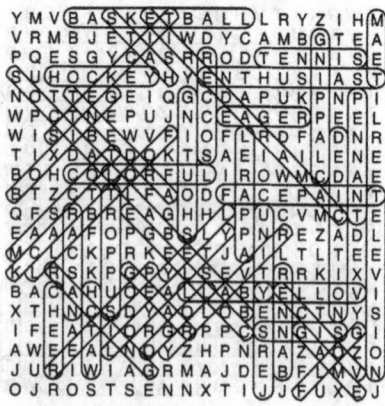

Watching Sports

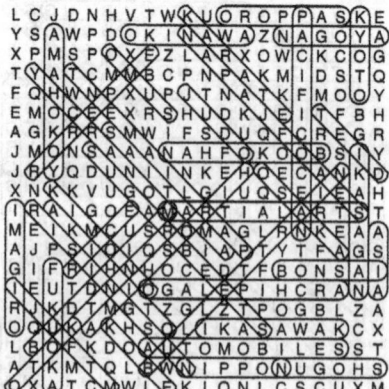

See Japan

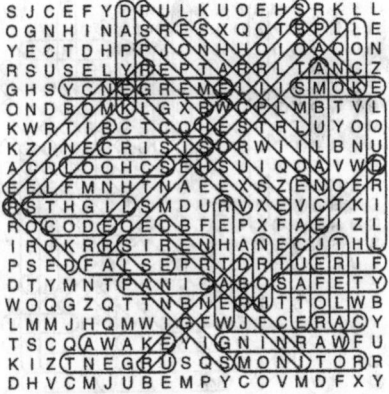

Alarms

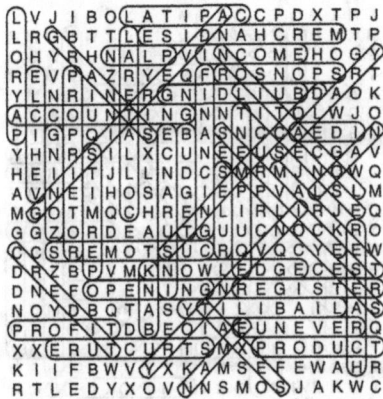

New Businesses

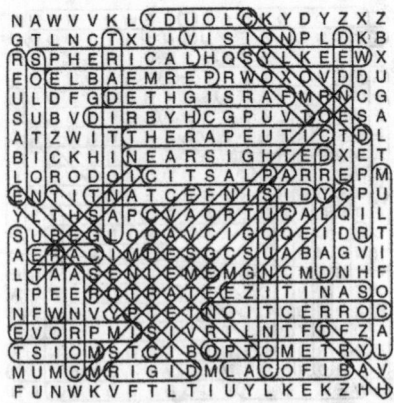

Wearing Contacts

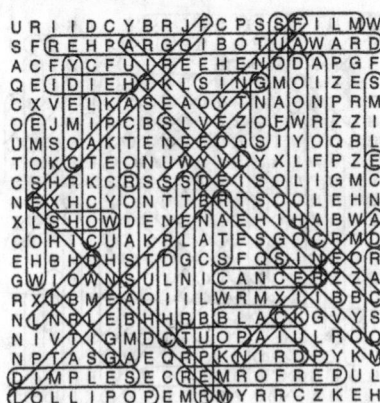

Remembering Shirley Temple

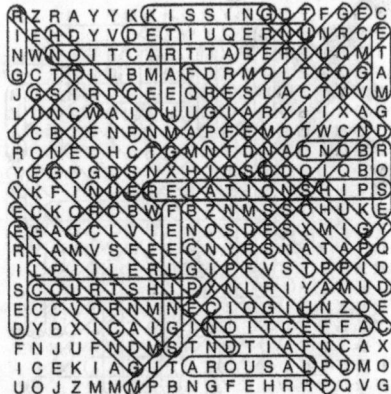

Feeling Love

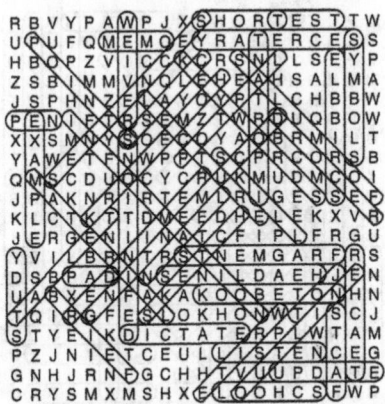

Note Taking

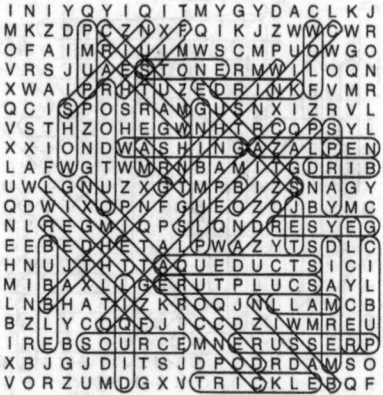

Fabulous Fountains

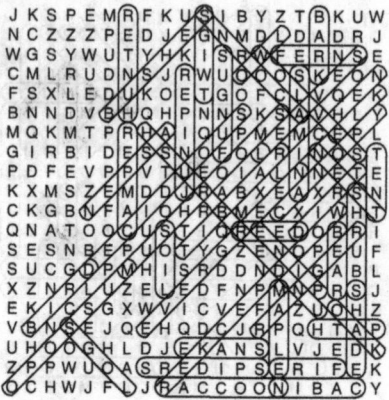

In the Woods

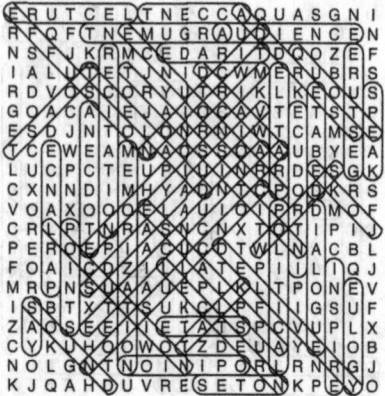

Speaking

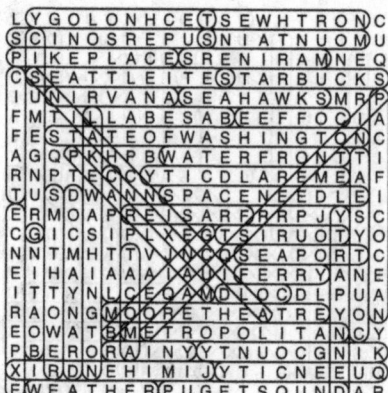

Seattle, Washington

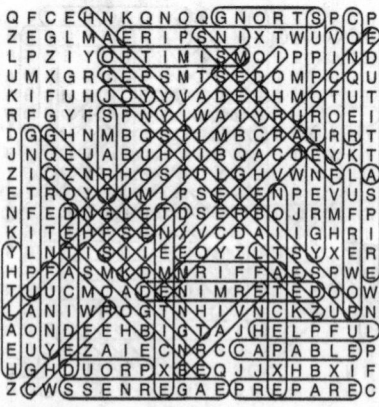

Positive Thinking

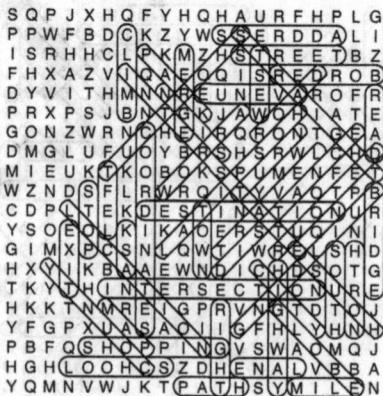

Get Directions

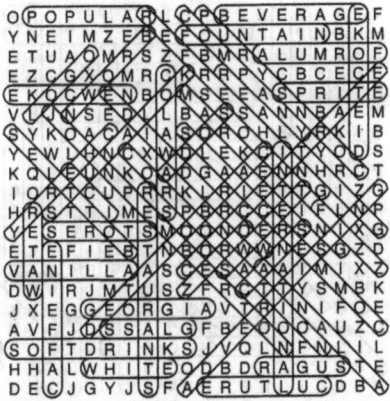

Have a Coke

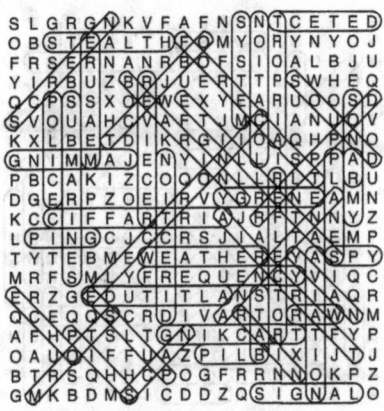

On the Radar

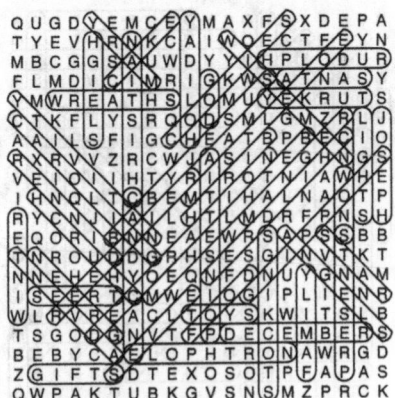

Joyous Christmas

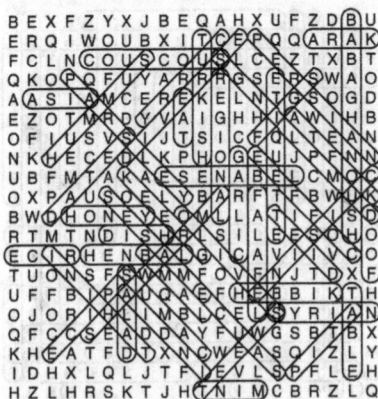

Middle Eastern Food

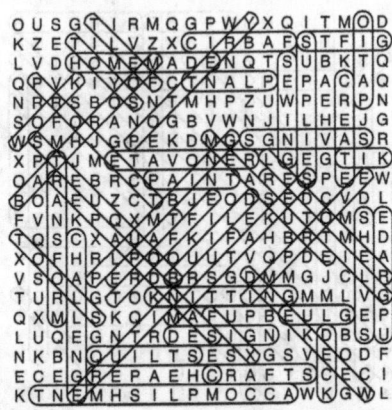

DIY

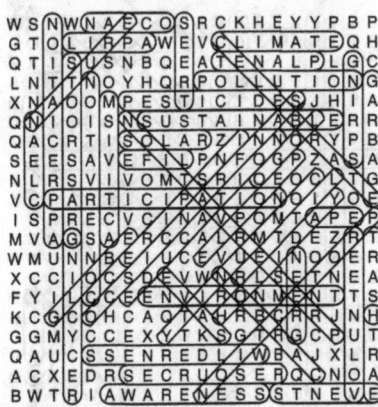

Celebrating Earth Day

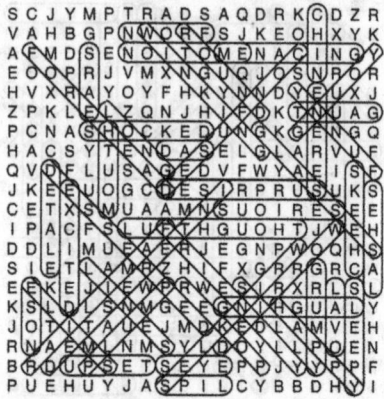

Make a Face

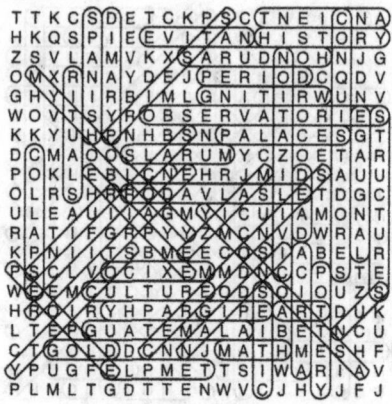

Studying Maya Civilization

Tour New England

Write an Essay

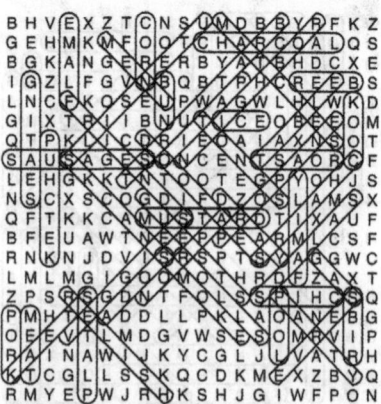

Backyard BBQ

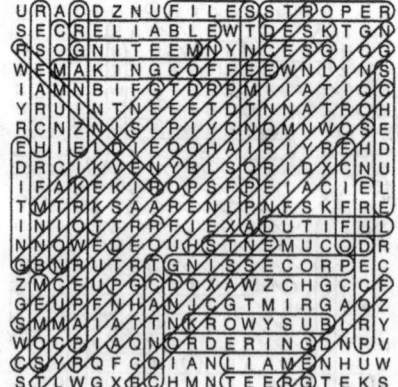

Secretarial Work

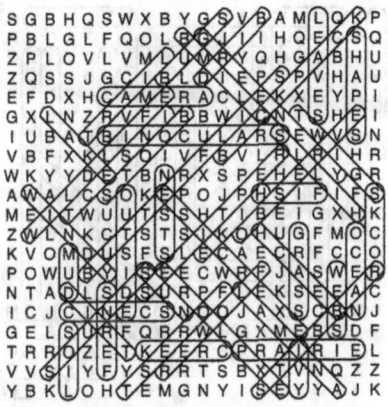

Nature Walk

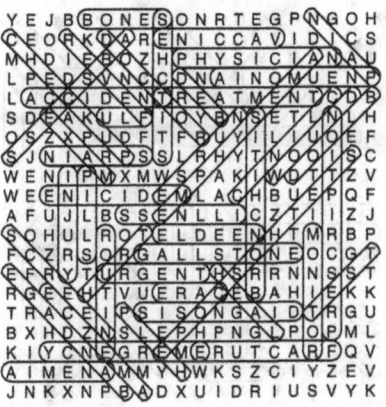

Medical

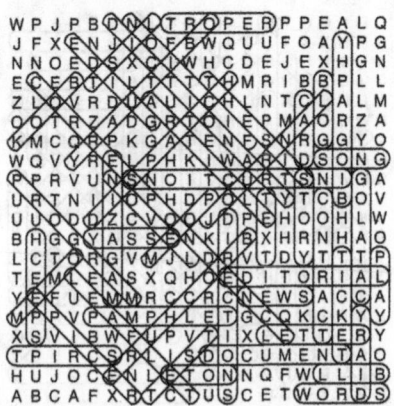

Written Material

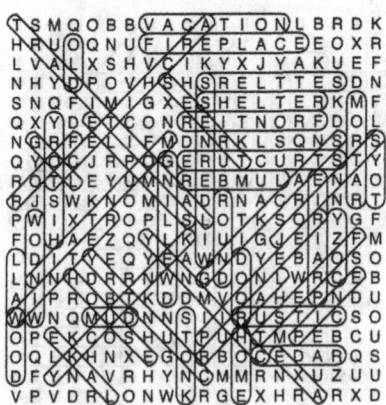

Log Cabins

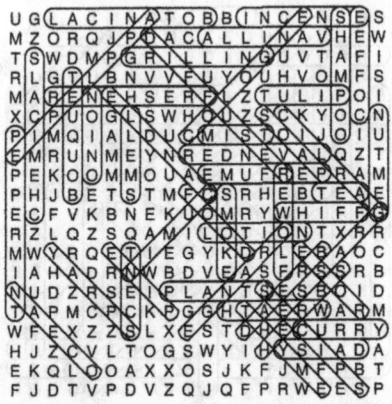

Aromatic

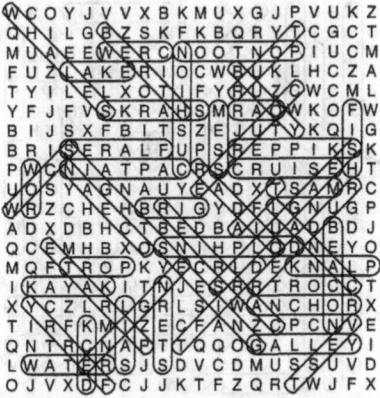

Around Boats

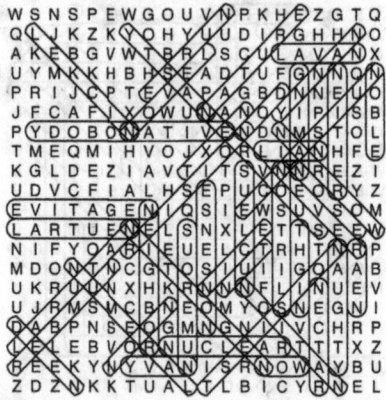

N at Start

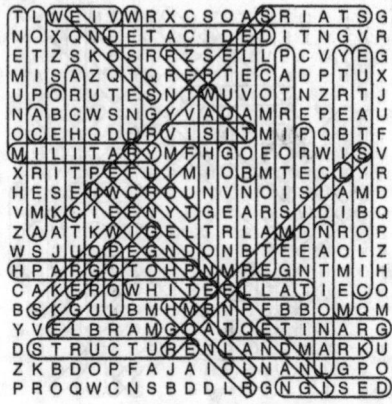

See the Washington Monument

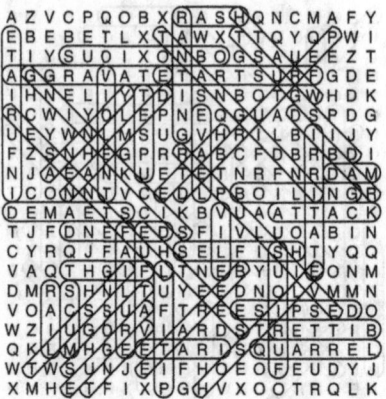

In Anger

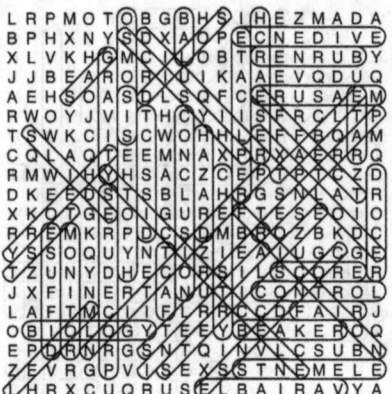

Science Experiments

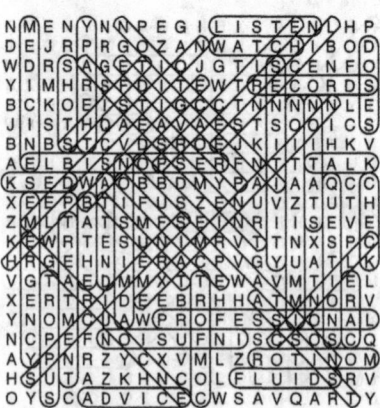

Caring Nurses

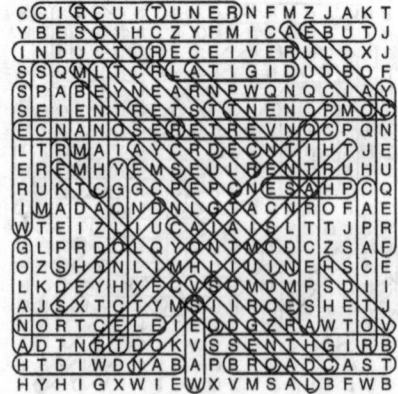

Television Technology

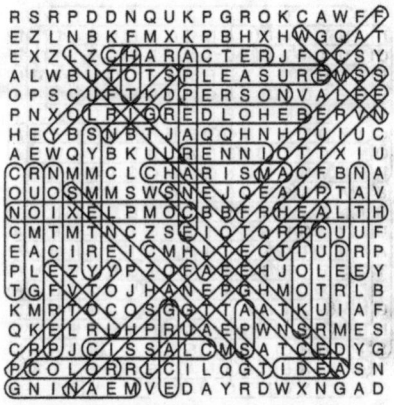

Looking Good

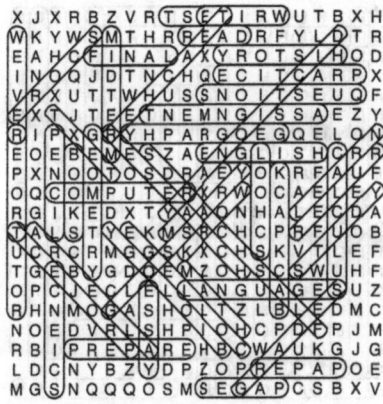

Do Your Homework

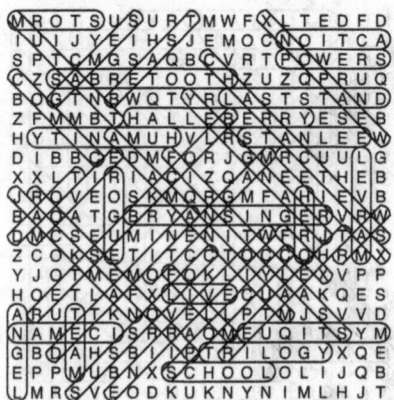

X-Men Films

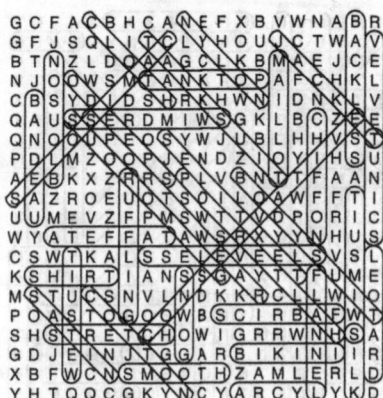

Attire

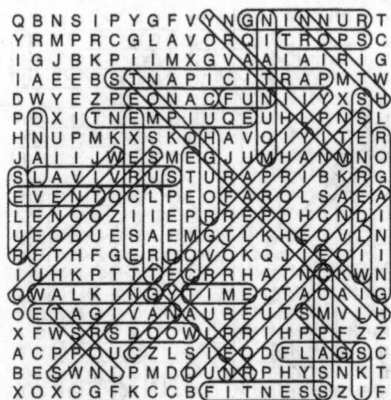

Navigational Sports

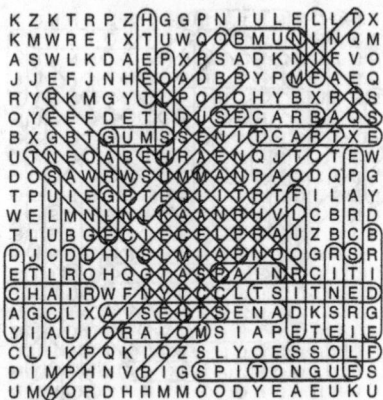

Dental Checkup

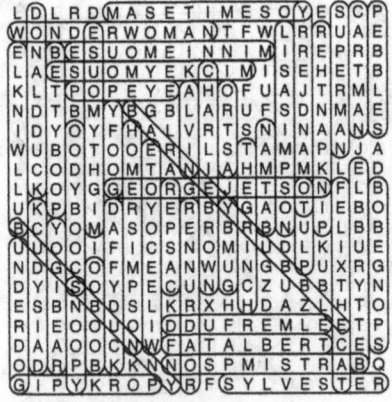

Watching Cartoons

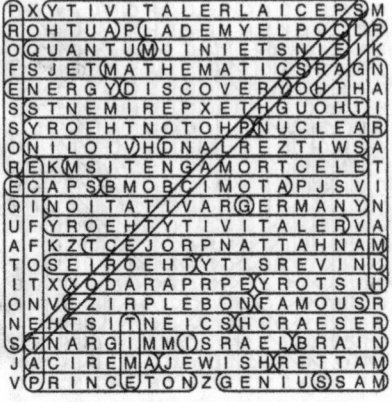

Remembering Albert Einstein

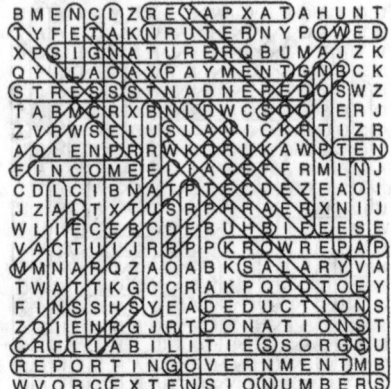

Pay Your Taxes

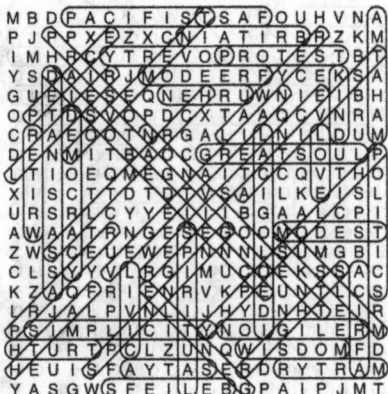

Mahatma Gandhi

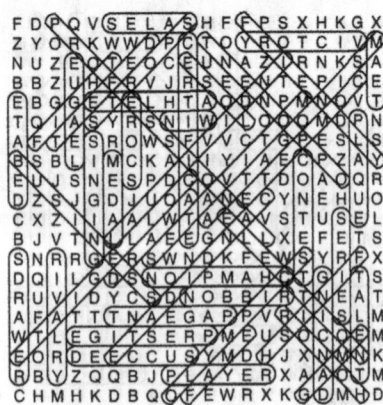

Competing

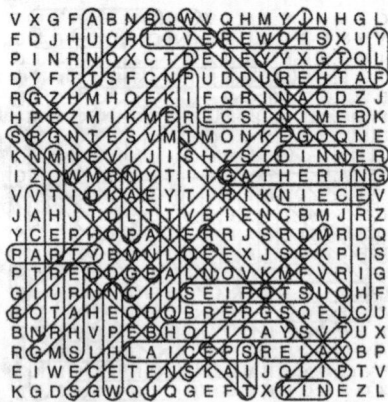

See the Family

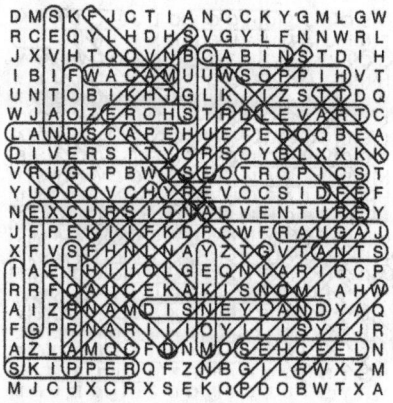

Jungle Trip

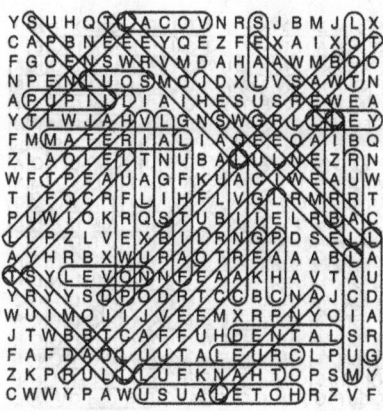

L at End

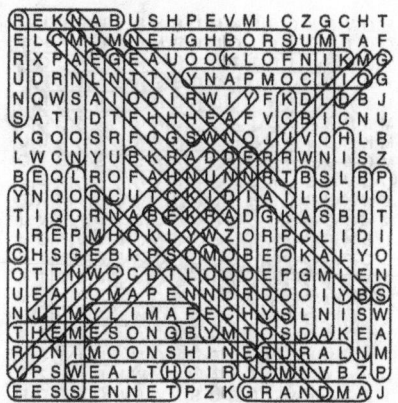

Watching *The Beverly Hillbillies*

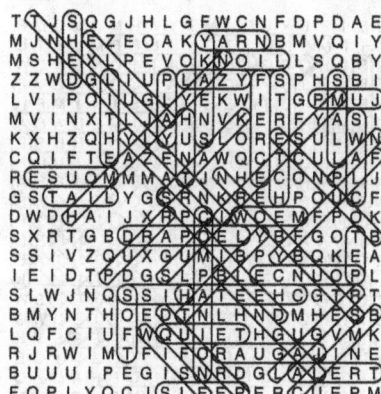

Like a Cat

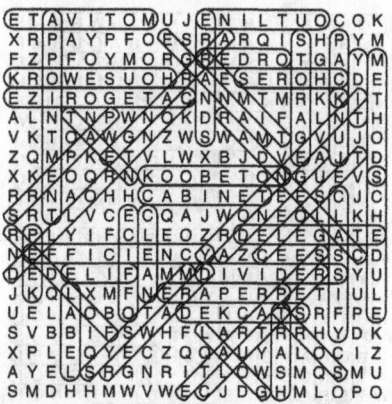

Highly Organized

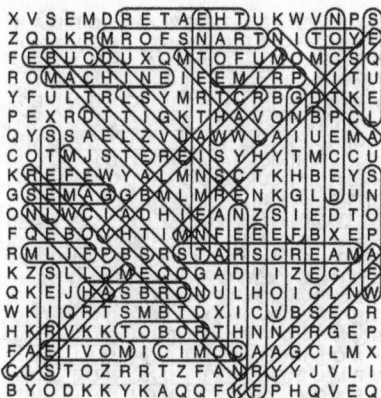

The Transformers Franchise

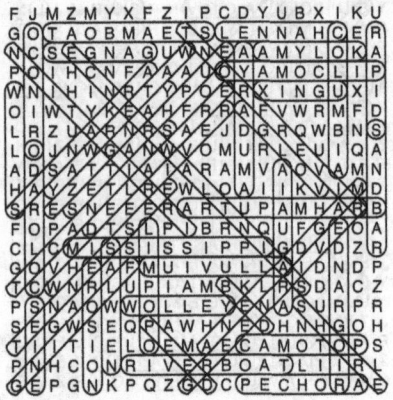

At the River

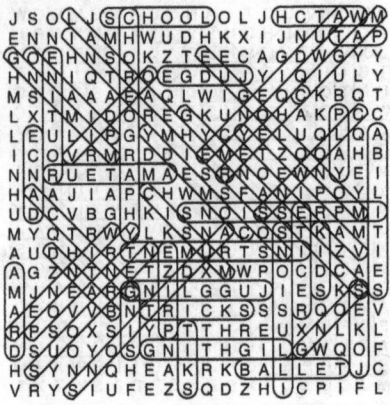

Talent Contest

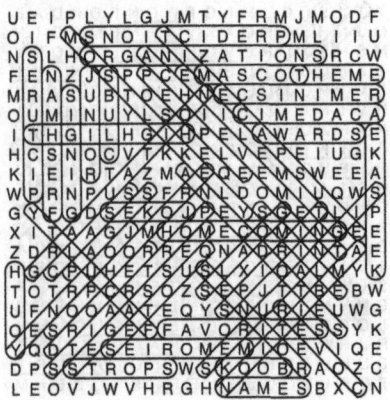

Yearbook Memories

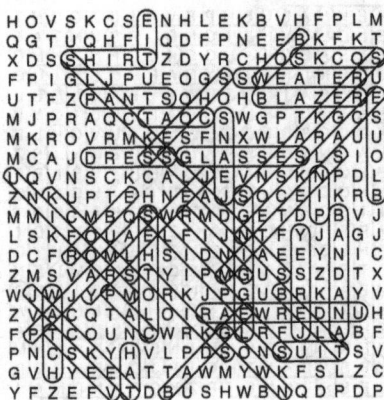

Wear It

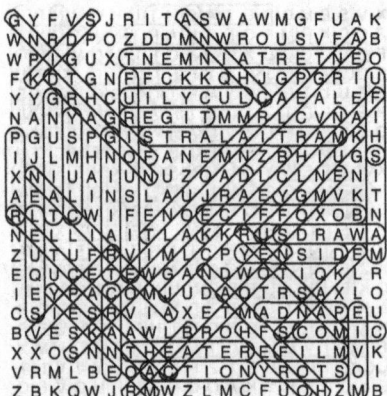

Kung Fu Panda in Theaters

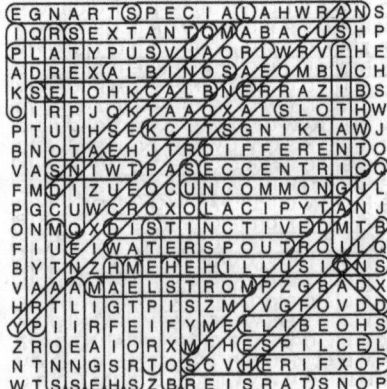

Somewhat Unusual

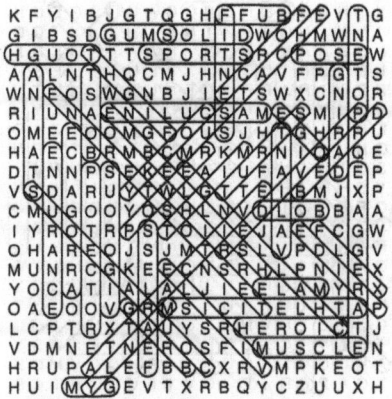

Machismo

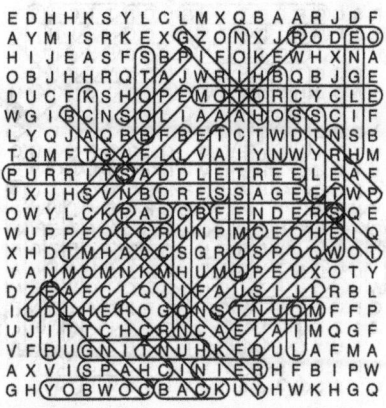

Saddle Up

Capitals of the United States

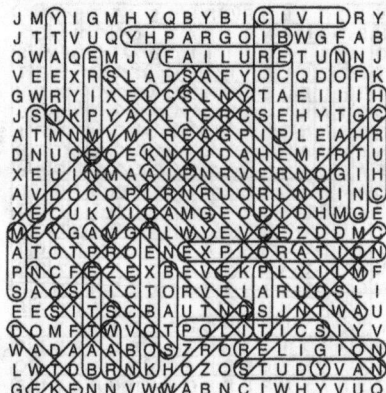

History Books

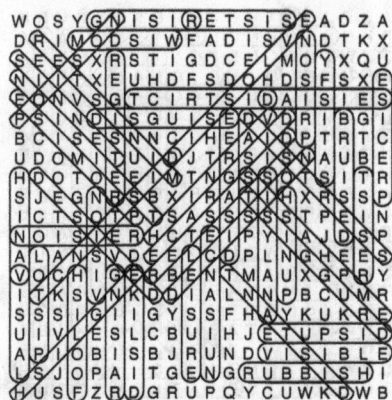

IS Words

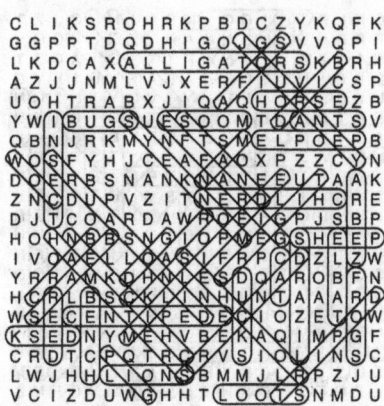

It Has Legs

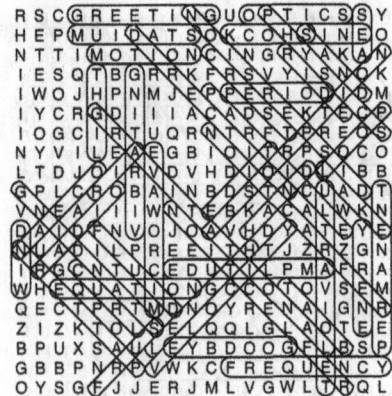

All about Waves

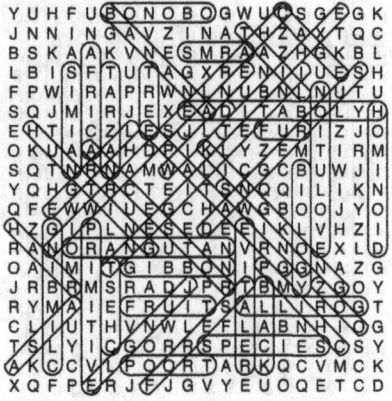

Amazing Apes

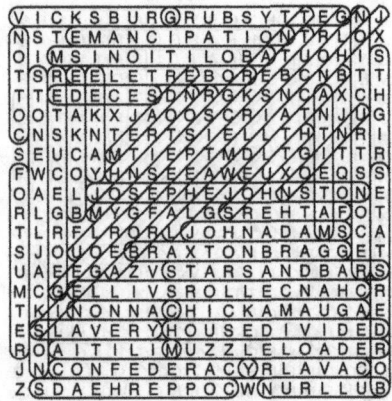

American Civil War

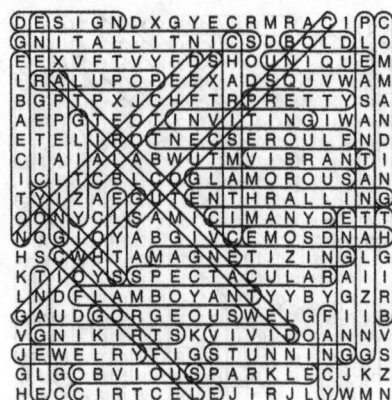

Must-See

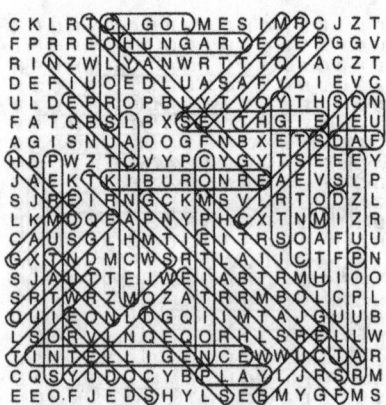

Solving Rubik's Cube

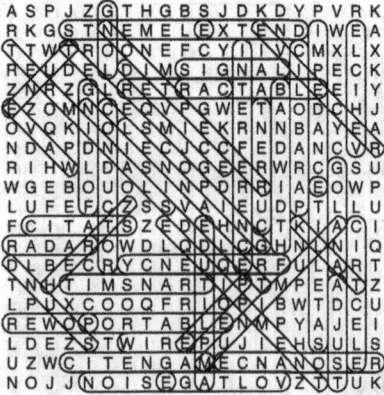

Antenna Technology

374

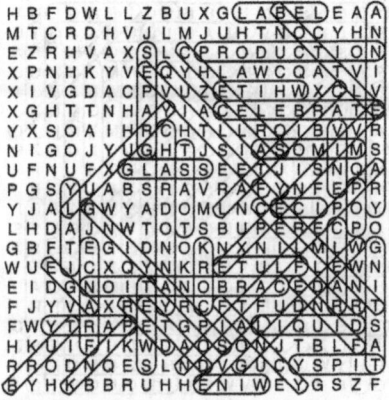

Have Some Champagne

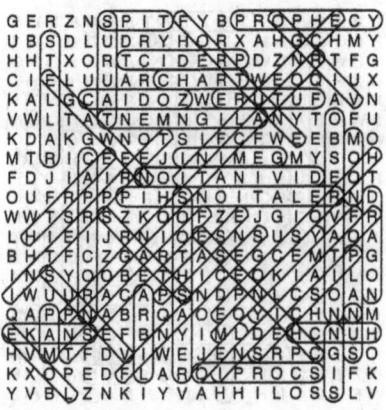

Astrological

Information Overload

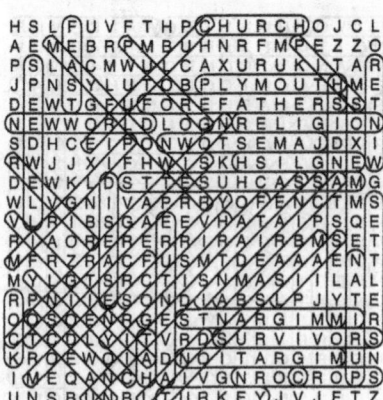

Pilgrims

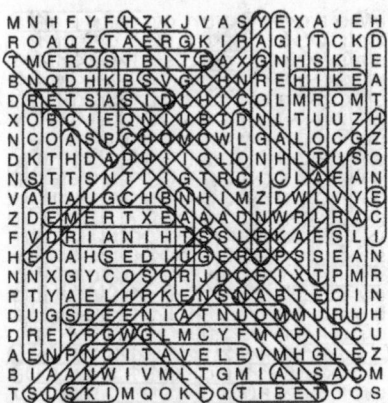

Everest Challenge

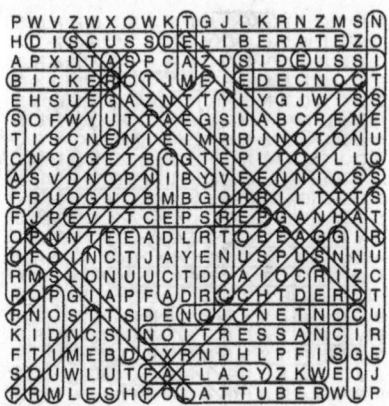

Debates

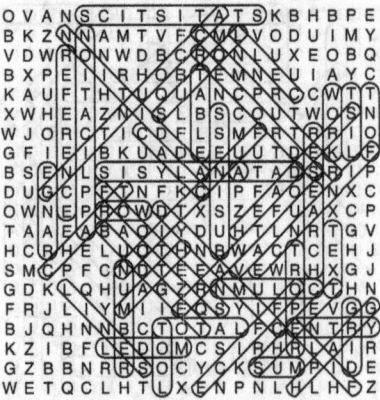

Computer Spreadsheets

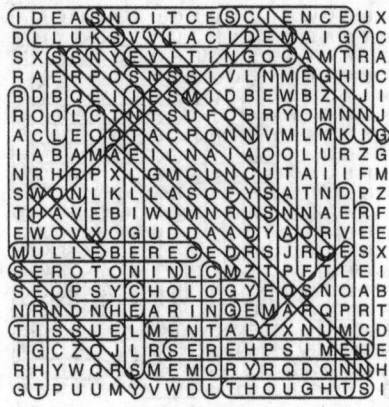

Our Amazing Brains

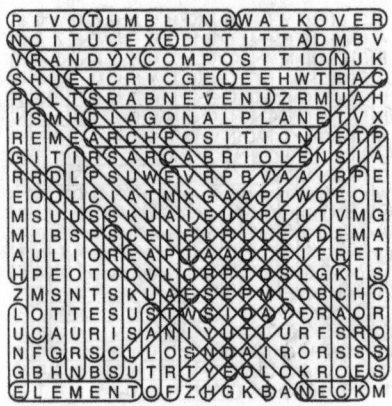

Gymnastic Competition

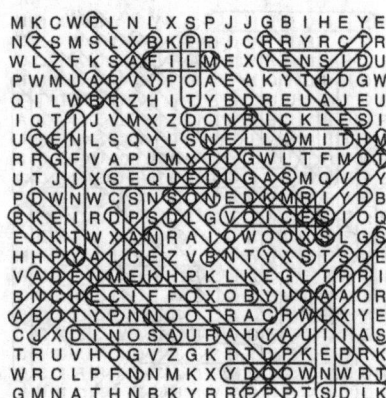

Watching *Toy Story*

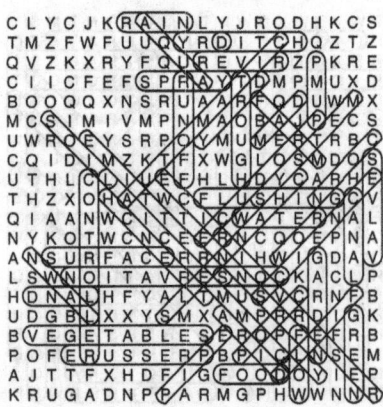

Irrigated

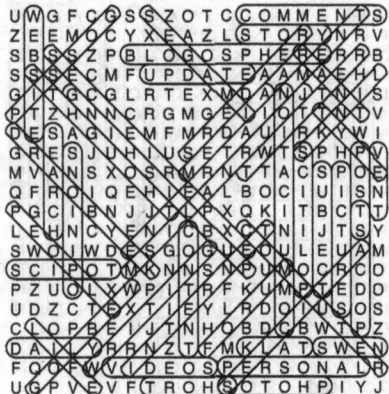

Create a Blog

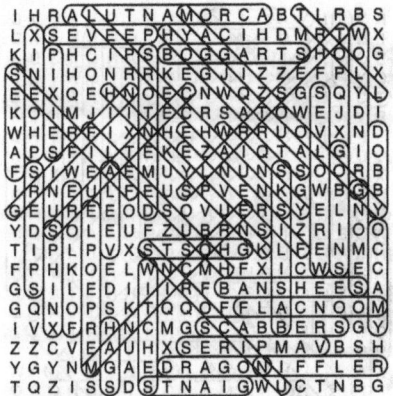

Harry Potter Fan

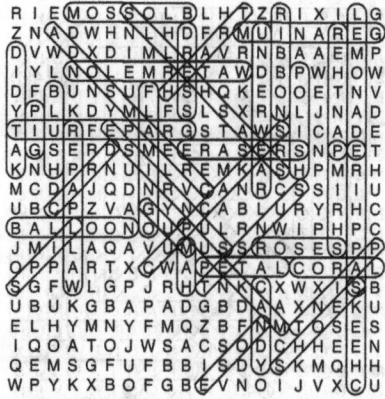

Seeing Pink

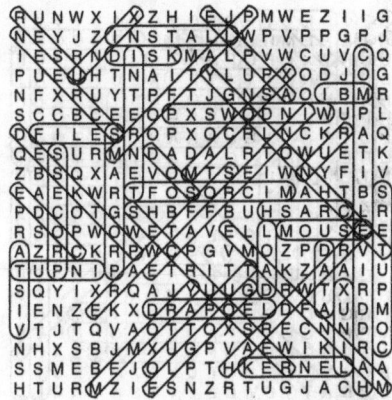

Computer Systems

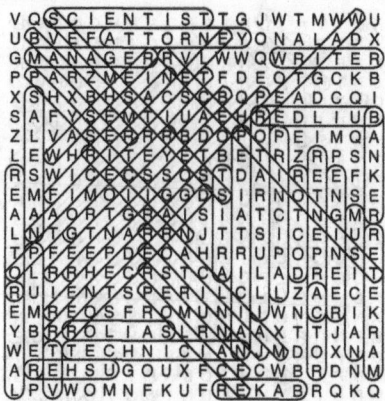

Jobs People Do

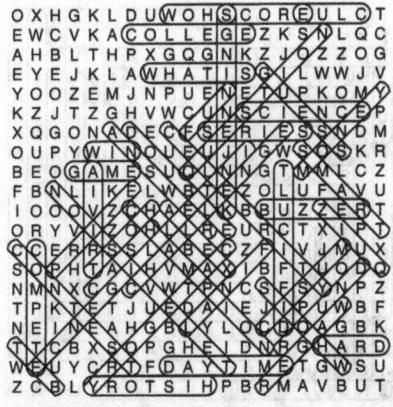

Watching *Jeopardy!*

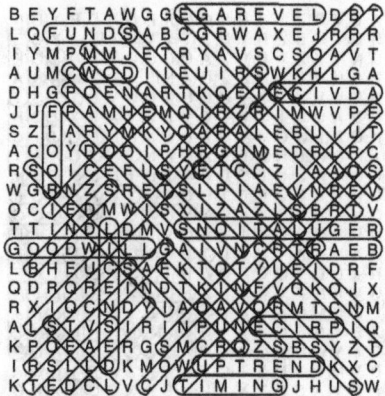

Financial Markets

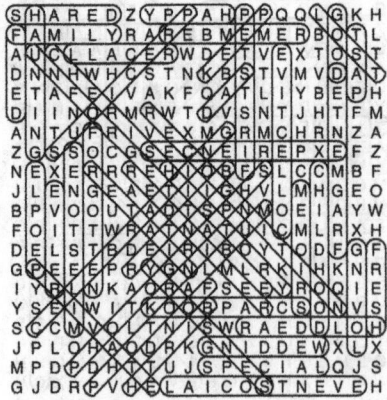

Your Memories

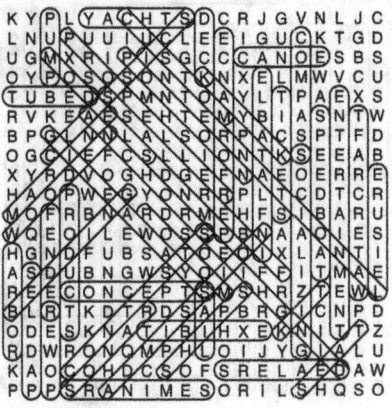

Boat Shows

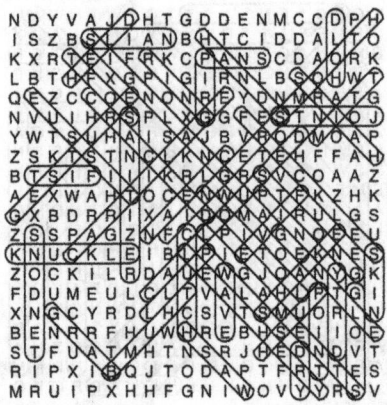

Hands Up!

Certificates

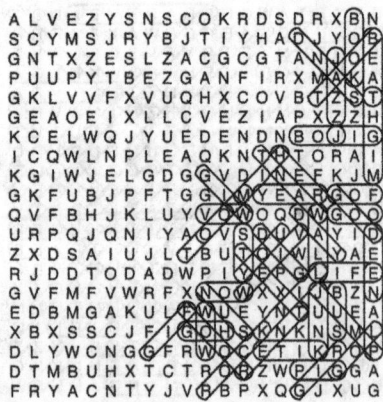

Short Words

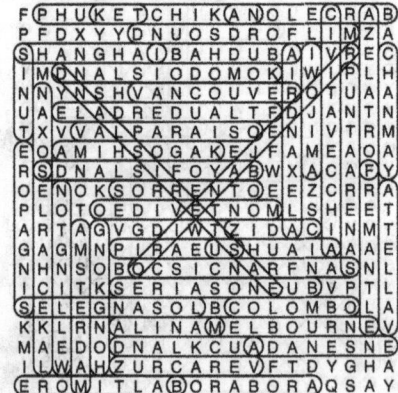

Coastal Places

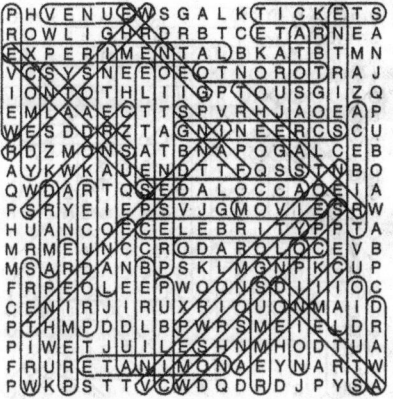

Film Festivals

American War of Independence

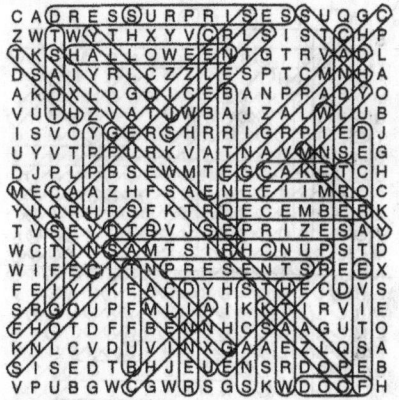

Holiday Party

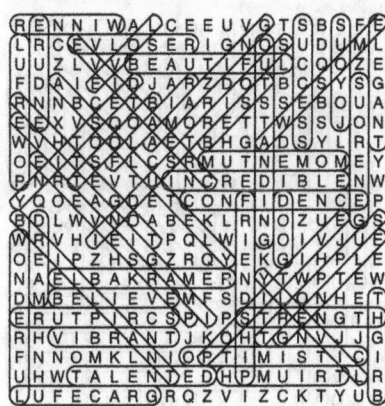

Inspiring

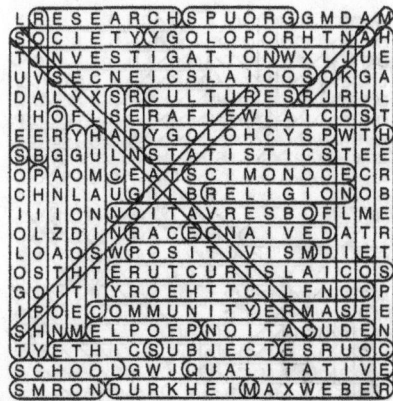

Social Science Major

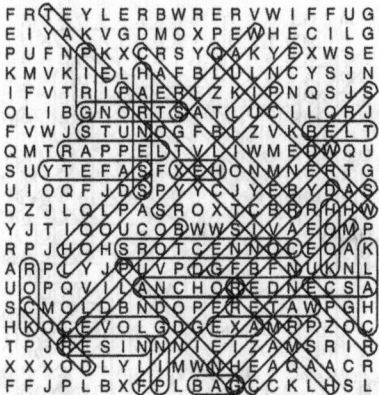

Climber Talk

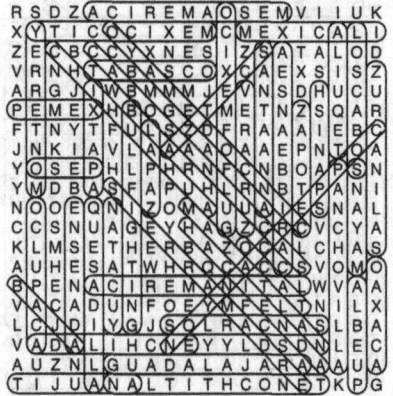

Mexican Vacation

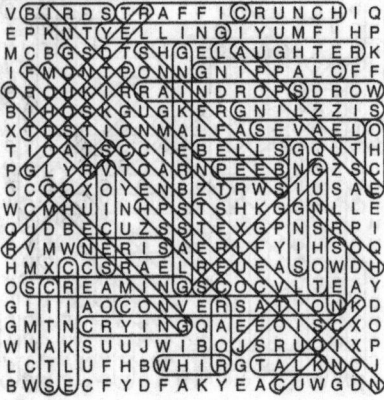

Now Hear This

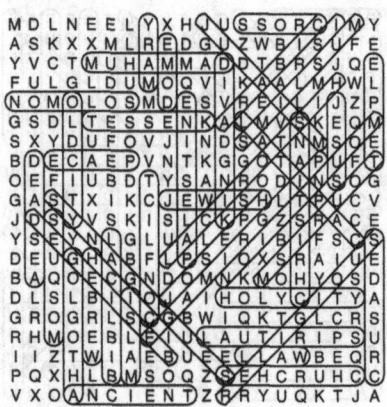

Visit Jerusalem

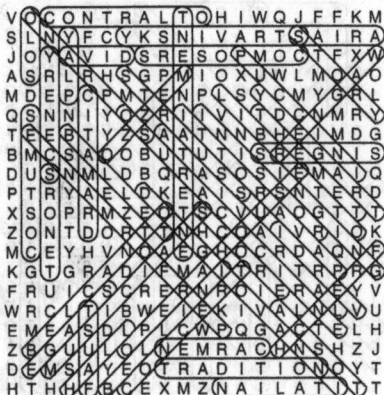

Love the Opera

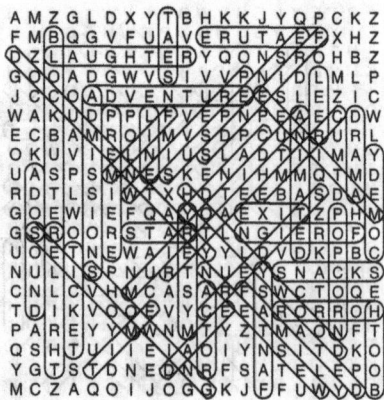

Go to a Movie

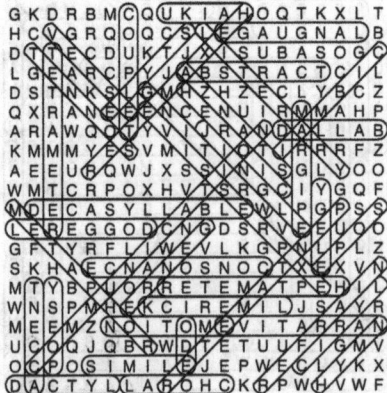

Poetic Words

380

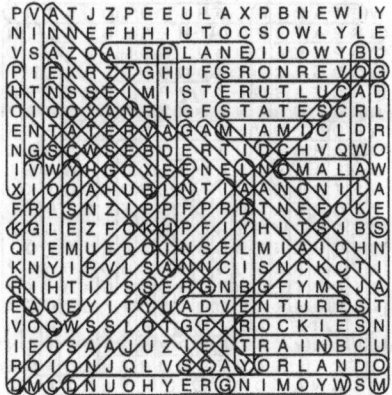

U.S. Tour

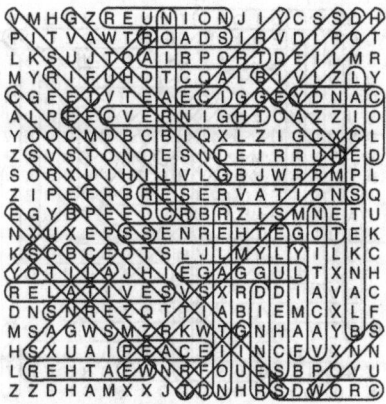

Christmas Break

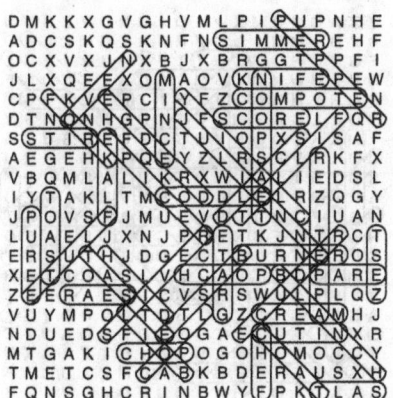

Culinary Skill

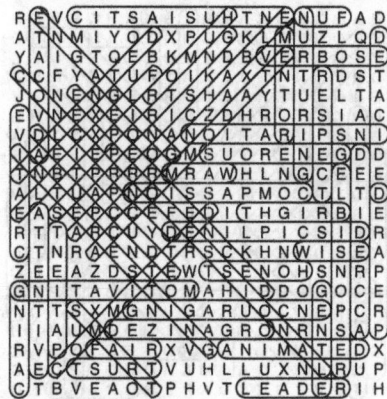

Good Teachers

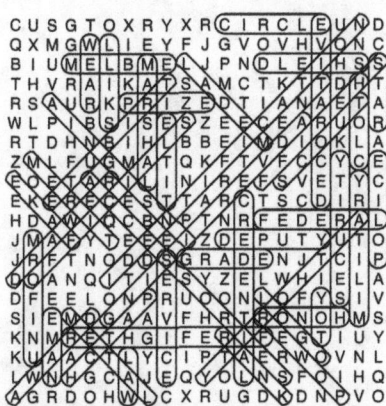

Wear a Badge

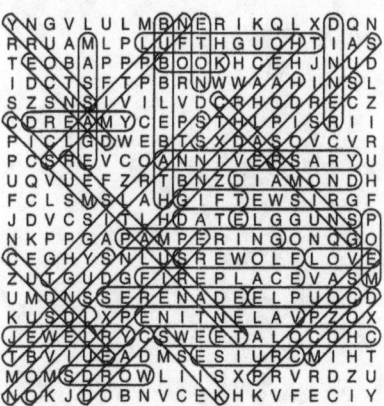

Amorous

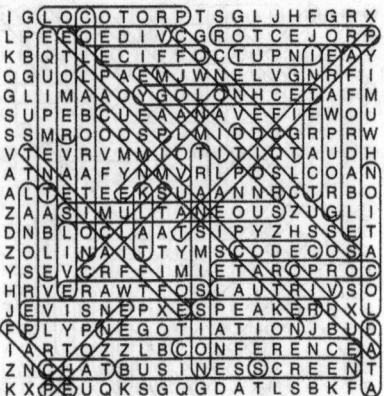

Teleconference

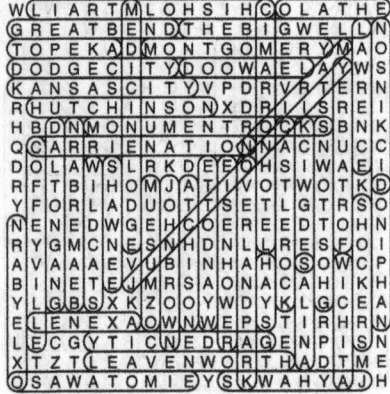

In Kansas

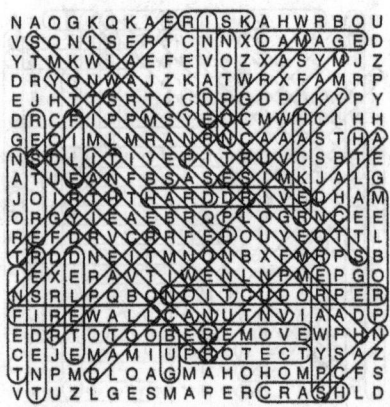

Malware

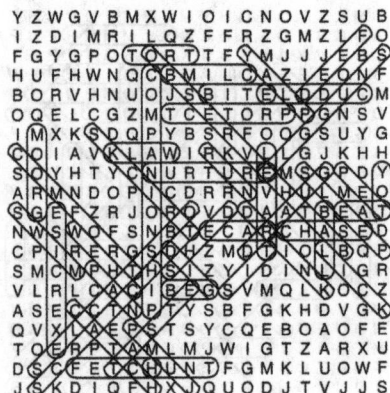

Pet Activities

We Have

EVERYTHING®

on Anything!

The Everything® list spans a wide range of subjects, with more than 500 titles covering 25 different categories:

Business	History	Reference
Careers	Home Improvement	Religion
Children's Storybooks	Everything Kids	Self-Help
Computers	Languages	Sports & Fitness
Cooking	Music	Travel
Crafts and Hobbies	New Age	Wedding
Education/Schools	Parenting	Writing
Games and Puzzles	Personal Finance	
Health	Pets	